한국 프롤레타리아 연극운동의 변천 과정

한국 프롤레타리아 연극운동의 변천 과정

안광희

도서출판 **역락**

책을 내면서

이 연구서는 1920년부터 해방 직후 시기(1948년 8월 남한 단독 정부 수립 이전)까지의 한국 프롤레타리아 연극의 변천 과정을 특히 공연 활동을 중심으로 살펴보고자 한 시도이다.

프롤레타리아 연극이란 원칙적으로 공연의 주체와 대상이 프롤레타리아인 연극을 말하며 프롤레타리아 문화의 일부분을 구성한다. 우리의 프로연극이라 하면 크게 일제 강점기 카프 소속의 혹은 그 외의 전문 연극인들에 의해서 추진되어 해방 직후 조선연극동맹의 활동으로 귀결된 프로연극운동과, 1920년대 전반 발생하여 1920년대 중반 이후 대중운동의 고양 속에서 발전되어 1947년 제1회 자립극 경연 대회로 귀결된 프로연극적 소인극으로 대별해 볼 수 있다.

전자가 프로연극의 건설을 지향하는 전문적인 연극인들의 조직적이고 지속적인 활동이라는 점에서 전문적인 프로연극운동이라고 명명될 수 있다면, 후자는 청년운동, 노동운동, 농민운동의 흐름 속에서 발생한 자연발생적인 프로문화의 일부인 프로연극으로서 자리 매김될 수 있다.

그러나 대부분의 연극사에서는 프로연극의 문화운동적 성격을 고려하지 못하고 있으며, 조직적이고 지속적인 운동이라는 점에서 전문 연극인들에 의해서 추진된 전문 극단의 활동에 한정되어 그 전체상을 규명하지 못하고 있는 실정이다.

최초의 연극사인 김재철의 『조선연극사』와 이두현의 『한국 신극사 연구』에서는 1930년대의 프로극단과 공연활동에 대해 간략하게 다루고 있다. 그러나 두 연극사는 프로연극의 구체적 내용과 문화운동적 성격을 전혀 고려하지 못하고 있다.

또한 이 사이에 북한의 한 효가 『조선연극사 개요』를 펴냈다. 한 효는 한국연극사를 마르크시즘을 기본으로 삼아서 유물변증법에 입각해서 연극 발전의 과정을 서술하고 있으며, 그 결과 프로연극운동도 왜곡되어 서술되고 있다.

이후 1990년대에 들어와 이루어진 유민영의 『한국근대연극사』를 들 수 있다. 유민영은 19세기말에서부터 3·1운동 직전까지를 근대극의 예비기 또는 준비기로, 또 3·1운동 직후부터 민족 해방 때 (1945년)까지를 근대극의 태동 성장 발전기로 보고 근대연극사를 서술하고 있다. 특히 신문학사를 처음 쓴 임 화 이후 거의 고정되다시피한 이식문예사(移植文藝史)의 관점을 혁파하는데 특별히 역점을 두고, 사회변화와 연극변화와의 상관 관계를 추적하고 있다. 프로연극에 있어서도 근대극의 한 지류(支流)로서 파악하고, 특히 일본과 소련에서 활약한 프롤레타리아 극운동도 추적해서 사실대로 기록하고 있다.

그러나 이상의 연극사에서는 프로연극의 문화운동적 성격을 고려하지 못하고 있으며, 연구 범위가 일제 강점기에만 한정되어 있다. 또한 프로연극운동이 빠지기 쉬운 공식주의의 오류를 극복할 수 있도록 해준 실체로 작용한 프로 연극적 소인극운동의 전개 과정에 대한 고찰이 이루어지지 않고 있다. 때문에 한국 프로연극의 전체상을 규명하기 위해서는 연구 범위의 확대와 함께 프로연극적 소인극운동의 성격에 대한 규명이 먼저 이루어져야 할 것이다.

    따라서 이 연구서는 위와 같은 선학들의 연구에 힘입어 1920년대 초기부터 카프 해산 이후, 해방 직후에 이르는 시기까지 전개된 한국 프롤레타리아 연극의 총체적인 평가를 위하여 대중운동의 성장과 함께 생성·발전된 프로연극적 소인극운동과 카프 연극부를 중심으로 한 전문 연극인들에 의해 추진된 전문적인 프롤레타리아 연극운동을 공연 활동을 중심으로 그 변천 과정을 살펴본 것이다.

    이를 위하여 먼저 제2장에서는 프로연극적 소인극운동의 발생·발전·소멸에 이르기까지의 과정을 살펴보았다. 다음으로 제3장에서는 카프를 중심으로 한 프로연극운동과 1930년대 카프 연극부의 조직을 계기로 활발하게 전개되기 시작한 지방 프로연극단들의 공연 활동을 중심으로 살펴보았으며, 이어 제4장 재일 한국인 프롤레타리아 연극운동에서는 일제 강점기 국내의 프로연극의 발전과 소멸에 직·간접적인 영향을 끼친 일본에서의 한국인들의 프로연극운동을 당시 문화단체의 변모 과정과 함께 살펴보았다. 마지막으로 제5장 해방 직후의 프롤레타리아 연극운동에서는 한국 연극의 크나 큰 전환기로서 중요성을 지니고 있는 해방 직후의 프로연극운동을 연구하기 위한 예비적 고찰로 해방 직후 프로연극운동의 주도 세력이었던 '조선연극동맹'의 결성 과정과 공연 활동을 중심으로 살펴보았다.

    그리고 2부로 졸고 「해방기 소인극 연구(1) - 학생극을 중심으로」를 실었다. 해방기는 한국의 기성연극인들이 이념대립에 빠져 혼란과 분열의 상태를 벗어나지 못하고, 일반 연극계가 저속한 흥행극 중심으로 흐르고 있었던 시기였다. 이러한 시기에 학생극은 이에 대항하여 민족연극수립이라는 목표아래 진지하고도 학구적인 태도로서 서구 근대극을 소개함과 동시에 극예술에 대한 교내적 관심과 대외적 관심을 환기시켜 우수한 인재를 배출하였으며 이를 통하여 훗날 이 땅의 소극장연극운동에 커다란 기여를 하였다. 이에 필자는 한국 연극의 크나 큰 전환기로서 중요성을 지니고 있는 해방기의 소인극운동을 연구하기 위한 예비적 고찰로 이 시기 소인극운동의 중심 세력이었던 학생극에 대하여 공연 활동을 중심으로 일차적인 자료 정리에 의거하여 살펴보았다.

이 연구서는 2000년도에 제출했던 필자의 학위논문을 수정 보완한 것이다. 애초의 생각은 한국 프롤레타리아 연극의 전반적인 변모 과정을 다루어 보다 완전한 형태로 출간할 계획이었다. 그러나 그 방대한 분량도 분량이려니와 욕심에 비해 몸이 게으르고 시간에 쫓기며 새로운 연구 주제들이 자꾸 나타나다 보니 얼마나 오랜 세월을 기약해야 할지 알 수 없는 사정이어서 환골탈태한 모습을 보여주지 못한 채, 현 단계의 결과를 우선 세상에 내놓게 되었다. 때문에 자료의 사용과 사실(史實)의 해석 및 평가에 대하여 오해도 적잖이 있을 것으로 생각한다. 독자제현께 양해를 빌며 비판과 질정을 해주시기를 부탁드린다.

이러한 연구가 이루어질 수 있었던 것은 대학과 대학원에서 내내 가르침을 주신 선생님들과 선학들의 작업이 토대가 되었음을 밝혀 둔다. 특히 학위논문 지도교수로서 학위논문의 논지를 이해해 주시면서도 여러 문제점들을 지적하고 논문 작성을 지도해 주신 유민영 선생님과 심사를 맡아 지도해 주신 주종연·윤홍로·이동희·김윤철 선생님께 깊이 감사를 드린다. 또한 이 연구가 세상의 빛을 보게 해 준 역락출판사 이대현 대표와 편집부 김민영 님에게도 고마움을 전한다. 그리고 교정까지 보아주면서 무던히도 버텨주는 아내와 이역 땅 중국에서 홀로 공부하고 있는 사랑하는 딸 소현이에게도 미안함을 느낀다.

마지막으로 학문한답시고 살펴드리지 못하는 이 자식의 불효를 감내하시는 부모님께 멀리서나마 큰절을 올리며, 이 책의 탈고를 마친다.

주님 지금까지 지켜주심을 감사 드립니다.

2001년 11월
안광희

목 차

2부 해방기 소인극 연구

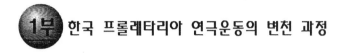

1부 한국 프롤레타리아 연극운동의 변천 과정

Ⅰ. 서 론

본 연구는 1920년부터 해방 직후 시기(1948년 8월 남한 단독정부 수립 이전)까지의 한국 프롤레타리아 연극의 변천 과정을 특히 공연 활동을 중심으로 살펴보고자 한 시도이다.

프롤레타리아 연극(이하 프로연극)이란 원칙적으로 공연의 주체와 대상이 프롤레타리아인 연극을 말하며 프롤레타리아 문화의 일부분을 구성한다. 우리의 프로연극이라 하면 크게 일제 강점기 카프 소속의 혹은 그 외의 전문 연극인들에 의해서 추진되어 해방 직후 조선연극동맹의 활동으로 귀결된 프로연극운동과, 1920년대 전반 발생하여 1920년대 중반 이후 대중운동의 고양 속에서 발전되어 1947년 제1회 자립극 경연 대회로 귀결된 프로연극적 소인극으로 대별해 볼 수 있다.

전자가 프로연극의 건설을 지향하는 전문적인 연극인들의 조직적이고 지속적인 활동이리는 점에서 전문적인 프로연극운동이라고 명명될 수 있다면, 후자는 청년운동, 노동운동, 농민운동의 흐름 속에서 발생한 자연발생적인 프로문화의 일부인 프로연극으로서 자리 매김될 수 있다.

그러나 대부분의 연극사에서는 프로연극의 문화운동적 성격을 고려하지 못하고 있으며, 조직적이고 지속적인 운동이라는 점에서 전문 연극인들에 의해서 추진된 전문 극단의 활동에 한정되어 그 전체상을 규명하지 못하고 있는 실정이다.

최초의 연극사인 김재철의 『조선연극사』1)는 전통극에서부터 근대극에 이르기까지의 조선 연극사를 개괄적으로 다루고 있는데, 프로연극에 대해서는 1930년대의 극단과 공연 활동을 간략하게 다루고 있다. 이두현의 『한국 신극사 연구』2)에서도 1930년대의 프로극단에 관해 서술하고 있는데, 프로연극이 일본의 좌익극과 마찬가지로 "정치주의적 기계주의적 편향"으로 치달려 질적 향상을 갖지 못했다고 평가하였다. 그러나 두 연극사는 프로연극의 구체적 내용과 문화운동적 성격을 전혀 고려하지 못하고 있다.

또한 이 사이에 북한의 한 효가 『조선연극사개요』3)를 펴냈다. 한 효는 한국연극사를 마르크시즘을 기본으로 삼아서 유물변증법에 입각해서 연극 발전의 과정을 서술하고 있다. 그러나 철저하게 유물변증법과 계급투쟁의 관점에서 서술하다 보니 매우 도식적이고 편협한 연극사가 되어 버렸고, 그 결과 프로연극운동도 왜곡되어 서술되고 있다.

이후 1990년대에 들어와 이루어진 유민영의 『한국근대연극사』4)를 들 수 있다. 유민영은 19세기말에서부터 3·1운동 직전까지를 근대극의 예비기 또는 준비기로, 또 3·1운동 직후부터 민족 해방 때(1945년)까지를 근대극의 태동 성장 발전기로 보고 근대연극사를 서술하고 있다. 특히 신문학사를 처음 쓴 임 화 이후 거의 고정되다시피 한 이식문예사(移植文藝史)의 관점을 혁파하는데 특별히 역점을 두고, 사회변화와 연극변화와의 상관 관계를 추적하고 있다. 프로연극에 있어

1) 김재철, 『조선연극사』, 조선어문학회, 1933.
2) 이두현, 『한국 신극사 연구』, 서울대 출판부, 1966.
3) 한 효, 『조선연극사개요』, 국립출판사, 1956.
4) 유민영, 『한국근대연극사』, 단국대학교 출판부, 1996.

서도 근대극의 한 지류(支流)로서 파악하고, 특히 일본과 소련에서 활약한 프롤레타리아 극운동도 추적해서 사실대로 기록하고 있다.

그러나 이상의 연극사에서는 프로연극의 문화운동적 성격을 고려하지 못하고 있으며, 연구 범위가 일제 강점기에만 한정되어 있다. 또한 프로연극운동이 빠지기 쉬운 공식주의의 오류를 극복할 수 있도록 해준 실체로 작용한 프로 연극적 소인극운동의 전개 과정에 대한 고찰이 이루어지지 않고 있다. 때문에 한국 프로연극의 전체상을 규명하기 위해서는 연구 범위의 확대와 함께 프로연극적 소인극운동의 성격에 대한 규명이 이루어져야 할 것이다.

따라서 본 연구는 위와 같은 선학들의 연구에 힘입어 1920년대 초기부터 카프 해산 이후, 해방 직후에 이르는 시기까지 전개되었던 프로연극적 소인극과 카프 연극부를 중심으로 한 전문적이고 조직적인 연극운동 전반을 고찰해 봄으로써, 한국 프롤레타리아 연극운동의 변천 과정을 밝히고자 한다.

이를 위하여 먼저 제2장에서는 프로연극적 소인극운동의 발생·발전·소멸에 이르기까지의 과정을 살펴보고자 한다. 1920년대 초기에 광범하게 결성된 여러 사회단체들은 이념적으로 정립되지 않은 상태에서 낮은 수준으로 수용된 사회주의사상과 자유주의사상이 뒤섞인 계몽운동적 성격을 지니고 있었으며, 이들은 초기에는 합법적인 차원에서의 개량주의적 문화운동을 표방하고 있었다. 이러한 시대 사상은 연극계에도 그대로 전파되어 1920년대에는 소인극이 전국적으로 확산되기 시작하였다.

소인극(素人劇)이란 (전문 연극인에 의한)'연극'에 대한 대타개념으로서의 성격을 지닌 것으로 주제·목적·형식 등이 전문 연극과 구분되는 공연의 총체적인 것을 말하는 것으로 대부분 비직업적이고 비전문적인 자립 연극을 말한다. 따라서 전문 극단과는 달리 일반 대중이 창작과 향유의 주체가 되어 소속 집단의 기념일이나 목적에 따라 공연하는 형태이다.

소인극은 3·1운동 이후 민족운동의 일익을 학생들이 맡게 되면서 구체화되기에 이른다. 그것은 1920년 봄, 동경에서 유학생들이 '극예술협회'를 조직하고 근대극운동의 시동을 걸면서부터이며, 그러한 운동의 구체화는 1921년에 들어서였다.

1920년대 초기의 소인극은 전국 각지에서 결성되었던 청년단체와 학생단체를 중심으로 조직된 소인극단체에서 흥행적으로 공연되었으며, 대부분 구사상 타파, 신사상 고취, 풍속개량 등의 주제를 가진 것으로 신파적인 공연물이 대부분이었다. 이러한 소인극들은 많은 경우 청년회의 활동비나 지역의 사회교육 경비를 조달하기 위해 흥행적으로 공연되었다. 따라서 이 시기의 소인극은 민중계몽의 역할을 담당했지만, 그 성격은 개량주의적 문화운동에 걸맞은 신파극적인 공연물이 주종을 이루었다. 그러나 이러한 대중운동의 사상적 기조는 22년 말, 23년을 계기로 사회주의적 노선으로 전환하게 된다. 따라서 대중운동단체들 속에서 이루어지던 소인극 역시 그 사상적 변화에 따라 일정한 변모를 보이기 시작한다. 전 시기처럼 여전히 청년회 주체의 소인극들이 주종을 이루기는 하지만, 노동단체나 농민단체 그리고 '조선청년총동맹'의 지방조직 등에서 소인극이 많이 행해진다. 또한 극의 내용에 있어서도 1920년대 초기의 신파적인 계몽성에서 벗어나 프로연극적 성격을 지니게 된다. 나아가 소인극의 준(準)직업화 경향에 의하여 지방극단이 출현하게 된다.

이러한 사실들은 당시의 프로연극적 소인극 활동이 어떤 조직적 기반을 갖지 않고서도 왕성하게 이루어지고 있음을 잘 말해준다. 즉 1920년대는 프롤레타리아 예술운동의 조직과 상관없이 이러한 프로연극적 소인극 활동이 활발히 이루어지고 있었으며 오히려 더 왕성하였던 것이다. 바로 이렇게 왕성한 프로연극적 소인극 활동이 1920년대 중반 이후 대중운동의 고양 속에서 지방에서의 프롤레타리아 연극단체의 결성을 가능하게 하는 원동력이 되는 것이며, 따라서 카프 내에서도 이들의 활동을 어떻게 그들의 영향권 내로 견인해 낼 수 있느냐의 문제가 운동론상의 주된 과제로 제기되는 것이다

따라서 일제 강점기 청년운동, 노동운동, 농민운동의 흐름 속에서 발생한 자연발생적인 프로문화의 일부인 연극운동으로서, 민중이 공연의 주체가 된 자립 연극으로 원칙적인 의미에서의 프로연극일 뿐만 아니라 프로연극운동이 빠지기 쉬운 공식주의의 오류를 극복할 수 있도록 해 준 실체로 작용한 프로연극적 소인극운동의 전개 과정을 공연 활동을 중심으로 살펴보고자 한다.

다음으로 제3장에서는 '카프'를 중심으로 한 프로연극운동과 1930년대 카프 연극부의 조직을 계기로 활발하게 전개되기 시작한 지방 프로연극단들의 연극운동을 공연 활동을 중심으로 살펴보고자 한다. 근대연극사에서 본격적인 프로연극운동은 1925년 카프의 결성에서부터였다. 1925년 8월 '염군사(焰群社)'와 '파스큘라'의 성원들이 함께 모여 결성한 카프는 '조선프롤레타리아예술동맹'이라는 일반명사형의 명칭에서 알 수 있듯이 전 조선적 공식성을 띤, 일제 강점기 유일한 프로예술운동단체였다. 이에 따라 프로연극운동도 동인적 성격을 벗어나 본격적인 조직운동의 시기로 들어설 가능성을 갖게 되었다. 그러나 1925년 카프가 창립된 이래 '카프'의 활동은 '볼셰비키적 대중화론'이 제기되는 1920년 말까지 단지 문학운동에 국한되어 있었다. 결성 직후의 카프는 동맹원들의 사상적 결합도 이루지 못하고 통일적으로 조직적인 운동을 전개한 것도 아니었나. 따라서 '카프' 창립 초기의 활동은 조직의 일정한 방침에 의한 체계적인 운동이 아닌 개개인의 개별적 운동과 같은 것이었다.

이러한 1920년대의 국내의 상황과는 달리 본격적인 프로연극운동은 일본에 거주하고 있는 한국인들의 활동에서부터 시작되고 있었으며, 이들의 영향하에 카프는 1930년 4월 기술가 단체로의 조직 확대

를 꾀한다. 즉 서기국, 교양부, 출판부, 조직부 외에 예술운동을 관할하는 기술부를 두고 기술부 아래 문학부, 영화부, 연극부, 미술부, 음악부의 다섯 부서를 두어 예술운동 조직으로서의 성격을 명확히 하게 된다.

이를 계기로 카프 내의 연극 활동이 조직적으로 전개될 수 있는 근거를 형성하였다. 이어서 카프는 연극부를 확대하여 조선프롤레타리아극장동맹을 건설하기로 결정, 임 화의 책임하에 지방의 프로극단들에 대한 조직화 시도가 꾸준히 계속되게 된다. 이러한 카프의 개편에 내적 요인으로 작용했던 지방 프로극단의 등장은 1920년대의 프로연극적 소인극의 대두와의 연장선상에서 파악할 수 있다. 지방의 프로극단은 카프 연극부의 소부르주아적 경향에 대한 비판과 함께 카프의 재조직을 촉진하여 노동자·농민을 위한 프롤레타리아 연극운동을 전국적으로 통일하려고 노력한다. 따라서 카프가 조선프롤레타리아극장동맹을 건설하기로 결정한 이후 그 과정에서 지방 프로극단들은 카프와 조직적인 관련을 맺게 되는 것이다.

이에 본 연구에서는 일제 강점기 프로연극운동의 전개 과정을 고찰함에 있어 당시 일본에서 활발하게 진행되었던 재일 한국인 프로연극운동과의 관련 또한 규명하고자 한다.

이어 제4장 재일 한국인 프롤레타리아 연극운동에서는 일제 강점기 국내의 프로연극의 발전과 소멸에 직·간접적인 영향을 끼친 일본에서의 한국인들의 프로연극운동을 당시 문화단체의 변모 과정과 함께 살펴보고자 한다.

일제 강점기 일본에서 거주하던 한국인들에 의한 프롤레타리아 연극운동은 카프 동경지부의 결성을 계기로 조직적으로 전개되며, 구체적으로는 카프 동경지부 연극부(1927), 무산자극장(1929), 3·1극장(1932), 고려극단(1934), 조선예술좌(1935), 동경학생예술좌(1934), 형상좌(1939)로 이어지다가 1940년 12월 동경학생예술좌가 정식으로 해산함으로써 완전히 자취를 감추게 되는 것이다.

일제 강점기 재일 한국인의 프롤레타리아 연극운동이 우리의 연극사에 있어서 고찰되어야 하는 것은 단지 활동력의 차이로서만이 아니라, 무엇보다 일본에서의 한국인 프로연극운동이 국내 프로연극운동의 성립과 발전에 직·간접의 영향을 주었기 때문이다. 이는 국내의 프로연극운동이 일제의 탄압과 조직의 분열 등으로 인해 단기적 일회적 활동에 그치거나 명목뿐인 극단의 존재도 많았던 것에 비해, 일본에서의 한국인 프롤레타리아 연극운동은 국내보다 활동이 자유로웠기 때문에 상대적인 안정 속에서 조직성과 지속성을 유지할 수 있었던 것이다. 따라서 우리 연극사의 프롤레타리아 연극운동의 연구에서 재일 한국인의 연극운동에 대한 고찰은 단순한 참고 사항이 아닌 선결 과제인 것이다.

또 하나 주목해야 할 것은 1930년대 중반 이후 동경에서 활동하던 연극인들 중 상당수가 귀국하여 국내에서 활동을 시작함으로써, 1930년대 말부터 해방 직후까지 이루어진 연극의 실제적인 부문(연출·연기·무대장치 등)의 발전이 가능하게 된다. 이는 일본에서의 연극 경험을 지닌 연극인들의 귀국 후 국내 활동과 관련되어 있다. 따라서 재일 한국인 연극운동은 1930년대 전반기 국내의 신극운동(극예술연구회와 프로 극단의 활동) 못지않는 연극사적 중요성을 지니고 있다고 할 수 있다.

또한 이 시기 재일 한국인의 프롤레타리아 연극운동은 프롤레타리아 문화운동의 중심적인 역할을 수행하면서, 프롤레타리아 문화운동 단체의 일정한 영향을 받으면서 전개되고 있는 특징을 지니고 있다. 따라서 재일 한국인 프롤레타리아 연극운동의 전모를 규명하기 위해서는 문화운동단체들의 변모 과정에 대한 고찰이 선결되어야 할 과제인 것이다.

이에 지금까지 연극사 연구에서 공백의 상태로 남아 있다시피 한

일제 강점기 일본에서의 한국인 프롤레타리아 연극운동의 전개 과정
을 문화운동 단체들의 변모 과정과 연극단체들의 조직과 공연 활동을
중심으로 고찰하고자 한다. 이들의 귀국과 함께 이루어진 1930년대
후반 이후의 국내 연극계의 다양한 활동에 대해서는 별도의 고찰을
요하는 문제이므로, 본 연구에서는 다만 일본에서의 활동 사항을 중
심으로 고찰하고자 한다.

마지막으로 제5장 해방 직후의 프롤레타리아 연극운동에서는 한국
연극의 크나 큰 전환기로서 중요성을 지니고 있는 해방 직후의 프로
연극운동을 연구하기 위한 예비적 고찰로 해방 직후 프로연극운동의
주도 세력이었던 '조선연극동맹'의 결성 과정과 공연 활동을 중심으로
살펴보고자 한다.

해방 후 분단과 미군정하에서의 당시 현실은 모든 문화예술이 예술
보다도 정치에 더욱 몰두하지 않을 수 없는 상황이었다. 따라서 연극
도 좌·우익 이데올로기의 대립 양상에 맞추어 전개해 나갔으며, 정
부 수립을 전후해서 좌익연극인들이 월북하거나 전향함으로써 프로연
극이 소멸했던 것이다.

또한 이 시기에는 1930년대의 볼셰비키적 대중화론에 따른 실천
경험으로 인해 보다 조직적으로 연극 대중화를 실천하게 된다. 그것
은 소인극의 활성화를 위한 조직적 방안으로 동호인 집단인 연극써클
의 광범한 조직화와 문화공작대를 통한 이동적 공연으로 전개되며,
이는 도시 편중주의적인 연극 활동에 대한 비판의 결과였다. 또한 민
족연극의 토대를 소인극에 두었던 바 전통과 일제 강점기하의 연극
유산을 비판적으로 계승함으로써 대중적 형식, 즉 민족 형식의 수립
을 꾀하게 된다. 따라서 해방 직후 시기의 프로연극운동은 '조선연극
동맹'을 중심으로 전개되며, '조선연극동맹'의 활동은 흥행극계를 비판
하면서 연극의 대중화론을 활발하게 전개하는데 이는 1930년대 '카
프'의 연극 활동의 연장이며 보다 구체적인 모습이라 할 수 있다.

따라서 본 연구는 일제 강점기 이후 해방 직후에 이르기까지 민족
해방운동의 일환으로 전개된 한국 프롤레타리아 연극의 총체적인 평
가를 위하여 대중운동의 성장과 함께 생성·발전된 프로연극적 소인
극운동과 전문 연극인들에 의해 추진된 전문적인 프로연극운동을 공
연 활동을 중심으로 그 변천 과정을 살펴보고자 한다. 이를 위하여 본
연구에서는 가능한 모든 자료를 분석 정리하는 실증적인 연구 방법을
취하고자 한다.

한국 프롤레타리아 연극 및 희곡에 관한 연구가 최근 들어 증가하
고 있는 추세이긴 하나 프롤레타리아 연극의 총체적인 연구는 아직
시도되지 않고 있는 실정이어서 우선 실증적인 연구에 일차적인 목적
을 둔다.

Ⅱ. 프로연극적 소인극운동

1. 1920년대 초반의 사회상황

개항 이후 다양한 사조가 다양한 통로를 통해 지식인들에게 유입되면서 사상사적인 면에서 일제 강점기 한국 사회는 비교적 '열린 공간'을 갖게 되었다. 다양한 사조 가운데 일제 강점기에 강한 영향력을 미쳤던 것은 사회주의와 민족주의였다. 물론 사회주의가 일제 강점기에 미친 영향은 단순히 사조의 유행만이 아니다. 사회주의는 각 계층을 조직화하고, 사회운동을 주도했으며, 사회운동을 민족운동의 부문운동으로 자리 매김했던 것이다.

우리 나라의 민족운동은 3·1운동 후 사상적으로 분화되어 간다. 민족주의운동과 사회주의운동의 두 흐름으로 분화되는 것이다. 3·1운동은 내부의 사상적 분화 없이 전 민중적으로 투쟁했던 운동이었지만, 그 후 사회주의사상이 한국에 침투해 들어와 운동의 전략·전술이 2개의 흐름으로 나뉘게 되었다.

일제 강점기 우리 나라 초기 사회주의운동은 1917년 러시아 10월 혁명 이후 러시아령 및 중국 상해 등지에서 시작되었으며,[1] 우리 나

---

1) 1918년 6월 러시아령 하바로브스크에서 이동휘(李東輝)가 한국인 최초로 볼세비키와 접촉하여 '한인사회당(韓人社會黨)'을 조직하고, 1921년에는 상해에서 '고려공산당(高

라에 사회주의사상이 들어온 것은 3·1운동 후 1920년대부터다.2)
월슨의 민족자결주의의 허구성과 부르주아 민족주의운동의 한계와 변
절, 1917년 러시아혁명의 성공 및 격발하는 노동쟁의·소작쟁의 등
민중의 저항은 사회주의사상이 널리 보급될 수 있는 유리한 여건이
되었다.3)

麗共産黨)'을 결성했다. 한편 1918년 1월 남만춘(南萬春)은 이르크츠크에서 '고려공
산당(高麗共産黨)'을 결성함으로써 후에 결성된 상해파와 서로 정통성을 주장하여 대
립한다. 특히 이동휘는 국내에 공산주의를 침투시키기 위하여 김 립·현창건 등으로
하여금 1920년 4월 우리 나라 최초의 단체로 조직된 '조선노동공제회(朝鮮勞動共濟
會)'의 기관지 『共濟』의 편집장 유진희를 포섭하여 자금을 제공하는 등 코민테른과 우
리 나라의 중개자로서 활동했는데, 이는 재외 사회주의자들이 사회주의를 국내에 침투
시키려는 일련의 활동이 있었음을 보여 주는 것이라 할 수 있다. 그러나 이들 국외 한
국 사회주의자들이 국내 사회주의운동에 미친 영향은 일본 유학생들의 국내 활동에
비하면 훨씬 미약하였다.(서대숙, 『한국공산주의 운동사 연구』, 이론과 실천, 1989.
pp. 18-30 참조)
2) 우리 나라에 사회주의사상이 유입되는 경로를 보면, 그 하나는 시베리아를 통해서였
다. 10월혁명이 한창일 때 일본군이 시베리아에 출병한 적이 있었는데, 이때 한인 빨
치산이 이들 일본군에 대한 투쟁을 격렬하게 전개하게 된다. 또 하나의 경로는 동경
유학생이였다. 당시 일본은 '대정데모크라시'시대로서 한국보다는 사상의 자유가 어느
정도 폭넓게 보장되었기 때문에 많은 사회주의 문헌들이 출판되고 있었으며 그 운동도
활발하였다. 세 번째로는 상해(上海)를 들 수 있다. 상해임시정부의 주류는 민족주의
를 표방했지만, 조선독립운동에 대한 코민테른(국제공산당)의 공작이 활발히 진행되
어, 국무총리 이동휘계 사람들 가운데에는 사회주의로 기울어 가는 한 조류가 있었다.
이동휘는 이미 1918년에 하바로브스크에서 한인사회당을 결성한 바 있으며, 그의 동
료 박진순(朴鎭享)은 코민테른에서 중요한 역할을 맡고 있었다.
3) 3·1운동에서 심각한 교훈을 얻은 조선인은 민족해방투쟁에서 자산계급 민족주의에
의해서가 아니라 새로운 선진사상의 지도하에서만 승리할 수 있다는 진리를 깨닫게 되
었다. 그리하여 국내 여러 지방에서 사회주의단체가 조직되고 사회주의사상이 유포되
었다. 그리고 노동단체, 농민단체, 청년단체가 조직되었으며 노동자들의 파업투쟁과
농민들의 소작쟁의가 일어났다. 그것은 1921년 9월의 부산 부두 노동자들을 중심으
로 한 운수노동자 5천여 명의 총파업, 1921년부터 재령을 비롯한 황해도 각지에서의
농민운동, 1923년 7월의 서울 고무공장 노동자들의 파업, 같은 해 8월의 평양 양말
공장 노동자들의 파업 등은 이것을 단적으로 말해 준다. 학생, 지식인들도 노동자, 농
민들의 반일투쟁에 호응 궐기하였다. 노동자, 농민들은 투쟁을 효과적으로 진행하고
상호 연대성을 강화하기 위하여 자기들의 조직을 내왔다. 수많은 노동단체, 농민단체,

이러한 조건하에서 1920년에 접어들면서 우리 나라에 처음으로 노동자단체가 조직되고 있다. 1920년 2월 7일 노동자의 상호부조, 생활안정, 지식계발, 직업소개, 근검저축, 위생장려, 품성향상 등을 목적으로 삼는 노자 협조적 사회개량단체로서 '노동공제회'4)가 출현하였으며, 동년 2월 16일에는 김광제, 서병의 등을 중심으로 "무산 대중의 복리 증진"과 "신사회 건설"을 목적으로 하는 '노동대회'가 조직되고 있다. 이 단체들은 각지에 지부를 설치하여 한때 노동운동을 발흥시키는 붐을 일으켰다.

노동운동이 발흥되고 있는 것과 때를 같이하여 한편에서는 청년운동이 일어나고 있었다. 1920년 6월 동아일보 총무 장덕수 등이 주동이 되어 단결훈련이 없으면 독립운동이 도저히 성공하기 어렵다는 것을 깨닫고, 전국에 산재해 있던 각 청년단체를 통합하여 '조선청년연합회기성회'를 조직하여 활동을 전개하였다. 그 후 동 취지에 찬동한 113개의 청년단체가 가입하게 되자, 동년 12월 1일 경성 종로 기독교청년회관에서 창립총회를 열고 정식으로 '조선청년연합회'를 결성하였다. 이 조직 형성에 뒤이어 장덕수, 김명식, 오상근 등은 1921년 1월 27일 경성부 견지동에서 '서울청년회'를 조직하였다.(조직 당시 두 청년단체는 민족주의운동을 지향하고 있었다.)

한편 일본에서는 1920년 1월 동경에 있는 한국인 유학생들이 고학생의 애호 향상을 목적으로 하는 '고학생동우회'를 조직하여 대다수의 한국인 학생들을 그 조직에 가담시켰다. 그러나 동회 간부 중 혁신

청년단체들이 우후죽순처럼 나오게 되었다.(박충록, 『한국민중문학사』, 도서출판 열사람, 1988, pp. 199-200 참조)

4) '노동공제회'는 지식계발, 직업소개, 근검저축, 위생장려, 품성향상 등을 그 목적으로하는 노자협조적 사회개량단체로서 출발한 것에 불과하지만, 이후 '조선노동연맹회'(1922)를 거쳐 '조선노동총동맹'(1924)으로 발전하면서는 노동계급의 해방과 완전한 신사회의 건설을 목적으로 자본계급과 최후 승리를 얻을 때까지 철저하게 투쟁한다는 전투적 강령이 나타나고 있다.(김윤환, 「일제하 한국노동운동의 전개 과정」, 『일제하의 민족운동사』, 민중서관, 1971, p. 327)

파인 박 열, 김 찬, 정재달, 조봉암 등은 1921년 11월 '흑도회'를 조 직하였으며, 그 후 김약수, 정태신 등을 가입시켰다. 이는 일본에서 조직된 재일 한국인 최초의 사회주의단체였다. 김판권, 권희국, 원종 린, 김약수, 박 열, 임택룡, 김사국, 정태성, 조봉암, 장귀수 등이 주 요 회원이었으며, 이들 중 박 열, 김약수는 일본의 무정부주의자 오스 기(大杉榮)와 이와사(岩左作太郎)의 영향을 받았고, 원종린, 권희국 은 사회주의자 사카이(堺利彦)의 영향하에 있었다. 흑도회는 무정부 주의를 주장하는 박 열 들과 공산주의를 주장하는 김약수 들의 노선 대립으로 1923년 1월 분열되어 공산주의계의 김약수, 김종범, 송봉 우 등은 '북성회'(1925년 1월 '일월회'로 개칭)를, 무정부주의계인 이 강하, 김중한 등은 '흑로회'를 조직하게 된다. 이와 같은 분열은 일본 의 사카이(堺利彦) 등의 영향을 받았기 때문이며, 이들 또한 귀국하 여 사회주의와 공산주의운동을 전개하게 된다.

그러나 북성회가 조직되기 이전인 1922년 1월 고학생동우회 소속 의 혁신파 간부들은 한국 내에서 공산주의를 선전할 목적으로 귀국 입 경하여 2월 4일 조선일보 지상을 통하여 "전 조선 노동자에게 격함"5) 이라는 제목으로 일본 주요 사상단체 및 노동단체와 연락하여 계급투 쟁의 실행기관을 만들어야 한다는 내용의 선전광고를 발표하였다.

이들의 입경과 활동에 자극되어 서울에서 급진적 청년들은 동년 (1922년) 1월에 '무산자동지회'를, 그리고 2월에는 '신인동맹회'를 조 직하였다. 무산자동지회는 신인동맹회를 규합하여 동년 3월에 '무산 자동맹회'를 조직하여, 운동의 분파적 독립을 막고 조직의 정비와 질

---

5) 이것은 「동우회 선언」이라고 불리며, 이것이 국내에서 있었던 최초의 계급투쟁선언이 라고 할 수 있다. 그 내용은 다음과 같다.
　"우리 동우회는 일본의 주요 사상단체와 제휴하여 노동대학의 설립, 잡지 『同友』의 발 행 등으로 노동운동을 전개할 것이며, 이제는 고학생 및 노동자의 구제기관임을 버리고 계급투쟁의 직접적 기관임을 선언한다"(이균영, 『신간회 연구』, 역사비평사, 1993, p. 37에서 재인용)

서의 수립을 위한 하나의 행동규율을 가지는 단체로 되었다.

러시아혁명 이후 러시아령과 일본을 통해 3·1운동 이후 국내에 도입된 사회주의는 놀라운 파급력으로 확산되었다. 1920년 노동공제회 기관지 『공제』를 비롯해 『조선일보』와 『동아일보』를 통해 사회주의사상이 소개되었고, 1922년에는 사회주의를 소개하는 잡지 『신생활』이 발간되었다. 인쇄매체를 통한 사회주의사상의 소개, 도입과 아울러 사회주의 연구써클이나 사상단체도 조직되었다. 또한 청년·노동·여성단체 등 사회주의자들이 주도하는 부문 문화운동단체의 결성도 이어졌다.

이와 같이 3·1운동 이후의 한국사상계의 특징은 인텔리를 매개로 하여 사회주의사상이 노동운동, 농민운동, 여성운동, 피차별민 백정(白丁)의 형평사(衡平社)운동, 학생운동, 예술운동 등의 대중운동 속에 점차 뿌리를 내리게 되었다. 이것은 민족주의운동이 주로 상층부의 명사들에 의한 언론 및 문화운동이었다는 점과는 현격한 대조를 이룬다.

이렇게 사회주의운동이 적극적으로 한민족에게 수용되어 확산된 원인은 정치·경제·사회적 문제가 특징을 이루었기 때문이다. 그것은 한민족으로서는 3·1운동의 실패로 실의에 빠져있었고, 일제로서는 식민지 통치를 더욱 강화하여 악랄하게 탄압하는 한편, 경제적으로는 일본 자본의 침투로 인하여 공장 노동자가 출현하기 시작하여 차츰 그 수를 증가시켰으며 그들에게 저임금과 가혹한 노동조건을 강요함으로써 농민·노동자들의 생활이 갈수록 핍박해 감으로써, 노동운동과 농민운동이 활발하게 전개되기 시작했다. 이러한 상황하에서 1917년 러시아혁명과 사회주의사상이 이입·유포되었으며, 사회주의사상의 수용의 결과 사회주의운동이 일어났으며, 사회주의적 경향을 띤 많은 단체가 생겨나게 되었던 것이다.

식민지 아래에서의 대응력은 어떠한 사상이나 운동이건 다각적으로 발생될 수밖에 없는 가능성을 내포하고 있었기 때문에 이러한 사회주의사상의 수용과 운동은 현실에 대한 인식과 대응력을 보다 촉진시켰다는 것이 특징이다.

그러나 사회주의를 지향한 사상적 결사운동은 일제 경찰의 탄압하에서 이른바 동지 규합이 사회적 범위에서 진행되지 못하고 협애(狹隘)한 친분관계에서 찾게 되고 당초부터 인물중심 형태의 분파적 종합 형태로 발족하게 되었다. 이것은 사회주의운동이 지식계급을 중심으로 전개되는 초기부터 종파주의를 배태하고 있음을 의미하게 된다.

2. 프로연극적 소인극의 발생·발전·소멸

(1) 프로연극적 소인극의 발생 배경

1920년대 초기에 광범하게 결성된 여러 사회단체들6)은 이념적으로 정립되지 않은 상태에서 낮은 수준으로 수용된 사회주의사상과 자유주의사상이 뒤섞인 계몽운동적 성격을 지니고 있었으며, 이들은 초기에는 합법적인 차원에서의 개량주의적 문화운동을 표방하고 있었다. 이러한 시대 사상은 연극계에도 그대로 전파되어 1920년대에는 소인극이 전국적으로 확산되기 시작하였다.

소인극(素人劇)7)이란 직업적 연극에 대해 아마추어에 의해 연출·

---

6) 1920년에는 985개, 1921년에는 2,989개, 1922년에는 3,002개의 각종 단체들이 출현하였으며, 이 가운데 1920년에는 251개, 1921년에는 446개, 1922년에는 488개의 청년단체가 활동하고 있었다(조선총독부 경무국, 『조선치안상황』, 1922, p. 91, 『한국공산주의운동사 2』, 청계연구소, 1986, p. 102에서 재인용)

7) 소인극이란 용어는 원래 일본말로 '아마추어극'이란 뜻으로 대부분 비직업적이고 비전문적인 자립연극을 말한다. 우리 나라에서 '소인(素人)'이라는 용어가 처음으로 사용된 것은 1913년 『매일신보』의 「소인연예회(素人演藝會)」라는 기사의 제목에서였으며,

제작되는 연극을 총칭하는 것으로, 이는 직장연극·농촌연극·청년연
극·학생연극·학교연극 등 모든 소인(素人) 연극이 이에 포함된
다.8) 때문에 소인극은 (전문 연극인에 의한)'연극'에 대한 대타개념
으로서의 성격을 지닌 것으로 주제·목적·형식 등이 전문 연극과 구
분되는 공연의 총체적인 것을 말하는 것으로 대부분 비직업적이고 비
전문적인 자립 연극을 말한다. 따라서 전문 극단과는 달리 일반 대중
이 창작과 향유의 주체가 되어 소속집단의 기념일이나 목적에 따라
공연하는 형태이다.

　우리 연극사에서 소인극은 1910년대 초기에 등장하였다.9) 이후
이 시기의 소인극은 청년단체,10) 소방조합,11) 학생친목회,12) 노동

　　그 후 문사극(文士劇), 문예극(文藝劇), 연예회(演藝會), 소인신파(素人新派) 등의 용
　　어 사용 후, 1920년 12월 12일 『조선일보』의 「갈돕회 素人劇」이라는 기사의 제목에
　　서 소인극(素人劇)이라는 용어를 처음 사용하였다. 그후 아마추어 단체들의 공연에는
　　소인극이라는 용어가 보편적으로 사용되기 시작한다.
8) 『연극백과대사전』, 평범사. 동경, 1960, p. 240.
9) 초기 연구에서는 갈돕회가 1921년 2월 22일에 회원들의 학비와 생활비 조달을 위해 연
　　극 공연을 가진 것을 효시라고 보았으나(유민영, 『개화기연극사회사』, 새문사, 1987,
　　p. 166), 그후 연구에서는 그보다 3개월 이전인 1920년 11월 25일 '조선 극계의 발
　　전'을 목적으로 〈초로인생〉, 〈여십자군 출정〉으로 승동예배당에서 주최한 가극 대회를
　　문헌상에 처음 나타난 소인극이라고 밝혔었다(민병욱, 『한국근대희곡연구』, 민지사,
　　1995, p. 266). 그러나 필자의 조사에 의하면 1910년 4월 5일 종로청년회관 내 전
　　도회에서 주최한 활화연극(活畵演劇)이 문헌상에 처음 나타나 있음을 알 수 있었다.
　　따라서 우리 나라에서 소인극은 이미 1910년 초부터 시작되고 있었음을 알 수 있다.
　　당시 보도 내용은 다음과 같다.
　　"靑舘 活畵演劇…鍾路 靑年會舘 內 傳道會에서 本日 下午 七時에 活話演劇을 開設ᄒ고
　　婦人만 供覽케 ᄒᄂ디 席次를 限排기 爲ᄒ야 入場券을 使用ᄒ되 一枚 代金이 五錢이라
　　더라"(『大韓民報』, 1910.4.5)
10) "非强盜오 乃 演劇…京城 南部 皇華坊 舘井洞 부근에 매야 九時 후부터 오전 一時頃
　　間에 八九 名의 불량소년이 집합ᄒ야 강도를 연습ᄒᆫ다는 풍설을 銅峴分署 川添 형사
　　가 탐지ᄒ고 부하의 순사보와 공히 관정동 방면으로 밀행 수사 중 七일 오후 十時頃
　　남부 황화방 관정동 56통 6호 酒幕 홍순길方 문전에 모포를 장ᄒ고 문내에 怪者이
　　有홈으로 此處가 强盜의 연습소이라고 현장의 入ᄒ즉 一團은 일시 질주홈으로 현장
　　에 在ᄒ 도검, 총기 기타 잡품을 압수ᄒ고 주인을 취조ᄒ 즉 강도의 연습이 안이오

야학교.13) 종교단체14) 등에 간헐적으로나마 이루어지고 있었으며, 종교 전파, 기금 모집, 미신 타파 등의 목적으로 한 신파극적인 형태를 띠고 있었다.

이처럼 1910년대에 조금씩 보이기 시작했던 소인극은 3·1운동 이후 민족운동의 일익을 학생들이 맡게 되면서 구체화되기에 이른다. 그것은 1920년 봄, 동경에서 유학생들이 '극예술협회'를 조직하고 근대극운동의 시동을 걸면서부터이며.15) 그러한 운동의 구체화는

洪亨元(19), 崔鎭齊(18), 廉辰允(12), 朴丁孫(18), 崔壽永(18), 李東石(18), 金東元(18), 玄聖元(15) 等 불량소년 8명이 新派 舘井團이란 것을 조직호고 홍순원이가 단장이 되야 阿片烟의 困難, 堅心호 小兒, 日米露戰爭이라 題호 연극을 연습 중인 事가 판명호야 총검류의 출처를 취조 中"(『매일신보』, 1913.11.9)

"北青·新派演劇 興行…당지 유지 청년 數人의 발기로 조직된 北青團 一行은 去 25, 6 양일 즉 음력 정월 15일의 명절을 이용호야 신파 연극을 홍행호얏는디 관람자 천여 명에 달호야 頗히 성황을 정호얏다더라"(『매일신보』, 1918.3.5)

"木浦·木浦青年會 新派劇…목포청년회에셔는 夙夜연구호던 신파 연극을 불일간 홍행호다는 설이 有호다더라"(『매일신보』, 1918.3.20)

11) "素人 演藝會…별항과 여히 당지 소방조합에셔는 소방용으로 …… 右의 비용은 육백원을 요홀 터인즉 此를 充호기 위호야 소인 연예회를 개호고 …… 來 5월 3일부터 4일까지 삼 일간 全州座에셔 개최호다더라"(『매일신보』, 1913.5.1)

12) "演劇教育…교남학생친목회에셔 명일에 장충단 내에 운동회를 개호고 운동과 교육에 관훈 기관적 연극을 설행홀 터인디 동일 상오 7시에 교남학생이 일々히 해회관 내에 회합호야 동시 출왕호다더라"(『대한매일신보』, 1910.6.4)

13) "勞働學校 演藝會…경성 종로 중앙청년회관 안에 부설훈 노동야학교에셔는 금 27일 하오 7시브터 동 11시까지 동 회관 안에서 연극을 기최호야 일반으로 호야곰 관람케 훈다는디 그 연극호는 각본인즉 교외인으로브터 조선 유리의 미신적 습관을 인호야 귀신을 존중호야 신사(神祀)를 힝호는 등 기타로 연출홀 터이라더라"(『조선신보』, 1913.12.27)

14) "各處의 降誕祭 명동교당의 빈민 구제 각처 강탄제 축하 례식…·구세군 영문의 연극 시문안(西大門 內) 구세군 본영에셔는 이십수일 오젼 십일시부터 「예수의 가리킴을 연극에 붓쳐 탕지의 회기라는 문데로 연극호고 ……"(『매일신보』, 1914.12.24)

15) 1920년 3월 동경에서 한국 유학생들에 의해 조직된 연극연구단체였다. 이들은 "조국에 신극단의 동태가 우리 민족이 가진 바 그 본래의 독자적인 극예술의 본질이 성장 발전의 길을 올바른 노선으로 밟아가지 못하고 침체와 퇴영(退嬰)과 병폐로 의연 잡박(雜駁)한 형태가 계속하고 천박 저속한 유행적 저조(低調)가 거듭하고 있는 상

1921년에 들어서였다.

1920년대 초기의 소인극은 전국 각지에서 결성되었던 청년단체와 학생단체를 중심으로 조직된 소인극단에서 흥행적으로 공연되었으며, 대부분 구사상 타파, 신사상 고취, 풍속개량 등의 주제를 가진 것으로 신파적인 공연물이 대부분이었다. 이러한 소인극들은 많은 경우 청년회의 활동비나 지역의 사회교육 경비를 조달하기 위해 흥행적으로 공연되었다. 따라서 이 시기의 소인극은 민중계몽의 역할을 담당했지만, 그 성격은 개량주의적 문화운동에 걸맞은 신파극적인 공연물이 주종을 이루었다.16)

───────────────

태이며 진실로 우리가 지향해야 할 참다운 극예술의 사업이 위기에 놓여 있고 우리의 전통적인 고귀하고 청신한 예술의 혼향(魂香)은 일제의 탄압으로 소멸하여 가며 질곡의 무거운 쇠사슬에 억매어서 신음하며 살아가는 동포에게 정신적 영양소가 될 극예술을 바치자'는 이념을 가진 극우(劇友)들의 조직체였다. 이들은 매 토요일마다 모여 외국의 고전 및 근대작품들을 - 쉑스피어, 궤테, 하우프트만, 고골리, 체홉 그리고 고리끼에 이르기까지 그 연구 대상에 올렸었다. 창립회원은 趙抱石(조명희), 金水山(김우진), 유 엽(柳 葉), 마해송(馬海松), 황석우(黃錫右), 洪海星(홍재원), 김석원(金錫元), 洪蘭坡(홍영후), 尹水仙(윤심덕), 공원호(孔元昊), 임세희(林世熙) 등이었으며, 이들이 전공한 학과는 극문학, 시학, 음악, 미술 등이었다.(홍해성, 「한국연극약사」; 백철, 『세계문예사전』, 민중서관, 1955, p. 833 참조)
'극예술협회'는 서구 근대극 작품연구를 우선으로 삼았으며, 1921년 7월 '동우회 순회극단'과 1923년 7월 '형설회 순회극단'에 참여하여, 고국 순회공연을 가졌었다. 이들의 순회극운동을 계기로 국내에서는 3·1운동의 충격파와 함께 서구 근대극의 영향하에서 소인극운동이 전국적으로 확산되어 민중 자각의 가장 큰 촉매제가 되기도 하였다.

16) 이는 1920년에서 1922년까지의 신문 기사에서 발견되는 소인극들의 제목들을 통하여 알 수 있다. 이를 살펴보면 다음과 같다.
〈조혼의 폐(早婚의 弊)〉(초계청년회, 『매일신보』, 1920.6.2), 〈추월색(秋月色)〉(천안구락부 문예부, 『동아일보』, 1920.7.2), 〈탕자의 회개(蕩子의 悔改)〉(안성청년회, 『매일신보』, 1920.11.27), 〈화전충화(花田衝火)〉·〈시대의 죄(時代의 罪)〉(개성 고려청년회, 『동아일보』, 1921.3.29), 〈자연의 애(自然의 愛)〉·〈무한의 회(無限의 悔)〉(전남 능주청년회 연예부, 『동아일보』, 1921.4.22), 〈은덕(恩德)〉·〈청년의 경(靑年의 鏡)〉(전남 능주청년회 연예부, 『동아일보』, 1921.5.17), 〈세의 반면(世의 反面)〉·〈누구의 허물〉·〈북극의 객(北極의 客)〉·〈인생정세(人生淨世)〉(진주청년회 임시예술단,『동아일보』, 1921.6.14), 〈아의 모(我의 母)〉·〈부랑자의 말로(浮浪者의 末路)〉(원산청년회,『동아일보』, 1921.6.17), 〈누구의 허물〉·〈고목봉춘(古木逢春)〉·〈고학생(苦學生)〉(예천청년회 문화단,『동아일보』, 1921.6.20), 〈최후의 루(最後의 涙)〉(김제청년회,『동아일보』, 19921.6.20), 〈형제의 고심(兄弟의 苦心)〉(함남 홍원청년회 미성단,『동아일보』, 1921.7.14), 〈불여귀(不如歸)〉·〈금색야차(장한몽)〉(영변 철와운동구락부,『동아일보』, 1921.8.18), 〈인의 심(人의 心)〉·〈루의 광(涙의 光)〉(황해도 안악 반도청년회 순회신파단,『동아일보』, 1921.8. 19), 〈삼인 의리(三人義理)〉(청주청년회 순회연극단,『동아일보』, 1921.8. 27), 〈재봉춘(再逢春)〉·〈양복광(洋服狂)〉·〈보은(報恩)〉·〈문맹(文盲)〉(공주청년수양회 교육장려 순회연극단,『매일신보』, 1921.9.7), 〈백세보은(百世報恩)〉(익산청년연예단,『동아일보』, 1921.9.21), 〈이우의 의리(二友의 義理)〉·〈이상의 향원(理想의 鄕園)〉·〈견이불견(見二不見)〉(대전청년회,『동아일보』, 1921.9.27), 〈권선징악〉(황해도 연안 의법청년회 연안소인극단,『동아일보』, 1921.9.28), 〈삼인의 의리(三人의 義理)〉·〈부모의 보수(父母의 報讎)〉·〈일생의 춘몽(一生의 春夢)〉(영동청년회 순극단,『동아일보』, 1921.10.13), 〈신생활의 진미(新生活의 眞味)〉·〈구가정의 풍파(舊家庭의 風波)〉·〈사회의 악마〉·〈청년의 실로(靑年의 失路)〉·〈문명의 화(文明의 花)〉(평남 덕천청년회,『동아일보』, 1921.10.25), 〈고진감래〉·〈귀향의 복수(歸鄕의 復讐)〉·〈적악자의 말로(積惡子의 末路)〉(안주청년회,『동아일보』, 1921.11.11), 〈운간명월(雲間明月)〉(대전청년회 문예단,『동아일보』, 1921.11.14), 〈학생광(學生光)〉·〈나의 죄〉·〈형제대의(兄弟大義)〉·미장판결(米粧判決)〉(공주청년회수양회,『조선일보』, 1921.11.21), 〈효자의 일로(孝子의 一路)〉·〈강상촌(江上村)〉·〈고향에 잇는 삼수(三讎)〉〈장한몽〉·〈불여의(不如意)〉(안주군 살수구락부,『동아일보』, 1921.11.23, 26), 〈입지는 성공의 모(立志는 成功의 母)〉·〈조혼의 폐〉(제주도 성산청년회,『조선일보』, 1921.12.11), 〈갓쥬샤〉·〈하일의 연(夏日의 戀)〉·〈인과(因果)〉·〈운명〉·〈파경의 노(破鏡의 奴)〉·〈서울 달〉·〈일처이부(一妻二夫)〉(동래 삼오야구단,『동아일보』, 1921.12.23), 〈일룡일저(一龍一猪)〉(동래군 북면청년회 순회연극단,『동아일보』, 1922.1.3), 〈불망초(不忘草)〉·〈과연 금전인가(果然 金錢인가)〉(함흥청년구락부연극단,『동아일보』, 1922.2.6), 〈백세보은(百世報恩)〉·〈조혼의 독해〉·〈소연한 천리(昭然한 天理)〉(익산 우리청년회,『동아일보』, 1922. 2.24), 〈선악의 결과〉(경남 창원 진동 우리청년회,『동아일보』, 1922. 3.5), 〈의인의 용감(義人의 勇敢)〉·〈성공의 비밀〉(광양청년회 교풍회 순회연극단,『동아일보』, 1922.3.13), 〈악마의 저주〉(목포청년회 소인연예단,『동아일보』, 1922. 4.5), 〈여자의 입지(立志)〉·〈장한몽〉·〈우정〉(평북 희천 천도교청년회 연예부,『동아일보』, 1922.8.1), 〈이상의 처(理想의 妻)〉·〈사랑에서 죽음까지〉·〈돈과 사랑〉·〈발아의 고(發芽의 苦)〉(여수 지방청년회 순회소인극단,『동아일보』, 1922.8.26), 〈저주의 눈물〉·〈애의 승리(愛의 勝利)〉(전남 담양청년회,『매일신보』, 1922.8. 28), 〈묘지의 루(墓地의 涙)〉·〈황금의 한〉(안주 살수구락부 연예단,『동아일보』, 1922.9.6), 〈장미의 탄식(薔薇의

그러나 이러한 대중운동의 사상적 기조는 22년 말, 23년을 계기로
사회주의적 노선으로 전환하게 된다.17) 따라서 대중운동단체들 속에
서 이루어지던 소인극 역시 그 사상적 변화에 따라 일정한 변모를 보
이기 시작한다. 전 시기처럼 여전히 청년회 주체의 소인극들이 주종
을 이루기는 하지만, 노동야학회(혹은 야학교),18) 소작인회,19) 노

歎息)〉・〈폐원의 명화(廢園의 名花)〉(전남 보성청년회,『동아일보』, 1922.9.20),
〈눈물의 열매〉・〈원수의 사랑〉(이리 솜리청년회,『동아일보』, 1922. 10.19), 〈고심
의 결과〉(부산 용당청년회,『동아일보』, 1922.10. 22), 〈추명월(秋明月)〉・〈춘원
(春園)〉・〈붕우(朋友)〉(대전청년회,『동아일보』, 1922. 10.27), 〈조혼의 폐〉・〈지기
(知己)〉(전남 고흥청년회,『동아일보』, 1922.11.21), 〈운중월(雲中月)〉・〈우후명
월(雨後明月)〉・〈설상가상〉・〈형제의 고심〉(경북 선산군 주릉면 무릉학원 대구후원
회,『동아일보』, 1922.12.6)
17) 선진적인 청년 학생들에게 적극적으로 수용되고 발전하기 시작한 사회주의사상은 20
년대 초기까지도 민족주의운동노선과 뚜렷한 이념 차이를 보이지 못하다가 22년 말,
23년을 계기로 사회주의적 노선을 뚜렷하게 견지하게 된다(망원한국사연구실 한국
근대민중운동사 서술분과,『한국근대민중운동사』, 돌베개, 1989. pp. 304-9)
18) 「保寧群 勞働夜學」,『조선일보』, 1923.3.14. ;
    충남 보령군 능천(能川)노동야학, 교실 건축을 위해 소인극.
  「蘆月面 禁酒斷煙」,『동아일보』, 1923.3.15. ;
    황해도 신천군 노월면 승가(乘暇)야학회, 禁酒斷煙同盟會 조직 목적의 소인극.
  「羅川里에 演劇會」,『조선일보』, 1923.8.15. ;
    전남 강진군 군동면 라천리 노동야학회, 야학생의 성적전람회 여흥으로 소인극.
  「勞働 素人劇을 禁止」,『조선일보』, 1923.9.29. ;
    경남 울산 중남면 신호리 노동야학회, 여자야학실을 건축하기 위한 소인극.
  「順天 勞働夜學 演劇」,『조선일보』, 1923.12.25. ;
    전남 순천군 노동야학회 노동연극단, 소인극.
  「順天 勞働 巡劇」,『동아일보』, 1924.1.7. ;
    선남 순전군 순전면 '노동대회' 내 노동야학회 연극단, 무산 청년과 보통학교에도
    진학하지 못하는 빈민계급의 자제 교육비를 충당하기 위하여 순회소인극.
  「仁川의 勞働演奏 인천 로동총동밍회 주최로 십칠일부터 삼일동안 연쥬」,『매일
    신보』, 1924.5.16. ; 인천 노동총동맹 주최의 회관 건축비 마련 연주 대회에 노
    동야 학생 〈지성의 향(至誠의 響)(2막)으로 참가.
  「中江夜學 巡回素人劇 伊川에서 盛況」,『조선일보』, 1925.3.15. ;
    강원도 철원군 월정 역전 중강야학회(中江夜學會) 소인극단, 동회 경비 마련 순회
    소인극.

동동무연극.20) 노동(농)청년회.21) 노동(농)동우회22), 친목회23)

「白山 素人劇 盛況」,『동아일보』, 1926.9.30. ;
　　전북 부안군 백산면 대죽리 노동야학회, 소인극.
「沙里院勞學院 素人劇 開催 寄附金 遝至」,『중외일보』, 1928.2.14. ;
　　사리원 노동야학원, 校舍와 비품이 불완전함을 보충코자 소인극.
19) 「小作相助 宣傳 素劇」,『동아일보』, 1923.11.25. ;
　　전남 고흥군 소작인상조회, 동회 취지 선전 목적으로 으로 전군(全郡) 순회소인극.
「豊山小作人會 巡回演劇 盛況 연극은 무사 흥행 선전비라는 금지」,『조선일보』, 1925.
　　1.3. ; 경북 안동군 풍산소작인회(豊山小作人會), 동회 취지 선전 목적으로 군내 순
　　회연극.
20) 「勞働동무 演劇」,『동아일보』, 1925.2.2. ;
　　함흥 노동동무회, 소인극 흥행.
「昆陽勞働會 巡劇」,『조선일보』, 1926.3.22. ;
　　경남 사천군 곤양노동회 소인극단, 당지 노동학원 후원 순회소인극.
21) 「農務靑年會 巡劇」,『조선일보』, 1923.2.25. ;
　　함남 단천군 광천면 농무(農務)청년회, 문화 향상 선전을 위하여 순회소인극.
「勞働靑年 演藝會」,『동아일보』, 1923.3.22. ;
　　전남 강진 읍내 노동청년회, 동회 경영 노동야학회 유지 경비 마련 연예회.
「淸津 實業靑年 素人劇」,『조선일보』, 1924.5.20. ;
　　청진 실업청년, 회관 건립 기금 마련 소인극.
「工友 素人劇」,『시대일보』, 1924.6.17. ;
　　광주 공우단(光州 工友團), 광주유치원 경비 보충 소인극.
「實業靑年 素人劇」,『조선일보』, 1924.6.19. ;
　　안동 실업단(安東實業團) 음악기 구입 목적으로 소인극 준비.
「勞働 素人 同情劇」,『동아일보』, 1925.9.7. ;
　　전남 담양군 담양 노동청년회, 담양 노동조합 공동합숙소 설립 동정 소인극.
「農友 素劇 盛況 獎學會 主催의」,『조선일보,』1926.3.7. ;
　　함남 영흥군 고령면 연하리 농우청년회 소극단(素劇團), 함남 영흥군 인흥면 송
　　현리 장학회 경비 보충 소인극.
「高興에 素人劇 夜學 設立코저」,『동아일보』, 1926.6.24. ;
　　전남 고흥군 羅老島 노동청년단, 당지 무산 아동을 위한 노동야학 설립 목적 소
　　인극.
「晋州 勞靑 歌劇」,『동아일보』, 1926.7.27. ;
　　진주 노동청년회, 동회 경영 노동야학 경비 보충 가극 대회.
「夜學 設立코자 素人劇 興行 남원에서」,『매일신보』, 1927.6.8. ;

등과 각 지역 '노동총동맹회',24) 노동조합(혹은 공제회),25) 농민조

전북 남원 노동청년회, 야학원 설립 유지비 동정 소인극.
「三和勞働團 創立 四週 紀念」,『중외일보』, 1927.8.5. ;
삼화노동청년단, 창립 4주년 기념 여흥으로 소인극.
22)「勞働組合 開演 盛況」,『조선일보』, 1923.1.5. ;
군산 정미노동회 조합사무를 일신 정비코자 소인극.
「勞農 音樂演藝會」,『동아일보』, 1923.4.10. ;
마산 노농동우회, 회의 취지 선전 및 무산자에게 예술사상을 환기시키기 위하여
제1회 연예회.
「勞農演藝會 大盛況」,『조선일보』, 1923.8.9. ;
마산 노농동우회에서 동회의 주의를 선전하고 노농계급의 계급적 의식을 철저히
하기 위하여 제2회 연예회.
「馬山 勞農同友會 主催 音樂演藝大會」,『조선일보』, 1925.10.20. ;
마산 노농동우회, 노동자 가족 위안 음악 연극 마술 대회.
「夜學 爲해 埋免劇」,『동아일보』, 1927.2.23. ;
경남 고성 노동동우회, 고성청년회 경영 노동야학 경비 보조 埋免劇.
23)「永明院을 爲해 一七團 演劇會 十七日 釜山에서」,『동아일보』 1925.10.19. ;
부산 인쇄직공친목회 一七團, 부산 서부청년회 관리 사립영명학원 위해 소인극.
「講習所 基金 補充策으로 音樂舞踏演劇大會 雇傭人相助會 主催로」,『동아일보』, 1926.
1.27. ; 함흥 고용인상조회, 강좌 또는 강습소 설치 위해 음악 무도 연극 대회.
24)「進永勞働會 文化事業」,『조선일보』, 1923.12.20. ;
경남 진영(進永) 노동공제회, 야학부 경비 보조 위한 소인극.
「仁川의 勞働演奏 인천 로동총동밍회 주최로 십칠일부터 삼일 동안 연쥬」,『매일신
보』, 1924.5.16. ;
인천노동총동맹 주최의 회관 건축비 마련 연주 대회에 노동동맹회원 〈혈한의 광
(血汗의 光)〉(3막)으로 참가.
「仁川署는 同情劇도 禁止」,『조선일보』, 1924.7.16. ;
인천 노동총농맹회, 암태소작인(岩泰小作人)을 위한 동정극 금지.
「五月 一日 總休業과 示威行列은 遂禁止」,『중외일보』, 1930.4.25. ;
조선노동총동맹 평양연맹, 메-데 기념 연극.
25)「勞働素人劇 盛況裡에서 同情金 遝至」,『동아일보』, 1925.2.12. ;
함남 홍원군 노동조합, 음 정월 보름 이용 소인극.
「印刷職工 慰安會 다수 참가를 희망」,『매일신보』, 1925.6.6. ;
경성 인쇄직공조합, 인쇄직공 위안회 개최.
「光靑會舘 復興 演劇 盛況 印工組 主催로」,『동아일보』, 1926.1.12. ;

합,26) '조선청년총동맹'의 지방조직27) 등에서 소인극이 많이 행해진

　　　광주 인쇄직공조합, 광주청년회 부흥 사업 위한 소인극 대회.
　　「靑松 勞 素人劇」, 『동아일보』, 1926.2.18. ;
　　　청송 노동공제회 소인극단, 회무 선전 위해 순회 예정.
　　「演藝大會 盛況」, 『동아일보』, 1927.2.24. ;
　　　함북 회령 양복기공조합, 연예 대회.
　　「新勞組 素人劇」, 『동아일보』, 1927.5.19. ;
　　　함남 북청군 신창港 신노동조합, 메이 데이 기념 소인극.
　　「仁川 素人劇大會 各 新聞 支局 後援下에」, 『중외일보』, 1927.12.1. ;
　　　인천 신문배달조합, 동 조합 기본재원 조성 소인극.
　　「勞働者 慰安會 대성황 일우어」, 『동아일보』, 1928.4.21. ;
　　　원산노동조합 소속 원산 이발직공조합, 제1회 정기총회 여흥 및 노동자 위안회.
　　「勞組 主催 素人劇 禁止」, 『중외일보』, 1928.5.25. ;
　　　전북 이리 용공(傭工)노동조합, 발회식을 기해 소인 음악 연극 대회, 당지 경찰이
　　　연극만은 절대 금지.
　　「京城 出版勞働者 慰安會 始終 盛況 의미심장한 축사 열변 興味津津한 演劇」, 『중
　　　외일보』, 1929.11.5. ; 경성 남미(南米) 창정 행정학회 인쇄부 직공 일동, 출판 노동
　　　자 위안회, 〈등대수〉 상연.
　　「新春 演藝大會 洋服裁工組合 主催」, 『중외일보』, 1930.4.4. ;
　　　신의주 양복기공조합, 신춘 위안 연예 대회 소인극.
　　「洋服裁工의 素人劇 禁止 대회만 개최」, 『동아일보』, 1931.4.5. ;
　　　신의주 양복기공조합, 제5회 정기 대회 기념 소인극을 금지.
26) 「端川農組 事件 豫審 決定書 全文(五)…(四) 廣泉南區地部」, 『조선중앙일보』, 1933.
　　8.28.
　　「慶州 중심 적농 사건 九名의 豫審終結 전부 유죄로 결정 · 공판에 회부 일월 하순에
　　공판 개정 좌익각본으로 소인극 획책 모 불온 음모도 계획」, 『조선중앙일보』, 1935.
　　12.31.
27) 「軍威靑年 素人劇 開催」, 『중외일보』, 1927.11.29. ;
　　　경북 군위(軍威)청년동맹 군위지부, 지방문화상 효과도 주며 재원(財源) 마련 소
　　　인극.
　　「玉山靑年 素劇 同情金 遝至」, 『중외일보』, 1927.12.14. ;
　　　상주청년동맹 옥산지회, 동회 회관 건축 위해 소인극.
　　「軍威 友保 素人劇 大盛況」, 『중외일보』, 1927.12.18. ;
　　　경북 군위청년동맹 우보지회, 우보시장 낙성식을 기회로 소인극.
　　「在滿同胞 同情 巡廻素人劇 聞慶靑盟 主催」, 『중외일보』, 1928.2.18. ;

다. 또한 극의 내용에 있어서도 1920년대 초기의 신파적인 계몽성에서 벗어나 프로연극적 성격을 지니게 된다. 나아가 소인극의 준(準)직업화 경향에 의하여 지방극단이 출현하게 된다.

이러한 사실들은 당시의 프로연극적 소인극 활동이 어떤 조직적 기반을 갖지 않고서도 왕성하게 이루어지고 있음을 잘 말해 준다. 즉 1920년대는 프롤레타리아 예술운동의 조직과 상관없이 이러한 프로연극적 소인극 활동이 활발히 이루어지고 있었으며 오히려 더 왕성하였던 것이다. 바로 이렇게 왕성한 프로연극적 소인극 활동이 지방에서의 프롤레타리아 연극단체의 결성을 가능하게 하는 원동력이 되는 것이며, 따라서 카프 내에서도 이들의 활동을 어떻게 그들의 영향권 내로 견인해 낼 수 있느냐의 문제가 운동론상의 주된 과제로 제기되는 것이다.

경북 문경군 청년동맹, 재만 동포 동정 순회소인극.

「建築費엇고저 素人劇을 興行」, 『동아일보』, 1928.4.12. ;
경남 김해청년동맹 진영지부, 회관 건축비 동정 소인극.

「夜學 爲하야 素人劇 準備」, 『중외일보』, 1928.5.28. ;
전남 능주농민회 및 화순청년동맹 능주지부원들로 조직된 경우(敬友)극단, 농민 야학과 부녀야학 경비 보충 소인극 예정.

「榮州靑盟 素人劇을 禁止 理由는 模糊」, 『중외일보』, 1929.2.20. ;
경북 영주청년동맹 영주지부, 신춘 기념 소인극을 당지 경찰이 금지.

「素人劇도 靑盟)名義론 不可」, 『중외일보』, 1929.9.28. ;
전남 능주청년동맹 영산지부, 무산아동 교양비용 충용 소인극. 18일 공연은 경찰이 중지.

「會舘建築고자 素人劇大會 오는 이십육일」, 『동아일보』, 1929.10.13. ;
목포청년동맹, 회관 건축코자 소인극 대회.

「咸興靑盟 第二週年 紀念」, 『중외일보』, 1929.11.30. ;
함흥청년동맹, 창립 2주년 기념 연극.

「玄風靑盟 素人劇 禁止」, 『중외일보』, 1930.8.23. ;
경남 현풍청년동맹, 재정 확립 목적의 소인극을 대구署가 금지.

「農民慰安 素人劇도 禁止」, 『중외일보』, 1930.8.26. ;
의주청년동맹 고령 삭면지부, 농민 위안 소인극을 당지 주재소에서 금지.

이렇게 볼 때 1920년대의 소인극운동은 크게 두 가지 성향으로 나누어볼 수 있다. 첫 번째는 취미 활동 혹은 여흥의 수단으로 연극을 공연하는 경우이다. 이러한 경우에는 대개 기성극단의 작품을 보고 나름대로 공연을 해 보는 경우가 많았으며, 단체의 조직도 공연 시에는 기성극단에 못지 않은 체재를 유지하는 경우도 있었다. 각종 고학생단체와 각종 종교단체에서 행했던 기금 마련을 위한 공연이 주로 이러한 경향을 띠고 있었다.28) 두 번째는 사회운동의 일환으로 연극 공연을 하는 경우이다. 이는 청년운동, 노동운동, 농민운동의 흐름 속에서 발생한 자연발생적인 프로문화의 일부인 연극운동으로서, 민중이 공연의 주체가 된 자립 연극으로 원칙적인 의미에서의 프로연극일 뿐만 아니라 프로연극운동이 빠지기 쉬운 공식주의의 오류를 극복할 수 있도록 해 준 실체로 작용한 프로연극적 소인극운동이다. 본 연구에서 대상으로 하는 소인극운동은 두 번째의 경우이다.

(2) 초창기의 프로연극적 소인극운동

전술한 바 있듯이 1920년대 초기의 소인극의 경향을 살펴보면, 주최측의 공연 목적에 따라 다소 차이는 있으나 대부분이 계몽적이고 교훈적인 내용을 담고 있었다. 종교단체는 종교 이념을 전파하는 데 주력하였으며, 청년단체는 신파극의 공연 취지와 크게 다르지 않은 구사상 타파, 풍속개량 등의 주제를 다루었다. 학생단체의 경우는 주로 동경 유학생들과 국내의 고학생들이 그 주체가 되었는데, 기성작가의 작품을 올리기도 하고 직접 자신들의 현실을 무대화하는 등 근대적 의식을 담아내기 시작했다.

이런 대체적 경향은 1923년을 전후로 하여 달라지기 시작했다. 연

---

28) 이러한 성향의 소인극 활동에 대해서는 유민영, 『한국근대연극사』, 단국대학교 출판부 1996, pp. 512-63 참조.

극사에서 '소인극운동'이라 하여 차별화하여 이름 할 수 있는 새로운 연극적인 움직임, 즉 프로연극적인 성격을 지닌 소인극운동이 일어나게 된 것이다. 이 운동의 배경에는 여러 요인이 있을 수 있는데, 우선 청년단체 조직의 내부적인 변화를 들 수 있다. 이는 초기 문화운동의 틀 속에서 진행되었던 청년운동이 사회주의사상의 수용과 물산장려운동, 민립대학 설립운동의 실패를 통하여 점차 민족주의와 사회주의적인 청년운동으로 분화되어 감으로써 사회주의 청년단체로의 이행이 일어나게 되며, 그 결과 부르주아 민족주의적 노선에 대한 비판적인 경향으로 점차 확산되어 가고 있었다.29)

---

29) 청년단체는 1920년 초반에 집중적으로 조직되었는데 주로 군내의 중심지인 읍, 면을 중심으로 조직되었다. 초기 청년단체는 일정한 지역의 중심지를 따라 조직되었지만 이들의 활동은 분산적이고 고립적으로 진행되었다. 따라서 1920년 중반부터 이들 청년단체를 하나의 강령과 조직으로 묶으려는 시도가 이루어지기 시작했다. 이러한 노력은 1920년 6월 18일의 '조선청년회연합기성회'로 결집되었고 그 결과 1920년 12월 1일 '조선청년연합회'가 결성되었다. '조선청년연합회'는 당시 경성에서 조직된 '조선노동공제회'와 함께 초기 국내의 전국적인 민족운동단체의 위상을 가지고 있었다. 초기 청년단체의 운동론은 문화운동론이었다. 문화운동이 계몽적인 수단을 통한 운동이라 할 때 여기에는 한말의 자강운동과 계몽운동의 흐름을 이어받고 있는 민족주의적 계몽운동의 흐름이 존재하고 있었음을 의미한다. 3·1운동 시기에 운동의 초기 단계를 주도한 민족부르주아들은 고양된 민족의식을 바탕으로 한말이래 계몽적 운동의 전통을 답습하여 지속적으로 계몽운동을 전개하고자 했다. 이들 민족주의자들은 민족운동의 명망성을 유지하고 있었기 때문에 청년단체의 회장이나 고문 등으로 추대되어 청년단체를 지도하는 위치에서 활동하고 있었다. 따라서 청년들이 청년회의 조직적 주체가 되지 못하고 지역 '유지'인 '장년'들이 집행부를 장악함으로써 청년단체의 청년들은 회원으로서 단체 운영의 주체이기보다는 계몽의 대상으로 존재하고 있었던 것이다. 이러한 초기 청년단체의 문제점을 극복하기 위해서 청년들은 새로운 조직구조를 모색하게 되었다. 즉 청년단체의 회체를 회장제에서 집행위원제로 변경하고 재정구조를 회비 중심으로 운영하여 단체의 운영을 청년들이 장악하려고 하는 것이었다. 이러한 청년단체의 변화는 1921년경부터 일부 청년단체를 중심으로 이루어졌다. 이들이 조직을 '혁신'하는 가운데, 사회운동의 새로운 이념으로 수용되기 시작한 사회주의는 청년층을 중심으로 점차 확산되기 시작했으며, 청년단체 내부의 사회주의청년들을 중심으로 새로운 지도방침을 채택하고자 하였다. 그 결과 청년운동은 점차 문화운동에서 분리하여 사회주의 청년운동으로 정착하기 시작했

또 다른 요인은 소인극의 확산을 들 수 있다. 1920년대 초기 극예
술협회의 활동과 함께 거의 비슷한 시기(1921년 7월~9월)에 활동한
경성고학생의 모임인 '갈돕회'의 전국순회 공연과, 1923년의 극예술협
회의 2진이 중심이 된 '형설회'의 전국순회 공연 등의 학생극운동 등으
로 1920년대에는 소인극운동이 활발히 전개되게 되며, 이는 1923년
을 기점으로 전국적으로 확산되기 시작한다.

> 그러나 금년 중에 일어난 극계의 운동을 좀더 내면적으로 관찰하면 두
> 가지의 경향이 잇섯다. 그 한 가지는 금전의 결핍으로 소위 흥행업자간에는
> 참혹한 타격을 받았고 그 반동으로 배우단(직업적)까지도 드디어 해산의
> 운명을 당한 단체도 있었다. 그러나 이와 반대로 일반 사회에서는 연극에
> 대한 요망이 幾分間 둣터워진 경향이 날로 만어 간다. 금년 중에 行演된 度
> 數로 보든지 그 내용을 보든지 전문 배우들이 막을 열은 수효보다 소위 素
> 人劇이라는 상연이 만엇엇고 쏘 내용이 좀 나흔 것도 몃 차례는 잇섯다. 그
> 리고 학교단체이니 종교단체이니 하는 데에서 경성드뭇하게 어떠한 동기를
> 이용하야 연극의 교화를 바드려 하는 운동이 다시 주의할 만치 만히 일어낫
> 다. 이것은 다시 말할 것도 업시 시대 사조를 짤하서 자기 생활의 내면이
> 넘우도 공허하고 황량한 것을 깨다른 동시에 어느 방면으로든지 자기 생활
> 에 엇더한 윤기 잇는 변화를 일으키려는 애닯은 요구에서 나온 것이다. 그
> 러나 이러한 연극발전상에 가장 적당하고 노력할 시기에 임하여 자본의 공
> 황으로 뜻하는 바의 실지운동을 족음도 진행치 못하는 것은 극계를 위하야
> 심히 통탄할 바이다.[30]

1923년도의 극계를 회고하는 이와 같은 언급을 보면 소인극이 대
단히 활발하였음을 알 수 있다.[31]

다.(안건호, 「1920년대 전반기 청년운동의 전개」, 『한국근현대청년운동사』, 한국역
    사연구회 근대청년운동사연구반 지음, 풀빛, 1995, pp. 69-81 참조)
30) 김운정, 「극계 1년의 개평」, 『개벽』 42, 1923.12, p. 56.
31) 필자가 조사한 바에 의하면, 당시 신문(『매일신보』, 『조선일보』, 『동아일보』) 紙面에
    소개된 소인극의 기사는 1923년 한 해 동안 720여 회에 해당한다. 미처 신문에 소
    개되지 않은 것과 필자가 미처 살피지 못한 기사를 고려한다면 그 숫자는 이를 훨씬

다음으로는 부르조아 민족주의사상이 점차 쇠퇴하고 사회주의사상
이 새로운 사상적 지도 이념으로 등장한 역사적 사실을 들 수 있
다.32) 다시 말하자면 좌파계열의 농민단체와 노동단체가 속속들이
결성되고, 그 단체들에서 그들의 요구와 이해에 맞게 자생적으로 산
출해 낸 소인극의 성향은 이전과는 확연히 다르게 정치적 성격을 지
니게 되었던 것이다.

따라서 대중운동단체 속에서 행해지던 소인극도, 1920년대 초기의
소인극의 제목과 주제에서 드러나는 신파적인 계몽성에서 벗어나 프로
연극적인 성격을 지닌 소인극에로의 변화를 가능케 하게 되는 것이다.

이러한 프로연극적 소인극운동의 시작은 1922년에 들어서였고, 전
남 강진군 군동면 청년회가 11월에 지주와 소작인 間의 폐풍33)을 교

상회할 것으로 생각한다. 또한 1920년부터 1923년까지의 당시 신문 지면에 소개된
기사의 수를 비교하여 보면, 1923년에 들어 소인극이 급속하게 많아지고 있음을 알
수 있다. 참고로 이를 살펴보면 1920년 41회(20개 단체), 1921년 412회(92개 단
체), 1922년 414회(149개 단체), 1923년 719회(244개 단체)로 급속하게 증가하
고 있음을 알 수 있다.

32) 동경의 고학생과 노동자의 구제단체였던 '동우회'가 경성에 들어와 1922년 2월 「전
조선 노동자에게 격함」이라는 소위 동우회선언을 발표하여 조선사상운동의 방향을
제시하고, 계급투쟁의 직접적 행동기관으로 변했다. 노사 협조적 개량주의 단체였던
'노동공제회'도 해체되고, 1924년 4월, 타협적 개량적 운동을 부정하고 계급적 인식
에 기초하여 비타협적 투쟁을 강조한 '조선노동총동맹'(1924.4.18)과 '조선청년총동
맹'(1924.4.21)이 결성되었다. 또 1925년 조선공산당이 결성되고 격화되어 가는
노동자, 농민투쟁의 반제국주의적 성격이 강화되자 필연적으로 일제와의 충돌이 빈
번해졌다.(정호순, 「연극대중화론과 소인극운동」, 한국극예술학회 편, 『한국극예술
연구』2집, 태동, 1992, pp. 190-91)

33) 일제의 3·1운동 이후 통치기조는 문화정치를 표방한 회유·분열정책에 있었는데,
이것이 농업정책에 투사되어 나타난 것이 소위 산미증산계획이었다. 산미증산계획은
일제 지주의 농장 확대와 소작농민을 착취한 수확 증대에 본질을 두고 있는 것이므
로 한국 농민에게는 핍박만 가중되는 것이었다. 그리하여 원래의 식민지 수탈 위에
1920년대의 산미증산계획이 추진될수록 농민에게는 극한상황만이 더해 갔던 것이
다. 그 결과 파산 위기에 놓인 소작인 수는 해를 거듭할수록 증가하여 갔다. 그러므
로 한국 농민이 이 극한 상황에서 탈출하는 길은 일제의 어떤 호의적 정책 전환에 있

정하기 위해 연극 공연을 가진 것이 효시가 되었다.[34]

> 郡東面 靑年會 活動…전남 강진군 ⅩⅩ동면 청년회에서는 종래 진명의숙을
> 설립하고 교육에 열심한다 함은 기보와 如하거니와 근래 사회문제로 지주
> 와 소작인 間의 폐풍을 교정하기 위하야 노력 중인대 此의 일책으로 연극을
> 행하여 다대한 효과를 擧하는 中이라더라(강진)[35]

1920년대 전반기 이러한 농촌현실에 대한 문제는 소작농들의 자
위(自衛)운동으로서의 선전극을 등장시키기도 하며,[36] 심지어는 유
년주일학교 학생들의 가극[37]과 아동들의 유희(遊戱)에까지 다루어

는 것이 아니라 농민이 사활 문제를 걸고 싸우는 투쟁뿐이었다. 그리하여 농민들은
소작쟁으로서 일제 지주에 맞서 싸웠다. 소작쟁의는 22년에 24건(참가인원 2,539
명)이던 것이 23년에는 176건(9,060명), 24년 164건(6,929명)으로 증가하게 되
는 것이다.(조동걸, 『일제하 한국농민운동사』, 한길사, 1979, p. 92-121 참조)

34) 이보다 앞서 1921년 1월 개성 청년들이 당지 노동대회와 노동공제회에 기부하기 위
하여 신파 연예단을 조직하기도 하고, 동년 5월 대구 영남공제회 문예부 주최로 소
인 신극단을 조직, 고아원 설립을 목적으로 마산, 통영 등지에서 순회공연을 하였다.
또한 1921년 12월 24일 평안남도 평원군 서해면 사산리교회에서 예수성탄 축하일
에 당 교회 장로 이우혁이 주일학생들과 함께 성탄 여흥으로 일본 대 조선의 통치관
계를 풍자하고 조선의 독립사상을 고취할 연극을 하였다는 사실이 발각되어 구류 처
분을 받기도 하였다. 이는 일제 강점기 최초로 연극의 내용이 문제가 되어 처벌을 받
은 공연으로서의 의의를 지닐 수 있다. 그러나 이들의 공연 활동은 프로연극적이라기
보다는 개량주의적 문화운동이나 민족주의적 연극운동의 한 방법으로 볼 수 있다. 따
라서 우리 연극사에 있어 프로연극적 소인극운동의 효시는 군동면 청년회의 공연으
로 보아야 할 것이다.

35) 『동아일보』, 1922.11.12.

36) "小作相助 宣傳 素劇…고흥군 소작인상조회에서는 당회 취지를 선전하기 위하야 소
인극을 去 십륙일부터 흥행하야 약 2개월 예정으로 全郡을 순회할 터이라더라(고
흥)"(『동아일보』, 1923.11.25)

37) "城津 크리스마스…城津 旭町에서는 본월 이십오일부터 삼 일간 『크리스마스』축하식
을 성대히 행하얏다 初日에는 幼年主日學生의 가극이 有하얏는대 특히 가극 中의
『흰옷 입은 나그네』『十三道 代表』는 현시 조선의 내면은 경제상으로 정복되어 점차
만주 북간도로 이주하는 가련한 동포의 窮狀을 연출하고 우리 十三道는 상부상조하
야 생사를 同히 하자는 『그 노래』 그 劇은 滿場人士로 하여금 熱淚를 쑤려 그 의미

진다.38)

1922년 말에 시작된 프로연극적 소인극 공연은 1923년에 들어서 사회주의사상을 고취하는 일종의 정치극적 성향이 미약하게나마 나타나기 시작하였는데, 이는 1923년 8월 '마산 노농동우회'의 제2회 연예회를 통해서였다.

勞農演藝會 大盛況…去 一日 馬山 勞農同友會에서 同會의 主義를 선전하고 노동계급의 계급적 의식을 철저히 하기 爲하야 동아일보, 본보 마산 지국의 후원하에서 연예회를 개최코저 준비 중이라 함은 임의 보도한 바어니와 연예 준비의 완성을 짜라 去 3일 오후 9시 마산 壽座에서 연예회를 開하얏는바 정각 전부터 대만원의 성황을 呈하얏스며 정각이 되자 該會 위원장 呂 海 氏의 간단한 개회사와 마산 악대의 주악을 비롯하야 제1부 음악에 대한 순서를 질서 잇고도 숙련된 기술로 진행함에 짜라 拍手聲은 장내를 진동케 하얏스며 제1부의 끗을 맛치고 2부연예에 入하기 전에 該會 위원장

심장한 늣김을 주엇스며 ……"(『동아일보』, 1923.12.31)
38) "社會劇的 兒童遊戲 惡地主 對 農民會員 小作爭議의 最新劇…전남 순천군 □전면에서는 지주 박승중의 소작권 무리 이동과 여러 가지 횡포로 인하야 일반 농민이 무한 고통을 밧으며 상호 충돌이 잇다 함은 본보에 누차 보도한 바어니와 근일에 同郡 同面 回龍里에는 일종의 최신극인 아동유희가 생겻다 하는대 그 유희의 내막을 들은즉 同里에 십년 미만의 아동들이 회동하야 악지주 박승중과 박승중의 대리인 이강두와 奸 소작인과 농민회원과 주재소까지 총출하야 奸 소작인이 박승중에게 선물을 보내여 소작권을 엇어 가지고 와서 舊소작인에게 통지를 한즉 농민회원 일동이 新소작인을 잡아다가 不然의 端으로 설유를 하다가 듯지 안이하면 구타를 하며 □喝을 하고 대리 이강두가 와서 농민회원에 대하야 모욕을 하며 舊소작인을 보호하면 회원은 이강두를 잡아내서 구타하면서 이놈아 세상에 무엇을 할 것이 업셔々 그 □□보다 더 毒한 박승중의 대리 노릇을 하면서 우리 人間社會에 이와 갓흔 害를 주느냐 하며 질책한즉 쏘 박승중이가 나와셔 이강두를 위로한다 그럴 째에는 일반회원은 이강두와 박승중을 구타한즉 李 朴 兩人은 주재소에 가셔 고소를 하야 농민회원을 잡아다가 죠사를 하고 회원은 반항을 하는 그와 갓흔 아동유희가 생겻다는대 그 유희를 할 째에는 아동덜은 셔로 박승중과 이강두 되기를 꺼리면서 정당한 사람으로 그와 갓흔 無道한 놈 되기는 아무리 연극일지라도 참으로 창피 막심하다 하고 농민회원 되기만 쟁원한다는대 이와 갓흔 사실은 참으로 奇惟한 일이라더라(求禮)"(『조선일보』, 1924.7.12)

呂 海 氏의 파란곡절이 심한 該會의 출생 초로부터 현재의 至한 경과 보고
와 의미 깁흔 該會의 현재 입장 등을 말하고 노동계급의 이상하는 합리적
신사회가 那邊에 在하얏슴을 암시하얏스며 니어 『犧牲』이라는 전4막물의
사회극을 개연하야 현대의 공장주와 노동자 사이에 자연적 이러나는 鬪爭
境과 虐待無理한 자본주의 심리와 노동계급의 비참한 생활상태를 절실히
표현하얏스며 최후에 소인극 준비라는 一場의 희극물을 개연하야 관중으로
하야금 포복절도를 마지안케 하고 동 12시間 대성황리에 폐회하얏다더라 2
일 야에는 관중에 취한더시 혹은 대갈채를 마지하지 아니하엿스며 二연예
에 入하야 『迷夢』(전1막)은 모든 불조아들이 가장 합리하다고 긍정하는 현
사회의 이면에 빈민계급의 悲絶悲絶한 생활상태를 표현하야 관중에게 불조
아의 옹호기관인 법률, 도덕, 종교 일체의 현 사회제도가 빈민의게는 아모
혜택을 주지 못함과 도리어 빈민의 생명을 쌔앗고 빈민의 자유를 구속하고
빈민으로 타락한 경우에 방황케 한다는 깁흔 감흥을 니룻키게 하엿스며 니
어서 『눈쓴 者의 苦憫』39)(전1막)을 出演하야 현 사회가 엇던 계급의 혜택
으로 말미암아 가장 불순, 불결, 추악, 허위, 죄악, 불평이 현출됨을 암시하
고 눈쓴 인간덜의 고민에 일로부터 層生覺出하게 되엿슴과 도리어 눈 감은
盲者처럼 순결하고도 정직하며 허위와 죄악을 現치 안는 맹자의 행복을 표
현하여 관중의게 무한한 인상을 與하고 오후 11시 間에 대성황리에 閉하엿
다더라.(마산)40)

이는 당시 불합리한 사회제도로 인하여 고통받는 노동계급의 비참
한 생활상태를 다루고 있는 것으로, 이후 이러한 성향의 공연은 청년
회,41) 노동동맹42) 등의 공연 활동과 각본 모집43) 등을 통해서 이

---

39) 이 작품은 동 단체에서 '그 회의 취지를 선전하며 무산자에게 예술사상을 환기시키기
   위하여' 동년 3월 26일, 27일 양일간 마산 수좌(壽座)에서 개최한 연예회에서 상연
   된 『盲者의 幸福』의 다른 제목으로 볼 수 있다.
   "노농 음악 연예회…마산 노농동우회에서는 그 취지를 선전하며 무산자에게 藝術思
   想을 환기키 위하야 본보 마산 지국과 마산 악대의 후원하에 거 3월 26, 7 양일간 당
   지 수좌에서 개하고 조선 음악과 양악을 병주하얏는데 제1일에는 『世俗의 情』이란
   예제로 제2일은 盲者의 幸福이란 예제로써 흥행하야 성황을 정하엿스며 다액한 동정
   금이 亦 有하얏는 바 그 씨명과 금액은 여좌하더라"(동아일보, 1923.4.10. 강조 -
   인용자)
40) 『조선일보』, 1923.8.9.

루어진다.

또한 이 시기 소인극이 광범위하게 전개되면서 민중의 반응도 대단해지자, 1910년대 신파극 전성기에 주춤하던 일경의 연극 탄압이 다시 고개를 들기 시작했으며, 이는 흥행물 검열 강화로 나타나기 시작했다.44) 경기도 경찰부 보안과에서 1921년 5월에 흥행물과 흥행장에 대한 취체 규칙을 개정하기 시작하여,45) 1922년 4월 흥행물 취

---

41) "瀛州學生 素人劇·旣報와 如히 영주학생친목회 주최의 연예단 일행은 去 13일 하오 8시 반 영주학생친목회 제주 기독청년회 제주금주회탐라협회 조선일보 제주 지국 본보 제주지국 후원하에 관덕정에서 한룡호 군의 개연사로 개막하고 『後悔』『金錢이냐? 義理냐?』 등 예제로 불합리한 현시 사회제도로 인하야 窮奢極侈의 쾌락자의 측면에서 呼飢泣寒하는 빈곤자의 생애에 대한 차이의 甚함을 반영하야 일반에게 무한한 반성과 각오를 與하얏스며 出捐한 인사의 芳名과 금액은 좌와 如하다더라 ……(濟州)"(『동아일보』, 1923.8.24)

"셰멘트회사 蠻行 什長 勞動 脚本에 감정이 나서 靑年會員은 일을 안 식혀…去月 勝湖靑年會 창립기념식을 거행한 후 여흥으로 연극을 하였는데 각본은 勞働者의 현상을 상연하는 중 勞働者가 십장에게 酒饌도 먹이며 鷄도 갓다 주고 入社식혀 달라는 동작을 본 승호리 小野田 세멘트 會社에 근무하는 십장 김경호는 감정을 품어가지고 其 翌日 同 會社에 출근한 청년회원에게 너는 나에게 아모것도 먹이지 안코 주지도 아니하얏슨즉 먹을 것을 가져와야 일을 식히겟다고 말한 후 일을 식히지 아니하얏스며 청년회원 전부를 詰罵함으로 그자의 행위를 일반이 분개한다더라(승호리)"(『동아일보』, 1924.8.27)

42) "今日이 勞働演奏大會 전무 후무에 대선전 필사적 위원의 로력…【인천】금일부터 삼일간을 두고 인천 빈정(濱町) 가무긔좌(歌舞伎座)에서 인천로동총동맹회(仁川勞働總同盟會) 주최와 인천 한용(漢勇) 제물포(濟物浦) 양 청년회와 동아 매일 조선 시대(東亞, 每日, 朝鮮, 時代)의 각 신문 지국 후원으로 하오 열시부터 성대히 열닐 터이라는데 이번 수입은 회관(會舘)건축에 쓴다는 바 이번 상장할 주요 각본은 아래와 갓다 『勞働神聖』『血汗의 光』『淚의 光』『至誠의 闇』『주먹이냐?』『月給日』 그외 음악과 무도도 잇다고 한다"(『시대일보』, 1924.5.17)

43) "宣傳戱曲 募集 永同 勞農同盟에서…영동 노농동맹회에서는 무산 대중 특히 농민계급의 각성을 촉하고 자본계급의 전횡을 업시 하기 위하야 오래 동안 분투 노력하야 오든 바 今般에는 더욱 널니 선전하기 위하야 노농운동에 적절한 희곡을 모집하기로 하얏는대 모집하는 각본은 2막 혹 3막에 한한다 하며 응모자의 주의 사항은 다음과 갓다더라 …… (영동)"(『동아일보』, 1924.1.18)

44) 일제 침략 초기의 연극 통제에 관하여는, 유민영의 위의 책, pp. 89-96을 참조.

체 규칙(興行物 取締規則)이라는 것을 먼저 만들었다.46) 그런데 주
목할 만한 것은 취체 규칙 제정에 있어서 사회교육과 미풍양속의 기
준에서 한다는 내용이었다. 그리고 극장 내부 시설까지도 검열의 대
상으로 삼은 것으로, 이는 오늘날 극장에 소방법과 건축법을 적용하
는 것과 흡사하다.47) 처음에는 영화에만 강력히 적용하다가 1923년
소인극 붐이 전국적으로 확산되자 흥행 취체 규칙을 개정하여 연극
쪽으로 방향을 돌렸다.

　興行物은 全部 檢閱 륙월 일일부터 엄중히 실시 흥행 시간도 일곱 시간
으로…경긔도 경찰부 보안과(保安課)에서는 금번 흥행 취톄 규칙(興行取締
規則)을 변경하야 오는 륙월 일일부터 시행하게 될 터인대 개정한 요지는
이후부터 연극의 각본(脚本)을 검열하는 규뎡을 설치한 것과 활동사진이나
연극의 흥행하는 시간을 그 전보다 줄인 것이다 종래 활동사진에 대하야는
『필름』의 설명서를 검열하는 규뎡이 잇섯스나 활동사진과 가치 일반에게
영향이 만흔 연극에 대하야는 각본을 검열하는 규뎡이 업섯스며 다만 연극

---

45) "興行 取締 嚴重 경찰부에셔 규칙을 기졍ᄒᆞᄂᆞᆫ 즁임…각죵 흥힝물과 밋 흥힝장에 관한
취톄는 왕왕히 함부루 ᄒᆞᄂᆞᆫ 폐단이 업지 안이ᄒᆞᆫ 고로 경긔도 경찰부 보안과에셔ᄂᆞᆫ
그 취톄의 불완젼ᄒᆞᆫ 것을 기량ᄒᆞ야 엄슉ᄒᆞ게 힝ᄒᆞ려고 목하 금야 보안과장은 규칙
기졍안을 심사 즁인대 불원에 기졍 규칙이 확뎡되는 동시에 경셩부 니와 긔타의 모
든 흥힝물과 흥힝장에 대ᄒᆞᆫ 취톄를 더욱 엄즁ᄒᆞ고 털녀ᄒᆞ게 되리라더라"(『매일신보』,
1921.5.17)
46) "三十八條의 興行取締規則 작일 도령으로 발표…경긔도 경찰부(京畿道 警察部)에서
는 흥행장 밋 흥행 취톄 규칙(興行場 及 興行取締規則)을 뎡하야 발표할 터이라 함
은 임의 보도한 바어니와 작 사일에 도령(道令)으로써 발표하얏는대 그 내용은 여러
번 보도한 바와 가치 죵래에는 연극을 하는 극장이라든지 그 죵류에 대하야 별다른
규뎡은 업고 다 일본 인민단 시대에 사용하든 불완전한 것으로 대개는 그 규뎡에 의
지하야 취톄를 하든 바 이번에 새로 된 것은 자세한 규뎡을 마련하야 삼십팔조목에
난누어 연극장을 건축하는 것과 연극 기타 잡죵 연예 등을 하는 데에 응용을 하게
된 것인대 시행은 오월 일ᄾ부터 할 터이오 지금 임의 설치하야 잇는 연극장과 활동
사진관은 그대로 허가를 할 터이오 오월 일ᄾ부터 셜시하는 것은 이번에 발표한 규
뎡에 짜라셔 허가할 터이라더라"(『동아일보』, 1922.4.5)
47) 유민영, 『한국근대연극사』, 단국대학교 출판부, 1996, pp. 556-57.

을 흥행하기 전에 각본을 소관 경찰서에 뎨출하야 허가를 어들 뿐이엇스나
이후로는 경찰서에 허가원을 뎨출하기 전에 각본을 도텽에 뎨출하야 검열
을 밧게 된 것이며 그 다음 흥행하는 시간을 종래 아홉 시간 이내로 흥행하
게 하든 것을 이 규측을 시행한 후부터는 일곱 시간으로 주리엇스며 규측이
륙월 일일부터 시행되나 도텽에서는 그 전에도 륙월 일일 이후에 흥행할 각
본 검열을 바들 터이니 일반 영업자는 미리 검열원을 뎨출하야 림시 랑패가
업게 하는 것이 죳켓다 하며 이 규측은 경긔도령이라 경긔도 관내에서만 시
행되는 것이닛가 다른 도에서는 아모 관계가 업겟다더라48)

각본 검열과 공연 시간 제한 등을 규정한 경기도 경찰부 보안과의
흥행 규칙의 제정을 시작으로, 평양,49) 경상북도,50) 함경남도51) 등

---

48) 『동아일보』, 1923.4.18.
49) "六時間制 興行 평양 경찰셔의 엄중 취톄 방침…평양부 내의 극장과 활동사진 샹셜관
기타에셔 흥힝하는 기연 시간은 이전브터 당국에서 상당한 제한이 잇섯스나 혹 밤
열두시를 지나 시로 한시꺼지 흥힝하는 일이 잇고 겸하야 요스히는 낫이 길고 밤이
쌀버져서 기연을 늣게 시작하는 째문에 폐쟝 시간이 자연 느져지는대 이와 갓치 늣
도록 흥힝하는 것은 공안상(公安上)과 위싱상으로 기타 여러 가지로 폐해가 불쇼홈
으로 평양 경찰서 에서는 이번에 온갓 흥힝물 기연 시간을 여섯 시간제로 뎡하고 쏘
밤에는 열두시꺼지 폐호하야 엇더한 경우를 물론하고 열두시가 지나면 즉시 츌연을
중지하기로 하얏고 쏘 흥힝하는 연극과 활동스진에 대하야는 죠흔 습관과 아릿다온
풍속을 문란케 하며 쏘 흔 번 보면 전률한 마음을 싱기게 하는 참혹 잔인한 각본과
활동사진의 『필름』 등은 절대로 샹장을 엄금호기로 하고 쏘 활동사진 변스에의 설명
에 대하야는 …… (平壤)"(『매일신보』, 1923.6.5)
50) "興業 取締規則 慶北道에셔 起草 中…경상북도에는 금일꺼지 흥행업 취톄 규칙의 제
정이 無하야 興行時間 밋 기타 취체상 다대훈 불편이 유홈으로 道保安課에셔 目下
此 규칙을 草案하야 불원간 발포한다는대 금회 초안 中의 規則은 각종 흥행업의 興
行時間 又는 활동사진 映寫時間 等의 制限 其他의 点에 亘하야 詳細를 極하리라더라
(大邱)"(『매일신보』, 1924.6.5)
51) "學生演藝 取締方針 決定…함경남도에는 최근에 학생들이 휴가를 이용하야 각종의
흥행을 출원하는 자가 多한 바 此를 取締함에 對하야 各署가 일치한 방침을 수립함
이 필요하다 하야 過般 署長會議에셔 함흥 경찰서의 取締方針에 근거하야 함남 도내
의 방침을 左와 가티 결정하얏더라 ―. 학생의 연예에 관한 것과 청원으로 연극
혹은 此와 유사한 것과 俳優 藝娼妓 등의 행하는 무도는 절대 불허하되 다만 藝娼妓가
溫習會 등을 行할 경우에 研究的의 의미로 친권자가 자진하야 출연케 하는 경우에는
무방함 二. 보통가정에서 行하는 □□ 或은 □琴 등의 연예도 연구할 목적으로 개최

지에서도 흥행물에 대한 취체 방침이 발표된다. 따라서 연극에 대한 본격적인 탄압은 1925년부터 시작되지만, 이 시기에도 연극 공연의 금지나 중지는 취체 규칙 제정과 관계없이 이루어지고 있었다. 그중 대표적인 것을 살펴보면 다음과 같다.

開城新派 不許可 미성년자가 만타고…긔성군 시니에 사는 여러 청년들이 금년 봄에 신파 연극단 죠직ㅎ야 여러 달 당디에셔 실디로 연습흔 결과 성적이 미우 죠와셔 여러 인사의게 한번 구경을 식히기로 결명하고 일전 당국에 흥힝ㅎ기로 청원ㅎ엿더니 당국에셔는 미성년자가 만타ㅎ야 불허가가 되얏슴으로 희산되얏다더라 (긔성 지국)52)

安城學友劇 不許…재경 안성학우친목회에셔는 하기휴가를 이용하야 講演劇團 등을 조직하고 고향인 안성 각 면을 순회하야 鄕村父老의 교육사상을 진흥코자 흔다 홈은 기보흔 바어니 금번 동 회원 일동이 당지에 집합하야 此 준비를 행하고 당지 경찰서에 허가를 신청흔 바 학생에게 연극은 大禁物이라 하야 허가치 아니홈으로 부득이 중지하얏다더라 (안성)53)

聖誕 餘興으로 拘留 평원에서 댱로를…지난 이십륙일에 평원군 서해면 사산리교회 댱로 리우혁(平原郡 西海面 蛇山里敎會 長老 李雨赫) 씨는 평원 경찰서에 호출되여 십일 구류 처분을 당하엿는데 그 내용은 거년 십이월 이십오일 예수성탄 축하일에 주일 학싱으로 하여금 녯적『모세』가「이스라엘」빅성을 애급에서 구원하여 나온 사적으로 연극을 한 사건이라더라 (영유)54)

水害救濟 演劇은 례천에서 쏘 금지…동아일보 례천 분국(醴泉分局)과 다수한 단톄의 후원으로 례천 디방에서는 황해도 수재 구제를 위하야 연극회

하든지 혹은 이익을 목적으로 하지 안흔 학생의 遊戱와 가튼 것은 허가할 것과 장소는 아모죠록 학교 혹은 교회당을 사용케 하되 부득이한 경우에는 극장 又는 板相所 등도 무방함(『조선일보』, 1924.9.22)
52) 『매일신보』, 1920.8.9.
53) 『매일신보』, 1921.8.1.
54) 『동아일보』, 1922.1.31.

를 열으랴고 임의 준비가 다 되얏는대 례천 경찰서에서는 『례천 청년이 황해도 수재 구제하기 보다 이곳에서 할 일이 더 만흐며 요사이 갓치 금전이 공황한 째인즉 그만두는 것이 좃타』고 허가를 아니 하얏는대 그 내용을 알아본즉 경상북도텽에서 이러한 일을 금지하라는 명령이 잇는 듯하다더라 (례천)55)

演劇을 함은 건방지다고 금지…경성에 잇는 포천학생친목회(抱川學生親睦會)에서 이번 하긔 휴가를 리용하야 연극과 강연단을 조직하야 문화 선전을 하는 동시에 동정금을 어더 경성에다가 포천학생친목회관을 건설할 목덕으로 연극 흥행 허가를 경긔도 경찰부에서 맛터 가지고 그 일행은 포천으로 나려갓다 이에 연극을 흥행하기로 포천 경찰서에 말하얏더니 경찰서에서는 공립보통학교당에게 장소를 빌너겟다는 허가를 맛터 오라 함으로 학교를 갓더니 학교에서는 군수 주영환(朱英煥) 씨에게 미루고 군수는 서무과당에게 미루기만 할 뿐 아니라 학생 신분에 연극이 부당하다는 리유로 필경 연극을 하지 못하게 하야 학생들은 흥분된 가운대 해산하얏다더라56)

Y波 靑年會 素人劇…성천군 Y파 청년회에서는 팔월 이십이일 오후 8시 반부터 동 12시까지 Y파 교회당에서 소인극을 흥행하야얏는대 예제는 1. 苦學生의 죽엄 2. 愛의 고통이엇고 입장은 무료 관람자는 약 400명에 달하엿는 바 제1예제는 4막으로 종료할 예정이엇스나 경관의 정지 명령에 의하야 부득이 3막으로 종료하엿라 (Y波)57)

勞働素人劇을 禁止…경남 울산 중남면 신화리 노동야학회에서는 수 추석의 명절을 이용하야 중남면 각 부락마다 흥행하야 該收入金으로 여자야학실을 건축하기 위하야 중남면 경찰관 주재소에 흥행원을 제출하얏던 바 허가치 안이함으로 본보 蔚山支局의 소개로서 울산 경찰서에 교섭하얏던 바 역시 허가할 수 업다 함으로 그의 이유를 물은즉 당국지는 말하기를 금번 東京 震災 이후로 당분간 조선인이 多數히 집회하면 불온한 행동이 이러날가 하야 상부로부터 집회 금지의 공문이 잇슴으로 허가할 수 업다 한다 이에 대하야 일반 인사들은 당국자의 신경이 너무 과민하다는 평론이 有하다더라 (언양)58)

---

55) 『동아일보』, 1922.11.4.
56) 『동아일보』, 1923.8.9.
57) 『동아일보』, 1923.8.31.

이러한 사실들은 당시 일제의 연극 탄압이 흥행물 취체 규칙의 제정과 관계없이 이루어지고 있었으며, 각 지역 취체 담당자의 판단에 따라 연극 검열이 이루어지고 있었음을 알 수 있다. 그 결과 1924년 3월 11일에는 홍원청년회가 동단(同團) 지방 순극 중 경관이 무리하게 중지하였다 하여 손해 청구를 경찰 당국에 제기하는 일도 발생하게 된다.59)

이렇게 볼 때 1920년대 전반기 대중운동단체 속에서 행해지던 소인극은, 1923년을 기점으로 전국적으로 확산되고 있었으며, 그 사상적 변화에 따라 1922년 말을 기점으로 계몽적이고 교훈적인 내용을 담고 있는 일반적 소인극과 불합리한 사회제도로 인하여 고통받는 노동계급의 비참한 생활상태나 농민계급의 현실을 통하여, 당시의 식민지적 현실을 반영하고자 하는 프로연극적 소인극으로 양분되기 시작하였음을 살필 수 있었다. 이 결과 미약하나마 사회주의를 고취하는 소인극이 등장하기 시작하였으며, 이 시기에는 노동의 신성함과 같은 초기 마르크스사상의 한 측면을 내보이는 정도로 그 모습을 드러낸 것이 특징이다.60) 이와 함께 일제의 연극 통제책이 점차 강화되기 시작하고 있음을 알 수 있다. 이렇게 볼 때 이 시기는 프로연극적 소인극의 형성기이자 소인극운동의 준비기라 이름할 수 있을 것이다.

---

58) 『조선일보』, 1923.9.29.

59) 「三月의 風雲」, 『개벽』 46호, 1924.4, p. 90.

60) 이러한 성향은 1925년 초까지 지속되며, 1925년 중반부터 마르크스 레닌의 계급투쟁을 고취하는 방향으로 전환되기 시작한다.

　　"勞働동무 演劇…함흥 노동동무회에서는 경비 곤란으로 지난 二十八日 下午 七時부터 동명극장에서 소인극을 흥행하엿다는데 『勞働은 神聖』『除夜의 悲曲』『죽엄의 짝』등 자미잇고 의미깁흔 연극으로 當夜에 입장료 수입은 八十餘 圓이나 되엿고 當席에서 좌기 제씨의 동정금이 드러왓다고(함흥)"(『동아일보』, 1925.2.2)

(3) 프로연극적 소인극운동의 확대와 소멸

1920년대 전반기 전국적으로 확산되어 활발하게 진행되었던 소인극운동은 1925년을 기점으로 해서 그 전후가 확연히 구별될 정도로 그 양상이 달라지게 된다.

그 달라진 첫 번째가 우선 각 지역 사회단체 청년학생들의 아마추어 연극운동의 의지 쇠퇴이고, 두 번째는 끈질기게 활동을 벌인 것은 대부분 사회주의적 사상이 농후한 단체들이었다는 점이다.61) 이는 1920년대 전반기에 형성된 프로연극적 소인극운동이 1925년을 기점으로 활발하게 전개되기 시작했음을 의미하는 것으로 받아들여질 수 있을 것이다.

먼저 각 지역 사회단체 청년학생들의 소인극운동의 의지 쇠퇴의 원인은 일제의 3·1운동 이후 문화정치를 표방한 회유·분열정책이 결실을 맺기 시작했다는 점62)과 각 지역 유지들의 연극에 대한 방해와 몰이해를 들 수 있다. 이를 살펴보면 다음과 같다.

> 江華片言 : 江華 一報告生…江華耶蘇敎會의 장로란 몃몃 사람은 절대로 동 會堂을 一般社會에 빌려주지 안키로 결의하고 「신성한 예배당에서」란 구실로 當地 청년회의 강연회나 혹은 토론회에 對하야도 無可 奈何로 빌리

---

61) 유민영, 위의 책, p. 558.

62) "無理한 星州警察 청년회 조직에 집회를 불허해…경북 성주군(慶北 星州郡) 읍내는 륙 년 전부터 성주 청년회가 잇섯스나 그 디방 유산 계급과 관료 계급에 잇는 회원이 잇서 청년운동에 아모 효력이 업고 경찰 당국의 지도를 바다 현대에 부덕당한 원놀음(옛날 군수의 위엄부리는 일종 극)가튼 것이나 하고 잇슴으로 그 디방에 잇는 유지 청년들은 관료 청년들의 행동을 가증히 생각하고 혁신청년회를 조직코자 류형식 외 사오 인의 발기로 회측을 긔초하야 본월 중순에 창립 총회를 열고자 경찰 당국에 집회계를 제출하얏더니 경찰은 다만 이미 조직되여 잇는 청년회에 가입하라 하며 집회를 절대 불허한다는데 경찰의 불허하는 리면에는 현재 청년회 간부들의 저의가 잇다 하야 이에 대하야 발긔자 측에서는 크게 분개하는 동시에 그 선후책을 강구하는 중이라더라(성주)"(『조선일보』, 1925.5.10)

지 안는다 만일 다른 장소가 합당한 곳이 잇스면 구태여 빌리라고도 아니할
것이지만은 집합소는 단지 그곳 하나인 고로 강화지방은 청년사업이나 여
러 가지 방면으로 큰 妨害가 만타 그들의 결의한 그 이유는 금년 양력 1월
경 어느 날 강화 중앙청년회 주최 소인극(기근구제) 당시에 신성한 예배당
내에서 희극 「盲人의 經文 읽는 것」이 滋味업다는 것이 그 이유의 하나이오
쏘는 금춘에 江華 無名同盟에서 主催한 강연 時에 朴一秉, 鄭鍾鳴 氏가 말
하는 중에 야소교 신자 중에 입으로는 「사랑과 무엇을 부르면서 실제로는
모든 허위를 한다」한 그것이 종교를 허위라고 하엿다는 이유인바 ······63)

　　無知沒覺한 幼稚園長 救濟 演劇을 광대로 보아···鐵山留學生會의 주최로
水害 罹災民을 구제키 위하야 巡廻講演 급 演劇大會를 개최한다는 것은 이
미 보도하얏거니와 제1착으로 철산 읍내에서 3일간이나 대환영리에 실연하
고 차련관 巡廻 期日에 당하야는 당지 천도교 正院을 빌어 모든 준비를 하
얏스나 우천임으로 인하야 도저히 상연할 수 업슴으로 同地 유치원을 빌고
저 원장 정주영을 방문하얏든 바 정주영이란 자는 水害救濟會를 크게 방해
하는 동시에 유치원을 빌니지 안을 뿐 아니라 강연 及 연극을 광대 노름이
라고 몰상식한 언행을 發함으로 ······64)

　　다음으로 사회주의사상이 농후한 단체들에 의한 프로연극적 소인극
이 지속할 수 있었던 것은 전술한 바 있듯이 대중운동의 사상적 기조
의 변화에서 찾을 수 있을 것이다. 1924년 4월에 '조선청년총동맹'과
'조선노동총동맹'이 나란히 결성된 것을 기점으로 하여, 전국의 대중
운동단체들 역시 다투어 사회주의적 색채로 전환하여 비타협적 노선
을 견지하게 됨으로써 일제 경찰과의 빈번한 충돌을 야기시키게 되는
것이다. 이에 따라 1920년대 전반기에 형성된 프로연극적 소인극운
동이 확산되기 시작한다. 때문에 일제는 1925년에 들어서면서 여러
가지 구실을 붙여 소인극운동을 본격적으로 탄압하기 시작한다.
　　탄압의 양상은 초기에는 광고문을 문제삼아 배포 금지65)와 압

---

63) 「南信北通」, 『개벽』 60호, 1925.6.1.
64) 『시대일보』, 1925.8.16.

수66) 등으로 이루어지다가, 1925년 4월 북간도의 척예회 극단(拓藝會 劇團)의 공연 정지67)를 시작으로, 5월에는 광고문의 문구를 문제 삼아 관계자 전원이 경찰에 구금되어 이 중 일부는 구류에 처하기까지 한다.

警察이 突然 活動 華盛劇 興行은 阻止되야…全州 三一讀書俱樂部에서 경비를 모집키 위하야 신극 화성단을 청빙 흥행할 예정이든 바 去 十三日에 전주 경찰서에서 돌연 활동을 개시하야 각 방면으로 입장권 彈賣한 사실과 광고문에 불온한 문구가 잇다는 것을 조사하는 동시 관계자 이현재 외 七八 人을 署 內에 일시 구금하엿다가 야반 11시경 대부분은 放還하고 이현재 하준기 양 청년은 입장권을 탄매하엿다는 이유로 경찰범처벌령 위반이라는 罪名下에 각 십일 구류에 처하엿는데 此로 인하야 흥행의 목적은 阻止되고 말앗다고 (전주)68)

8월 들어서도 '상주청년회'의 수해 구제극이 구제금 처분이라는 명목으로 금지 당하였고,69) '재경 당진학우회 순회연극단'의 공연을 '학

---

65) 「豊山小作人會 巡回演劇 盛況 연극은 무사 흥행 선전비라는 금지」, 『조선일보』, 1925. 1.3.

66) "饑饉救齊會…新義州 同文俱樂部에서 기근 구제회를 발기하얏다 함은 기보와 갓거니와 지난 1일 오후 10시에 조선일보 지국에 각 단체가 모여 각 위원을 선정하얏는데 …… 來 8일에 常盤座에서 소인극을 흥행하야 그 수익금으로써 기근 구제회에 보내어 헐벗고 배곱흔 白衣人을 구제키로 하얏스며 …… 선전문을 산포하기로 하고 인쇄하얏는 바 警察當局으로부터 白衣人이란 문구가 불온하다고 압수하얏다 하며 ……"(『시대일보』, 1925.1.5)

67) "拓藝團 興行을 吉州署가 禁止…19일 間島 척예회 극단 일행이 홍순모 씨 인솔하에 來吉하엿는데 翌 20일 연극하라고 경찰서에 거출한즉 경찰서에서 재계핍박에 빙자하야 흥행을 금지하엿는데 동단은 진퇴를 염려 중이며 동단은 간도로부터 北鮮을 순회하는 중 明川 吉州에서 二次 금지를 당하고 노비가 절핍되야 고국 사정에 熱血을 뿔일 뿐이요 前程이 매우 아득한데 정덕조 김룡규 신명원 이수여 마응열 정운택 안윤흠 정희익 제씨의 동정으로 城津으로 向하엿다고(길주)"(『동아일보』, 1925.4.25)

68) 『동아일보』, 1925.5.18.

69) "救齊劇도 禁止…慶北 尙州靑年會에 十個 단체 주최下에 거 9일부터 向 3일간 수해 구제 소인극을 흥행한다 함은 기보하엿거니와 其間 당국과 교섭이 만앗섯스나 결국

생시대에 소인극이 부적당하다'는 이유로 금지시키기도 하였다.70)
그러나 일제의 탄압에도 불구하고 소인극은 지속되었으며, 중지 명령
에 순순히 응하지 않고 싸우는 경우도 있었다.

少年劇을 中止식혀 會場은 一大波瀾이 일러나고 橫暴한 巡査는 逃亡하
엿다고…江原道 通川郡 歙谷少年會의 주최와 당지 유학생의 후원으로 거 6
일 오후 6시부터 음악 급 가극 연극회를 歙谷禮拜堂에 개최하얏는데 정각
전 청중은 예배당 內外에 인산인해의 대성황을 作하야 예정과 여히 草露人
生이라는 題下에 가극을 필하고 守錢奴의 悔改라는 제목하의 연극을 진행
중 연사 변인현 씨가 조선인은 총쑤리와 칼날 아래에는 굴복하나 의리와 도
덕에는 불복한다는 열변을 토하자 當時에 임석하얏던 巡査는 돌연 주의와
중지를 명함으로 일반 청중은 아모 이유 업시 중지를 당함에 분개하야 회장
은 一大波瀾을 作하얏스며 동 순사는 사태의 險함을 보고 도망하얏다고
(통천)71)

聖劇 不穩하다고 解散命令 성탄제 뒤날…경북 영덕읍에서는 지난 이십륙
일「크리쓰마쓰」다음 날에 구세군영(救世軍營)과 장로교례배당에서 성극
(聖劇)을 공개하얏든 바 임석 경관에게 중지 명령을 밧고 헤어젓다는데 그
자세한 내용을 듯건대 주위의 착취(搾取)로써 살 길이 업는 조선 사람들이
만주 천지로 헤매면서 중국인에게 밧는 고초와 여긔저긔 슬어지는 광경이
골자가 된 성극 광야(曠野)를 상연하든 바 배우의 언사 중에『가련한 무산
자여 이 사회는 네게 동정이 업고나』할 지음에 임석 경관으로부터「주의」
를 시키자 관중 측에서「집어처라」,「밟아라」는 말이 나옴이 동기가 되엇는
지『살길이 업는 조선 사람아 락원인 줄 알고 차저 왓든 만주 천지에서도

구제금 처분에 대하야 금지를 함으로 주최측과 각 단체에서는 금후 각자 幾何式이라
도 간접 의연하기로 하엿다고(尙州)"(『동아일보』, 1925.8.12)
70) "唐津 巡廻劇 警察이 解散…충남 당진 재경학생학우회 순회연극단은 수일 전부터 설
비와 연습에 분망하며 一邊으로 경찰서에 허가원을 제출하고 지방 유지에게 초대권
까지 배부하얏는데 출연할 시간에 至하야 警察當局으로부터 학생 시대에 소인극이
부적당하다는 구실로 불허가되야 극단 일동은 할 일 업시 해산되엿다고(당진)"(『동
아일보』, 1925.8.15)
71)『동아일보』, 1925.1.16.

이와 가티 슬어지고 마는고나 가나오나 죽음이 잇는 조선 사람들이어 장차
어대로 갈가』란 열변이 채 썰어지기도 전에 륙백 여 관중은 박수갈채의 열
광에 무티이자 다시 경관으로부터 정지 명령을 하야 열광한 군중은 일시 형
세가 평화롭지 못하엿스나 무사 해산을 하얏다고 한다72)

이처럼 1925년에 와서 일제의 연극 탄압이 본격화되자, 각 지역의
소인극단은 물론 순회극운동도 위축될 수밖에 없었다. 그렇지만 전국
각지 청년사회단체 및 학생단체들은 이에 조금도 굴하지 않고 소인극
운동을 지속시켜 나갔다.

이러한 가운데 프로연극적 소인극운동은 1925년 초기에는 1923
년 가을 소작농으로부터 시작된, 사회로부터 소외받고 또 가장 궁핍
한 생활을 면치 못한 계층의 자위선전극이 소작농뿐만 아니라 점원들
이라든가, 이용사들, 신문배달부들에 의해서도 이루어졌다는 점에서
매우 흥미롭다. 즉 개성의 송도점원회73)와 목포 조선인 이발업친목
회74), 경룡 신문배달부조합이 신춘 연극 대회75)를 가졌던 것은 그
단적인 예가 될 것이다. 또한 각지의 사회주의적 색채를 지닌 청년사
회단체 및 학생단체들은 일제의 연극 탄압에 조금도 굴하지 않고 소
인극을 통하여 사회주의사상을 고취하기 시작하였다. 심지어는 소년

---

72) 『시대일보』, 1925.12.30.
73) "店員 素人劇 盛況…松都 店員會 주최로 객월 30일 오후 8시에 開城座에서 소인극을
   개연하얏는데 正劇 『靑年의 薄志』란 題로 출연자는 전부 점원인바 其劇의 의의는
   店主의 泥古的 편견을 풍자함이며 自家들의 시대적 감상을 실현함인데 관람자의 갈
   채로 성황을 뫃하얏다더라(개성)"(『조선일보』, 1924.5.4)
74) "救饑 素人劇 理髮親睦會에서 準備…목포 조선인 이발업친목회에서는 該下 기근동포
   에 동정하야 各其 비용을 自擔하고 今月 一日부터 二日間 당지 常盤座에서 소인극을
   개최한다는데 일반 인사는 다수히 관람하여 주기를 희망한다고(목포)"(『동아일보』,
   1925.2.3)
75) "新春 演劇大會…경룡 신문배달부조합(京龍新聞配達夫組合)에서는 오늘과 래일 이틀
   동안을 계속하야 오후 여덜시부터 시내 종로 중앙청년회관(鐘路中央靑年會舘)에서
   다음과 가치 신춘 연극(演劇)을 한다는데 ……"(『동아일보』, 1925.4.9)

단체의 공연에서도 이와 같은 성향이 나타나게 된다.

> 荏子少年 演劇…전남 무안군 임자도 소년들은 지난 2월 25일 야에 대기
> 리 김상윤 씨 宅에서 『事業에는 無階級』이라는 각본으로 소인극을 行하엿
> 다더라 (함평)76)

이는 소인극운동이 이 시기에 문화사회운동으로 보편화되다시피 했음을 알 수 있으며, 그에 따라 프로연극적 소인극운동은 확산되기 시작한다.

즉, 풍산,77) 함흥,78) 영흥,79), 홍원,80) 무안,81) 인천,82) 원산,83)

---

76) 『조선일보』, 1925.3.2.

77) 「豊山小作人會 巡回演劇 盛況 연극은 무사 흥행 선전 바라는 금지」, 『조선일보』 1925.1.3.

「豊山小作人會 巡回演劇 盛況」, 『동아일보』, 1925.1.4.

78) "勞働동무 月例會…함흥 노동동무회에서는 지난 4일 하오 6시 반부터 천도교 종리원 내에 월례회를 開하고 좌기 사항을 토의하고 폐회하엿다고 一, 도서부를 설치할 일 一, 강연대를 조직하야 지방을 순회케 할 일 一, 동무회 사업을 일반에게 알리기 위하야 선전비라를 배포할 일 一, 음력 정월 초에 소인극을 흥행할 일(함흥)"(『동아일보』, 1925.1.7)

79) "精烈會 素人劇 講演과 音樂도 잇섯다… 【영흥】 함경남도 영흥군 장흥면에는 年前에 청년단체인 『정열회』가 발기되어 농촌의 진흥과 농민의 교양에 노력하야 직접 간접으로 사회에 神益을 만히 주든 바 지난 5일에는 休學期를 이용하여 당지 유학생 제군으로 더부러 지방개량과 신사상 보급을 목적하고 前面 장성진 씨 댁에서 소인극을 흥행하얏는데 ……"(『시대일보』, 1925.1.11)

80) "勞働素人劇 盛況裡에서 同情金 遝至…함남 홍원군 홍원노동조합에서는 음정월 보름을 이용하야 삼 일간 前 津 嚴承勳 倉庫 廣庭에서 소인극을 흥행하엿는데 대성황으로 …… (홍원)"(『동아일보』, 1925.2.12)

81) 「荏子少年 演劇」, 『조선일보』, 1925.3.2.

82) "仁川 精米職工組合 主催 職工慰安 演藝大會 一般에게 公開하야 收益은 各 公益事業에 寄附할 目的…인천 정미직공조합에서는 시내 각 정미소에 從業하는 직공들을 위안키 위하야 來 28, 9 양일 야간 시내 濱町 歌舞伎座에서 직공 위안 연예 대회를 개최하기로 결정되야 방금 준비에 분망 중인대 당일은 경성 新劇座 남녀 배우 6명과 인천 素劇 등이 연합하야 特選한 신극을 상연할 터이며 일반에게까지 공개하야 수익이 有할 時는 공익사업에 전부 기부할 目的이라는대 …… (仁川)"(『매일신보』,

해주,84) 진남포,85) 담양,86) 부산,87) 마산,88) 경성89) 등 주로 노
동자와 농민계층이 많이 분포되어 있는 인천, 황해도, 함경남도, 전라
남도, 경상남도 지역을 중심으로 나타나기 시작하는 것이다.

이를 계기로 프로연극적 소인극은 1925년 후반에 들어서는 초기 마
르크스사상의 한 측면을 내보이던 미온성을 버리고, 사회주의사상을
고취하는 일종의 정치극적 성격으로 변모하게 된다. 이는 주로 청년단

1925.3.20)

83) "新人同盟 樂劇 圖書舘을 設立코저… 【원산】 원산의 新進 청년들로 조직한 원산 讀
書人『크루프』月前에 신인동맹으로 명칭을 변경한 이래 만혼 奮鬪를 하든 터인데 금
번 도서관을 設置코저 그 기금을 엇기 위하야 단오절을 기회로 上里 一洞 同樂座에
서 來 28, 9 양일간 樂劇會를 개최한다는 바 당시 상연할 각본은 초일은 『死의 反
影』2막 『먼동 터 올 째』1막이라 하며 익일에는 『沈默』5막이라는 바 斬新奇拔한
새롭은 각본들이라고 한다"(『시대일보』, 1925.6.26)

84) 「海州에서 처음인 印工組 發會式 豫定대로 十九日에 圓滿한 中에 마치어」, 『시대일
보』, 1925.7.23.

85) "失職者 慰勞劇‥鎭南浦 「푸로」구락부에서는 금반 당지 실직자 기타 노동자를 위하
야 지난 25일 오후 8시에 당지 용정리 義英組合 내에서 소인극을 개하얏는데 黃金
世上이라는 예제로 관객 천여 인에게 만혼 감흥을 與하고 동 12시에 폐회하얏는데
관람자는 노동자에게만 許하얏다 한다"(『시대일보』, 1925.7.29)

86) "勞働 素人 同情劇‥기보=전남 담양군 담양 노동청년회 주최와 담양청년회 及 동아
일보 담양 지국 후원으로 담양로동조합 공동합숙소 설립을 목적으로 위선 동정 소인
극을 8월 31일 及 9월 1일 양일간 흥행하엿는 바 동정에 쓰거운 마음과 互相扶助에
뜻이 넘치는 일반 관중은 정각 전부터 운집하야 천여 명에 달하엿슴으로 장내는 물
론 장외까지도 입추의 여지가 업슬 만치 대혼잡을 이루엇스며 2일간 상연 예제는 제
1일 야는 『血淚 十年』전9장과 제2일 야는 『僞造印章』전7막 及 희극에 정석권 군
의 壯節快節한 獨劇이 끗나자 대성황리에 종료하엿다는 바 2일간의 동정자 氏名은
如左하다고 (담양)"(『동아일보』, 1925.9.7)

87) 「永明院을 爲해 一七團 演劇會 十七日 釜山에서」, 『동아일보』, 1925.10.19.

88) 「馬山 勞農同友會 主催 音樂演藝大會」, 『조선일보』, 1925.10.20.

89) "勞俱期戍會 音樂舞踏大會 명일 밤 청년회관에서…과반 설립된 로동자구락부 긔성회
(勞働者俱樂部期戍會) 연예부(演藝部)에서는 동회의 경비 보충과 회의 확장을 도모
키 위하야 오는 십팔일 오후 닐곱시부터 종로 중앙긔독교청년회관(中央基督敎靑年
會舘)안에서 음악 가극 무도 대회(音樂歌劇舞踏大會)를 개최할 터이라고 한다"(『시
대일보』, 1925.11.17)

체를 중심으로 마르크스 레닌의 계급투쟁을 고취해서 주목된다고 하겠
다. 즉 논산청년회가 "현대의 개조를 요할 만한 〈조혼의 철폐〉, 〈모루
히네중독 박멸〉, 〈계급 타파〉등의 예제로 소인극을 흥행"90)하며, 경북
선산군에 있는 형곡야학원에서는 "노동을 의미는 적기 아래에서 흥행"
을 하기도 하였다.

荊谷 勞學 素劇…경북 선산군 구미면 형곡노동야학원에서는 洞民會 후원
으로 소인극을 흥행하야 捐助를 모집한다 함은 기보한 바어니와 예정대로
거 1일부터 2일까지 양일간에 노동을 의미한 赤旗 아래에서 興行을 다 맞
추엇는 바 공전에 대성황으로 모집된 연조금이 七八十圓에 달하얏더라
(구미)91)

1926년에 들어서는 1월 함흥 오노리청년회에서 당지에 유치원을 설
립키 위하여 지방순회연극단을 조직, "〈노동은 신성〉, 〈탕자의 말로〉,
〈의기 남아〉 등의 예제"92)로 신흥군에서 공연을 한다. 이를 시작으로
함남 고원소년회,93) 의주푸로동지회,94) 선천유학생회,95) 경남 울산

90) 「論山靑年 演劇」, 『동아일보』, 1925.10.21.
91) 『조선일보』, 1925.12.6.
92) 「幼稚園을 設立코자 巡廻素人劇 五老里靑年會에서」, 『시대일보』, 1926.1.11.
93) "高原 少年素人劇…함남 고원군 상산면 도내리(咸南 高原郡 上山面 鳥內里)에 잇는
    의용소년회(義勇少年會)에서는 현하 지식에 목마르고 경제 파멸의 가진 고통을 밧는
    농민을 위안하기 위하여 지난달 이십사일부터 오 일간 농촌을 순회하면서 소인극(素
    人劇)을 흥행하얏다고(고원)"(『동아일보』, 1926.2.14)
94) "義州 新春 演藝…義州푸로同志會 주최와 시대 동아 조선 三支局의 후원으로 예정과
    如히 거 2, 3 양일간에 新春演藝大會를 개최하야 대성황을 뫼하엿스며 쪼 각 방면으
    로부터 푸로階級에 잇는 무산 아동의 교육에 만일이라도 원조하는 뜻으로 동정의 의
    연이 폭주하는 동시에 각 방면의 청년들까지 참가하야 푸로階級을 배경으로 하고 연
    속 출연하야 일층 성황을 뫼하엿더라 (義州)"(『조선일보』, 1926.3.7.)
95) "留學生 素人劇 突然 禁止…지난 26일 오후 9시에 선천유학생회 주최로 소인극 급
    음악회를 개최하고 그의 所責으로 순회강연 급 농촌사업에 유익히 쓰려고 하야 근
    10일간이나 가장 흥미의 기예를 열성으로 연습이든 바 돌연히 경찰 당국에서 좌기
    이유하에 불허함으로 모다 서운함을 품고 부득이 정지되얏더라

적호소년단,96) 광천유치원기성회,97) 광주청년회(〈明日의 朝〉98)),99) 춘천군 후평리 주일학교(〈無道德한 地主의 橫暴〉100))101) 등에서 프로 연극적 성향의 소인극을 홍행하거나 금지를 당하게 된다. 이렇게 볼 때 "언론이나 집회의 자유가 극히 제한되어 있었던 당시에 청년들이 연극이 라는 수단을 사회주의사상 선전에 철저하게 활용"102)하고 있었음을 알 수 있다.

그런데 프로연극적 소인극에 대한 기사는 1927년을 기점으로 당시 신문지상에는 급격하게 감소하기 시작하였다. 때문에 1927년 이후 프로연극적 소인극운동에 대한 활동량과 활동 내역의 전모를 알 길은 없다. 다만 1927년 이후 불온시되어 문제가 발생한 소인극 관련 신

一. 연극은 자고로 천한 하류배의 소위임

二. 학생의 신분으로 상연 갓흔 것은 부적함

三. 배우 중 六十萬歲사건으로 무기정학의 처분을 受한 자 잇슴

四. 상부에서 曾히 학생으로 사회사업에 종사하는 것을 취체하라 함"(『매일신 보』, 1926.7.28)

96) "赤虎少年 主催 素人劇 講演會…경남 울산 동면 적호소년단에서는 농촌 소년의 지식 개발과 지방 발전을 목적하고 거 19일 該面 日山亭에서 소인극을 개최하는 동시에 유리한 강연이 만히 잇섯다는데 劇題 급 연사는 여좌하다고

극제 노동자의 죽엄

연제 인생의 분기점에 잇는 소년을 우의하라 咸世斌

자립성을 촉진하라 張仁斗

역사의 진보법과 우리의 운동 咸世斌 (울산)"(『조선일보』, 1926.8.27)

97) "素人劇도 禁止『道令』이라고…경남선 광천에서는 유지 제씨의 발기로 광천유치원 기성회를 조직하고 이래 각 방면으로 비상한 활동을 하여 오던 중 거 26일부터 양 일간 소인극을 홍행하야 그 수입으로 비용에 부충하랴 하엿다는 바 각지 경찰서로부 터 소인극은 도령으로 절대 허가할 수 업다 하야 금지함으로 방금 동회에서는 기 선 후책을 강구 중이라 하며 …… (홍성)"(『동아일보』, 1926.8.30)

98) "결함이 만흔 현하 사회의 암흑면을 폭로하는 동시에 희망의 신생명이 약동하는 이상 적 신사회는 평화의 집단일 것을 암시하는"작품.

99) 「音樂 演劇 盛況」, 『동아일보』, 1926.8.30.

100) "現下 小農民들의 실생활을 반영" 한 작품

101) 「農民 慰安劇 盛況裡 終了」, 『동아일보』, 1926.9.17.

102) 유민영, 위의 책, p. 561.

문 기사나 관련 자료를 통하여 살펴볼 때, 이 시기에 프로연극적 소인극의 준(準)직업화 경향103)이 등장하고 있으며, 회원 모집이나 계몽의 수단으로 활용104)되기도 했던 것을 알 수 있다.

또한 일제의 소인극 탄압은 공연금지를 더욱 가속화시킴과 동시에 연극인 체포라는 새로운 방향을 추가하게 된 것을 알 수 있다. 이러한 경향은 1929년에 들어서 본격화되고 있다. 일제가 연극 내용을 문제 삼아서 탄압한 몇 가지 예를 들어 그러한 구체적 실상을 살펴보면 다음과 같다.

> 상연한 연극이 유무산 대립이라고 연극 중에 중지 해산 배우까지 검속한 청진 경찰 인솔자 이한태 씨를 검속…경성 백우회 순회연극단 일행은 함북 청진 공락관에서 칠월 이십 삼일부터 개연 중 이십 칠일 밤『야앵(夜鶯)』이란 예제로 상연하는데 유무산의 양 계급이 대립하게 되는 장면에서 배우의 언행이 불온하다 하여 임석 경관으로부터 주의 중지를 연호하다가 결국 해산을 명하고 쫓아서 인솔자 이한태 씨를 검속하고 목하 엄중 취됴 중이라더라 (청진)105)

---

103) 이는 1927년 3월에 함남 신흥군 원평면 농업노동자 하재춘 외 20人의 발기로 조직한 典洞농민극단(『동아일보』, 1927.3.16), 1927년 초에 조직된 울산농민극단(『조선일보』, 1927.5.1), 1928년 5월에 전남 능주농민회 및 화순청년동맹 능주지부원들로 조직된 경우(敬友)극단(『중외일보』, 1928.5.28)의 경우를 통하여 추정할 수 있다.

104) "農民날의 劇的 光景…농민(農民)날 十二월 一일을 마지한 우리 보업리 농민사(甫業里 農民社)에서는 농민날 긔렴(農民날 紀念)식을 성대(盛大)히 거행하고 새로 二時부터는 긔렴선전(紀念宣傳)과 긔렴강연(紀念講演)이 잇섯고 뒤를 니여 밤 八時부터 소연극(素演劇)을 시작한 결과 관람객(觀覽客)이 사오백 명에 달하야 대성황(大盛況)을 일운 동시에 싸라서 밤 十二시에는 무조직 대중(無組織 大衆)을 회합(會合)하여 노코 농민사(農民社)에 대한 취지 설명과 농민공생조합(農民共生組合) 문답(問答)을 내용(內容)으로 설명한 결과 신입 사원(新入社員)이 불길갓치 이러나기 시작하야 三十分 동안에 이사 제씨(理事 諸氏)의 붓대를 멈추지 안케 할 뿐 안이라 한편에서는 나도 상투를 싹고 사원(社員)이 되갯다 하며 한편으로는 리발소(理髮所)가 되어 자못 극적 광경이 일어낫슴이다(고창봉)"(『농민』, 1932, 2월호, p. 31)

연극 한번하고 징역 십 개월 성진 청년동맹원들이…실업슨 연극(演劇) 한 막을 한 것이 걸리기 쉬운 현대법 중의 그물에 걸린 바 되어 수삼 개월 동안 텰창의 쓰라린 살림을 맛보게 되는 일이 잇다 = 성진 청년동맹 학중지부 송하반 교양부(城津 靑年同盟 鶴中支部 松下班 敎養部)에서는 지나간 음력 팔월 추석에 추석노리 여흥으로 갑산 화면민(甲山 火田民) 사건의 실황(實況)을 허가 업시 연극하엿다는 것으로 그째 출연하엿든 려성종(呂成宗) 허량복(許良福) 허위길(許爲吉) 허철송(許喆松) 최국봉(崔國峰) 허용문(許容文) 등은 모다 경찰에 검거되어 이래 수삼 개월 동안 검사국의 취됴를 마치고 공판에 회부되엿든 바 지난 이일에 성진 지텅에서 공판을 열고 다음과 가튼 판결이 잇섯는 바 피고들은 공소할 모양이라더라 (성진) ▲ 呂成宗 ▲ 許良福 ▲ 許爲吉 各 懲役 十個月 ▲ 許喆松 ▲崔國峰 ▲許容文 懲役 六個月[106]

이처럼 1920년대 말엽부터 프로연극적 소인극은 거의 급진 개혁적인 사회주의사상 고취에 나섰고, 그에 맞선 일본 군국주의는 극단만 해산시킨 것이 아니라 보안법 위반이라는 죄를 적용하여 척결의 칼을 휘두르고 있었던 것이다. 그리하여 경찰은 웬만한 것은 무조건 공연 정지 또는 배우와 극작가 체포로 대처한 것이다.

1920년대 말에서 30년대 초의 시기는 일제가 조선에 대해 독점자본의 본격적 진출과 대륙 침략을 위한 병참기지화를 그 내용으로 한 식민지 이식형적 공업화 정책으로 전환한 시기이며, 세계 공황으로 인한 부담을 조선으로 전가시킨 시기였다. 이러한 경제 공황과 만주사변의 준비는 조선의 정치, 경제 정세에 심각한 영향을 미치게 되어 큰 타격을 가한다. 조선에서는 노동자, 농민의 생존권 확보와 인간다운 삶을 위한 치열한 투쟁을 기반으로 한 반제 민족해방투쟁이 강력하게 전개되었다. 이에 따라 일제는 자신들의 침략정책을 획책하면서 조선을 대륙 침략을 위한 견고한 후방으로 확보하기 위해 모든 혁명

---

105) 『조선일보』, 1929.7.31.
106) 『중외일보』, 1929.11.13.

적인 세력에 대해서 야수적인 탄압을 가하였다. 특히 그들은 공산주
의운동에 타격을 주기 위해서 1928년에는 치안유지법을 개악하여
1930년 1년 동안만 해도 '정치 사상범'으로 38,799명을 검거하였는
데 이 숫자는 1927년의 약 4배에 달하는 것이었다.107) 이러한 일제
의 야수적인 탄압은 소인극도 예외는 아니어서, 1930년대에는 금지
와 체포를 더욱 빈번하게 시행한다.

그 결과 1930년에는 2월 함남 신흥군 영고면 송하친목회 소인극대
(素人劇隊)의 공연계획을 치안 방해의 우려가 있다고 금지108)당하는
것을 비롯하여, 전남 남광주 실업청년구락부의 〈지옥〉 공연 금지,109)
원산 북촌동에 있는 청년아마추어극단의 원산관 직속 떠블유에스 연
예부가 상연한 〈과도기〉의 내용이 불온하다 하여 원작자인 박영호는
구류에 처하고 연예부는 해산 당하기도 한다.110)

그러나 일제의 이와 같은 강경한 탄압에도 불구하고 청년들은 줄기
차게 마르크스사상을 연극을 통해 선양했으며, 이는 함경도 단천 청
년들이 매우 대담한 프롤레타리아 작품을 공연했다가 체포되는 등 수
난을 겪은 사실에서도 그러한 경향은 잘 드러나고 있다.

프로연극한 단천 소년 二名은 공판 회부 다섯 명 중 세 명은 석방『자본
가 대 노동자』극…(북청) 단천군 수하면 운승리 소년동맹원(端川郡 水下面
雲承里 少年同盟員) 김덕윤(金德潤)(二一) 윤덕홍(尹德鴻) 박긔슬(朴基述)
염우만(廉禹萬) 김재수(金在洙)(一七) 오인이 지난 음력 정월 십오일 대보
름을 긔하야 전긔 수하면 운승리에서 자본가 대 로동자(資本家 對의 勞働

107) 배성찬 편역, 『식민지시대 사회운동론 연구』, 돌베개, 1987, pp. 11-13.
108) 「靑年會 演劇을 治安妨害라고 禁止 연극도 금하는 디방의 경찰 新興郡下의 警察이」,
『중외일보』, 1930.2.19.
109) "남광주 실업청년구락부에서는 「꽃장사」라는 사진과 남궁운 씨 등 동인제작영화단
을 조직하여 「지옥」이라는 작품을 광주좌에서 공연하여 대성황을 이루든 바 임석
경관이 중지식혀 해산하얏다고 (광주)"(『조선일보』, 1930.5.1.)
110) 「脚本이 不穩타고 俳優 十餘 名 取調」, 『조선일보』, 1930.11.19.

者) 투쟁의 대담한 과격 프로연극을 상연하엿섯다는대 당시에 경찰은 일을
알지 못하엿다가 반년이나 지난 륙월 중순에야 겨우 일을 알고 전긔 소년
오인을 단천 경찰서(端川 警察署)에서 검속하고 엄중 취조한 후 일건 서류
와 함께 전긔 오인을 지난 륙월 이십구일 북청 검사국(北靑 檢事局)에 송치
하엿섯는데 오인 중 아래 씨인 삼인 만을 지난 십일일에 검사 불긔소로 석
방하고 수모자 이인은 공판에 회부되어 불원에 공판이 개정되리라 한다.
　　釋放者 朴基述 廉禹萬 金在洙
　　公判廻附者 金德潤 尹德鴻111)

또한 중지 명령에 굴하지 않고 싸우는 경우도 있었는데, 이를 살펴
보면 다음과 같다.

신흥 동상면 연극 사건 송국…동상면 달아리 야학에서 내용이 과격한 연
극을 하는 것을 탐문한 부근 목재상 백원조에서 그 야학교사 권영강을 불러
다가 중지를 권유하던 중 이것을 탐문한 전기 피의자들은 각기 곤봉을 들고
함성을 지르면서 백원조를 습격, 파괴하는 동시에 교사 권영강을 탈환112)

그런데 소인극에 대한 기사는 1932년부터 점차 줄어들다가 1936
년에는 완전히 신문지상에서 자취를 감추고 만다.

그러나 이 시기는 1929년 1월 이후 선진 활동가들이나 '조선공산
주의협의회'에서 당 재건을 위하여 대중 속에 뿌리박은 강력한 혁명적
투쟁조직체 건설의 중요성을 자각하고 공장, 광산, 철도 등의 산업 현
장 속으로 침투해 들어가기 시작한 때이기도 하였다. 이들의 이러한
현장 속에서의 활동은 활동가에게는 소시민성을 극복하고 진실한 프
롤레타리아의 계급성을 획득하는 과정이었고 노동자 대중에게는 과학
적 이론을 받아들이고 자신들 속에서 선진 노동자를 산출해 내는 운
동 발전의 획기적인 계기가 되었다. 이는 1930년대 초기에 각지에서

---

111) 『조선일보』, 1931.7.14.
112) 『조선일보』, 1933.5.28.

활발하게 전개되던 노동자들의 파업투쟁 가운데 대중 속에 침투한 이들 선진 활동가들의 준비와 지도를 받은 것이 많았다.113)

따라서 1930년 초기부터 이러한 영향하에서 농민조합에 침투하여 공산주의사상을 주입시키려는 목적의 소인극운동이 나타나기 시작한다. 이는 1931년 2월 12일, 13일 양일에 단천농민조합 광천 남구지부 조합원이었던, 오창락이 동 조합원들과 함께 자신이 직접 작성한 각본 〈박영식의 가정〉이라는 '지주자본가의 횡포와 공산주의운동이 필요한 所以를 선전하는 푸로연극'을 연습하다가, 또 동 조합원 김인섭은 소년동맹원 수명과 함께 자기가 작성한 각본 〈우리들의 살길〉·〈社會××(주의-인용자)〉를 통하여, 계급의식 나아가 공산주의 의식을 주입하는 푸로칼연극을 공연한 사실이 뒤늦게 발각되어 구속되기도 하였다.114) 또한 동년 4월에는 동 조합 북귀동부지구의 권학돌, 심창호, 염두찬 등이 동 조합원들과 함께 공산주의를 선전하고 계급의식을 주입시킬 목적으로 4월 6일 두언양리 김경재 집 정원에서 이민(里民) 약 200명을 모아놓고 〈소작인조합〉·〈산하일우(山下—隅)〉·〈英子의 죽음〉 등의 작품을 공연하여 구속되기도 하였다.115)

1933년 12월에는 평양 각 고무공장 직공들로 조직된 '공우회(工友

---

113) 배성찬 편역, 위의 책, p. 15.

114) "端川農組 事件 豫審 決定書 全文(五)…(四) 廣泉南區地部 …… (다) 피고 오창락은 동 조합원 수명과 공히 동년 2월 12, 3 양일에 유하야 영평리 유성춘 방에서 이민 약 □十 名 관람 중에서 자기가 작성한 각본『박영식의 가정』이라는 지주자본가의 횡포와 공산주의 운동이 필요한 所以를 선전하는 푸로칼연극의 연습을 하고 (라) 피고 김인섭은 소년동맹원 수명과 공히 자기가 작성한『우리들의 살길』『사회××』이라는 계급의식 나아가 共産主義 의식을 주입하는 푸로칼연극을 실연하고 ……"(『조선중앙일보』, 1933.8.28)

115) "端川農組 事件 豫審 決定書 全文(七)…(二) 北貴東區地部 (가) 피고 권학돌, 심창호 등은 염두찬 등과 공히 …… (나) 동 피고 등은 타 조합원 수명과 공히 동년 4월 6일 두언양리 김경재 방 전정에 리민 약 200명이 집합하얏슬 때에 허가없시『소작인조합』『산하일우』『영자의 죽음』이라는 계급의식을 주입하고 공산주의 의식을 생기게 할 푸로연극을 하고 ……"(『조선중앙일보』, 1933.8.30)

會)'의 신년위안 기념연극 연습장소를 습격하여 각본을 압수하고 회원 전부를 체포하고 일부를 취조하고 다음 해인 1934년에 석방하기도 한다.116)

1934년에는 평양 소년들이 조직한 '아동극연구회'의 창립 대회를 금지시키기도 하며,117) 8월에는 사리원 학우회에서 '남도 수해 구제' 목적으로 유치진의 〈토막〉을 공연하고자 허가까지 얻고 준비하였으나, 공연 1주일 전 내용이 불온하다는 구실로 돌연 연습을 중지시키기도 한다.118) 또한 1934년 9월경에는 경주 적색농민조합원들이 '공산주의 선전을 하는 동시에 좌익사상을 철저 적화하기 위하여 불온한 각본(脚本)을 작성하야 소인극(素人劇) 흥행을 계획'하였지만 검거되어 무위로 돌아가기도 한다.119)

---

116) "연극 준비하는 직공들을 검속 신년 위안차로 하려는데 平壤署員의 활동… 【平壤】 평양 각 고무공장 직공 중의 유지로써 조직된 공우회(工友會)에서는 닥쳐오는 신년의 동무 직공들을 위안하고저 긔념 연극을 공연하려고 그간 각 공장 내의 남녀 동호자들이 모혀 자수로 원작한 각본을 자수로 연출하여 가며 연습을 맹렬히 하던 중 돌연히 十六일 평양서 고등계 형사대가 전긔 연습 장소를 습격하여 회원 전부를 인치하는 동시에 각본 등을 압수하여다가 회원은 대부분 석방하고 윤(尹) 모와 김 모의 량명만을 취조하는 중인바 연극 공연을 긔회로 혹시 무슨 불온한 계획에나 업는가 하는 혐의인 모양인데 각본이 모다 온건한 만침 곳 석방되지 안흘가 하고 관측된다고 한다"(『조선중앙일보』, 1933.12.19)
"노동극 하려든 직공 一月 만에 석방 지난 17일에… 【平壤】 긔보 = 순전히 로동자의 손에 의하야 로동자극을 상연할 목적으로 고무직공들이 모혀 극단을 조직하였다 함은 긔보한 바이어니와 그동안 구류되여 있던 윤직경(尹稷景)과 김로동(金老童) 모다 2명은 1개월 만인 17일에 모다 석방되엿다 한다"(『조선중앙일보』, 1934.1.20)
117) "아동극 하려넌 소년 4명을 검거 평양부 내에서 연극하려다가 연구회도 불허가… 【平壤】 평양부 내의 연극을 애호하는 소년들이 모혀 「아동극연구회」를 조직하기로 하고 8일 그 창립 대회를 열고자 평양서에 제출하얏는 바 당국에서는 이것을 불허하는 동시에 신 철, 김원순, 김상억, 리동규(申 哲, 金元順, 金相億, 李東奎) 등 4명을 검거하얏다 한다"(『조선중앙일보』, 1934.1.20)
118) 「사리원 경찰서도 수재 구제극 금지 양해하야 연습튼 것을」, 『조선중앙일보』, 1934. 8.6.
119) "慶州 중심 적농 사건 九名의 豫審終結 전부 유죄로 결정 · 공판에 회부 일월 하순

위에서 살핀 바와 같이 1927년부터 일제의 금지, 체포 등으로 소인극운동이 위축됨으로써 각 지역의 프로연극적 소인극 공연이 급속히 줄어든 것은 사실이지만 함경도 단천 청년들의 경우처럼 경찰서에 신고하지 않은 채 공연을 하는 경우나, 보도가 안 되는 경우도 있었다. 따라서 당시 신문에 보도되지 않은 수많은 프로연극적 소인극 공연이 있었을 것으로 추정된다. 당시 신문에 보도되지 않은 프로연극적 소인극 활동을 살펴보면 다음과 같다.

1930년 10월 6일 추석날, 정평농민조합 춘류지부(春柳支部)와 동지부 월성리반(月星里班)에서는 청년이나 부녀자들에게 공산주의사상을 선전하기 위한 수단으로 〈실업자〉와 〈삼림조합〉이라는 예제로 각기 소인극을 상연하였다.120) 또한 경상북도 경주군 양북면 거리(居里)에 거주하는 김두오는 1932년 8월 상순 조선에 있어서 사유재산제도를 부인하고 공산주의사회를 실현할 목적으로 당지에 성두소년회(星頭少年會)라는 비밀결사를 조직하고, 1932년 9월 17일 거리서당에서 里民 약 50명을 모아놓고 무산자의 비애를 여실히 적시하여 자본주의제도를 배격하는 내용의 〈綾羅島〉라는 소인극을 상연하였으며,121) 1933년 2월 8일 밤에 북청 적색농민조합 조합원 한국세, 조도련, 한병옥 등은 당지 羅荷台里 한국재 집 정원에서 공산주의를 선전 선동할 목적으로 〈대학생〉, 〈スプリコル〉등의 예제로 공연하여 관중 약 100명에게 공산주의를 선전하였다.122)

에 공판 개정 좌익각본으로 소인극 획책 모 불온 음모도 계획…농민의 적화를 목표로 비밀결사를 조직하고 공산주의 선전을 하는 동시에 좌익사상을 철저 적화하기 위하야 불온한 각본(脚本)을 작성하야 소인극(素人劇) 흥행을 계획하며 금춘 만주 국왕폐하의 어래방을 기회하야 불온한 중대 계획을 책동하다가 미연에 발각되었다 한다"(『조선중앙일보』, 1935.12.31)

120) 박경식 편, 「정평농민조합 검거 개황」, 『조선문제자료총서』 6, 동경, アジア문제연구소, 1982, pp. 518-19.
121) 김경일 편, 「김두오에 대한 치안유지법 사건 판결서」, 『한국민족해방운동사자료집 제7권』, 영진문화사, 1993, pp. 66-381 참조.

앞서 살펴본 김두오는 1933년 10월경 경상북도 경주군 양북면 居里에 농민야학회를 조직하고, 창가(唱歌) 등을 통하여 계급의식을 환기시키기에 노력을 하던 가운데, 1934년 5월 1일 메데 야간에 야학생 및 그 부형 20여 명에 대하여 메데를 설명하기 위하여 메데가를 합창하기도 하였다. 1934년 3월 17일 당지 이경도 집에서 자신의 주도하에 간이 소방조 주최 소인극을 개최하는 자리에서 이민 약 40여 명에 대하여 사유재산제도 배격을 의미하는 연설을 하고, 〈아리랑〉이라는 자본가의 횡포와 무산자의 비애를 지적하는 소인극을 연출하기도 하였다. 또 그는 1934년 5월 초순경 야학생 소인극을 계획하고, 유산계급에 저항하기 위해 무산계급이 일치 단결하여 직접적인 행동을 하여야 한다는 각본을 창작하여 수회에 걸쳐 야학생들에게 설명하고 읽었으나 난해하다 하여 상연은 중지하기도 하였다. 이러한 가운데 동년 6월 21일 거리(居里) 최상하 집에서 里民 약 70명을 모아 놓고 〈10년만에 돌아온 자식〉이라는 무산자의 비애를 적시하고 자본주의제도를 배격하는 소인극을 상연하여 里民 및 그 자제 등에 대하여 사유재산제도를 부인하는 목적하에 공산주의 의식을 주입시키는 노력을 하다가 체포되어 징역 1년형을 선고받기도 하였다.123)

또한 1934년 4월 17일 결성된 진도농민조합은 경영하던 세등리(細嶝里)농민야학의 학예회에서 곽재술(郭在術) 작 〈지도원의 강연〉(원제; 농촌행진곡)이라는 연극을 공연한다 이 연극은 당시의 농업공황하 농촌의 궁핍상을 반영하고 일제의 농촌진흥운동을 비판한 내용이다. 농촌지도원의 근검절약, 농사개량의 강연이 과중한 세금으로 농사 경영의 수지가 어려워진 소지주의 마당에서 열리고 있을 때 서울에서 내려온 청년(이는 곽재술 자신의 극중 구현이라고 할 수 있다)이 관중석에서

---

122) 박경식 편, 「적색 북청농민조합 덕성지부 재건협의회 사건」, 위의 책, 8권, p. 105.
123) 김경일 편, 위의 책, pp. 366-81.

현재 조선인만큼 근로시간으로 봐서 가혹한 국민이 없지만 조선인만큼 기아선상에서 신음하는 민족도 세계에는 없다 — 당신을 출장 보낸 농회는 마땅히 농민을 지도하지 않고 기만적 책동을 드러내고 있다 — 농사개량이라고는 하지만 농민생활에서 하등의 이익도 되지 않고 단순히 납세 독려에 편리하게 하고자 할 뿐이니 힘써 일해도 7, 8할은 소작료, 비료대 등으로 가져가 버리니 죽 끓일 식량도 없다. 소작농이 아닌 지주와 자작농의 생활은 어떤가. 가을 추수에 얼마간을 수확해도 세금과 비료 대금 때문에 초가을에 벼를 내다 팔지 않으면 안 되는데 팔 때면 벼값이 하락하여 헐값으로 팔아야 하는데 다음해 봄이면 벼값이 다시 오르고 물가도 뛰어오른다.

라고 농회지도원을 반박하여 강연회가 중지되고 농회지도원은 퇴장한다. 그때 소작농인 시골 청년은 의기양양하게 구장에게 "저런 사람은 다시는 우리 부락에 오지 말라고 하시오"라고 말함과 동시에 막이 내리는 줄거리이다. 이 연극은 '농촌 궁핍은 현 사회제도에 결함이 있기 때문인데 현재 당국에서 장려하는 농촌진흥운동은 자본주의 국가의 기만정책'이며 '농사지도원이 제창하는 농사개량, 근검저축은 기아선상에서 신음하는 조선 민중을 더욱 기아상태로 몰아넣는 결과를 가져온다'는 사실을 폭로하려는 의도로 공연되었다고 한다.124)

이상으로 다소 거칠은 방식으로나마 1920년대 전반기에 대중운동의 성장과 발전에 병행하여 1930년대에 이르기까지 각 지방에서 활발하게 상연된 프로연극적 소인극운동의 전개 과정을 살펴보았다. 이를 통하여 프로연극적 소인극운동은 일제의 강점기라는 상황과 대중운동의 성장 속에서 발생하고 전개되었음을 알 수 있었다. 따라서 1920년대 전반기 소인극은 계몽운동적 성격을 지닌 일반적인 소인극과 대중운동단체의 사상적 변화에 따라 불합리한 사회제도로 인하여 고통 받는 노동계급의 비참한 생활상태나 농민계급의 현실을 통하여, 당시의 식민지적 현실을 반영하고자 하는 프로연극적 소인극으로 양

___

124) 이종범, 「1920년대, 30년대 진도 지방의 농촌 사정과 농민조합운동」, 『역사학보』 109집, 역사학회, 1986.3, pp. 85-86에서 재인용.

분되기 시작하였음을 살필 수 있었다. 이 결과 미약하나마 사회주의를 고취하는 소인극이 등장하기 시작하였으며, 1925년 중반 이후에는 초기 마르크스사상의 한 측면을 내보이던 미온성을 버리고, 청년단체를 중심으로 사회주의사상을 고취하는 일종의 정치극적 성격으로 변모하다가, 1930년 초기부터 선진운동가들의 영향하에서 공산주의사상을 주입시키려는 목적의 프로연극적 소인극운동이 나타나기 시작하였던 것이다. 그 결과 일제의 탄압을 받았던 것이었다.

그러나 이처럼 광범하게 진행되었던 소인극 활동은 1930년대 전반에 이동식 소형극장을 지향하면서 활동하고자 했던 각 지역 프로극단들의 인적 토대로 연결되거나 아마도 경험적 전사(前史)로서 작용했을 것이다.125)

소인극은 생활공동체에서 이루어지므로 공동의 현실 인식을 획득할 수 있으며 문제의 해결방법을 구성원들이 스스로 마련할 수 있다는 점에서 사회적 의의를 찾을 수 있으며, 일제 강점기하의 프로연극적 소인극운동은 1920~30년대의 프로연극을 촉발시키는 계기로 작용하였다는 점에서 연극사적 의의를 찾을 수 있겠다.

---

125) 역사문제연구소 문학사연구모임, 『카프문학운동연구』, 역사비평사, 1989, p. 210. 이는 1927년 3월에 함남 신흥군 원평면 농업노동자 하재춘 외 20人의 발기로 조직한 典洞농민극단(『동아일보』, 1927.3.16)과 1927년 초에 조직된 울산농민극단(『조선일보』, 1927.5.1), 1928년 5월에 전남 능주농민회 및 화순청년동맹 능주지부원들로 조식된 경우(敬友)극단(『중외일보』, 1928.5.28)의 경우를 통하여 추정할 수 있다. 또한 원산 WS 연예부의 박영호의 경우를 들 수 있겠는데, 그는 후에 원산연극공장을 주도하게 된다. 이처럼 각 지역에서 자생적으로 출연한 프로연극단은 그 지역의 청년들로 구성되어서 그 지역 일대를 순회하면서 지역 민중들과의 넓은 접촉 면적을 지니고 활동하거나 혹은 그 지역의 특정 극장을 근거지로 활동하였을 것이라고 추측된다. 뿐만 아니라 1930년대 카프가 대중화론을 전개하면서 소인극 활성화 방침을 세웠던 것도 각 지역의 프로연극적 소인극운동의 사회주의사상운동을 평가한 데서 비롯되어졌다고 볼 수 있을 것이다.

Ⅲ. 프롤레타리아 연극운동

1. 초창기 프로연극운동

프롤레타리아극은 공산주의 계급의식을 연극 이념으로 삼고 있는 것을 뜻한다. 따라서 프롤레타리아극은 부르주아 사회를 근본에서부터 변혁시키려는 것이 궁극적 목표이고, 이러한 연극 이념은 자연스럽게 정치 성향을 띨 수밖에 없었다. 그 결과 프롤레타리아극은 공산주의운동과 궤를 같이 하였으며, 국내에서의 공산주의사상운동의 부침과 비슷한 궤적을 밟았음을 알 수 있다.1)

근대연극사에 있어서 프로연극의 시발은 파스큘라와 함께 카프 구성에 결정적 역할을 한, 우리 나라 최초의 사회주의문화단체인 1922년 '염군사'로부터 비롯되어진다고 말할 수 있다.

염군사가 조직된 1922년 전후를 통해 본 사회상은 사회주의사상이 민족주의를 압도하는 분위기가 팽배하였으며, 문예 방면에서는 부흥기라고 할만큼 각종 동인지가 발간되는 등 사상운동이 크게 일어나 가장 혼란한 시기였다.2)

이런 가운데 염군사는 송 영, 이 호, 이적효, 김홍파, 김두수 등이

---

1) 유민영, 『한국근대연극사』, 단국대학교 출판부, 1996, p. 736.
2) 김기진, 「10년간의 조선문예변천과정」, 『조선일보』, 1929.1.7.

"무산계급 해방문화의 연구 및 운동"3)을 강령으로 조직되었다. 창립 당시 동인들은 대부분이 비교적 높은 사회적 관심과 좀 얕은 문화적 교양을 가지고 있었기 때문에 문화적 자각을 통해서보다는 사회적 자각을 통해서 문화를 살펴보았으며, 따라서 노동운동에도 많은 관심을 나타냈었다.4)

염군사는 무산계급에도 문학을 주어야 한다는 취지 아래 잡지 『염군』의 발행을 계획하지만, 발행이 두 차례에 걸쳐 모두 강제 저지 당하자, 한편으로는 1923년 3월 '국제부인데이' 기념강연회를 대구, 해주 등 세 곳에서 개최하려고 하였으나 모두 사전 중지되었다. 이렇게 되자 이 호, 송 영 단 2명만 남고 나머지 동인들이 대부분 일반생활로 혹은 중국 일본 등지로 떠나게 되었다. 그 후 동경 조선유학생 극단인 '형설회'의 고국순회공연단5)의 한 사람으로 서울에 와 있었던 최승일6)이 염군사에 가담하게 되어, 염군사 내에 극부를 두게 되었다. 이에 따라 염군사는 조직 내에 극부·문학부·음악부를 둔 예술단체로 성격이 바뀌게 되었다. 이때 극부의 구성원은 최승일, 김영팔, 심 훈(심대섭), 이용석(송영의 처형), 이혜산, 박충원, 우시욱(러시

---

3) 앵봉산인, 「신흥예술이 싹터 나올 째」, 『문학창조』, 1934. 6.
4) 임 화, 「외우 송영형께」, 『신동아』 6권 5호, 1936.5, pp. 272-73 참조.
5) '형설회'는 1922년 1월 동경에서 발족되었다. 1923년, 고학생회관 기숙사 건립으로 큰 빚을 지게 된 형설회는 부채보상방책으로 고국순방극단을 조직하기로 결정하고, '극예술협회'에 '형설회 순회극단' 조직을 의뢰했다. 조춘광, 고한승, 최승일, 김영팔 등 극예술협회원들은 형설회의 목적은 어떠했던 간에 이 기회에 진정한 근대극의 씨를 조국에 뿌려야겠다는 생각으로 극단조직에 참여, 공연은 극예술협회 회원들이 중추가 되어 형설회 순회극단을 이끌게 되었던 것이다.
6) 최승일은 염군사 극부에 가담하기 이전인 1922년 4월 '조선의 연극을 개량하기 위하여, '극문회'를 창립하기도 하였다.
"劇文會 創立…조선의 연극을 개량하고자 동경 일본대학(東京 日本大學)에서 연극을 공부하든 최승일(崔承一) 군 외 여러 청년이 극문회(劇文會)를 조직하야 사무소를 사직동 일빅팔십칠번디에 두고 사업을 진행 중인대 목뎍은 동서 연극의 연구 시연(試演)과 가무 연극에 대한 강연과 연극에 대한 잡지 발행이라더라"(『동아일보』, 1922.4.5)

아에서 온 음악가) 등이었는데, 극부에서는 전선 순회극단(全鮮巡廻
劇團)을 조직하기도 하였다.7)

예술단체로 변모한 염군사 연극부는 심 훈 작 〈먼동이 틀 때〉와 최
승일 작 〈선술집〉등을 가지고 단원들을 모아 반년 동안이나 맹활동을
했으나, 자금 문제와 탄압 문제로 무대는 가져보지 못했다.8)

이상에서 볼 수 있는 것처럼 염군사 연극부는 비록 무대는 가져 보
지 못했지만, 프롤레타리아 예술에 대한 분명한 의식을 지니고 연극
에 관여하고자 한 최초로 만들어진 프로연극운동단체였다. 이는 손위
빈(孫煒斌)의 다음과 같은 글에서 확인할 수 있다.

> 1923년에 송 영씨 외 幾個 급진적 소『쑤르』청년에 의하야『염군사』라
> 는『푸로레타리아』문화운동을 목표로 하였다는 한 개의 단체가 창립되며
> 연극부를 두게 되었든 것이었다. 이것이 실로 조선에 잇서『푸로레타리아』
> 라는 명목하에 의한 문화운동의 단초를 지은 최초의 일이며 의의 잇는 것이
> 엇다. 비록 염군사의 연극부가 조선에 잇서서의 최초의『푸로레타리아』연
> 극단체라는 평가는 받지 못할 것이고 또 하등의 실천적 기록을 가지지 못하
> 엿다 하드래도 연극의 영역에 잇서서 재래의 소위 純藝術派은 新傾向派와
> 의 상쟁을 구상화하려는 의도라든가 그의 상연 예정의 극본이『고-리키』의
> 것으로 상당한 진보적이엇다는 점에서 그리 소홀히 간과할 수는 업는 것이
> 엇다.9)

이처럼 염군사는 연극 활동이 구체적으로 드러난 바는 없었으나,
무산계급해방을 위한 최초의 사회주의문화단체로서, 한국 근대연극사
에 있어서 프롤레타리아 연극운동의 단초를 지었으며, 염군사의 성원
이었던 송 영·김영팔·최승일 등은 그 후 프로연극운동에서 핵심적

---

7) 앵봉산인, 위의 글.
8) 앵봉산인, 「조선프로예술운동소사(1)」, 『예술운동』창간호, 1945.12, pp. 61-62.
9) 손위빈, 「극운동의 전환기 불개미극단의 결성」, 『조선신극운동약사(7)』, 『조선일보』,
   1933.8.10.

인 인물들로서 중요한 위치를 차지하게 된다.

근대연극사에서 본격적인 프로연극운동은 1925년 카프의 결성에 서부터였다. 1925년 8월 염군사와 파스큘라의 성원들이 함께 모여 결성한 카프는 '조선프롤레타리아예술동맹'이라는 일반명사형의 명칭에서 알 수 있듯이 전 조선적 공식성을 띤, 일제 강점기 유일한 프로예술운동단체였다. 이에 따라 프로연극운동도 동인적 성격을 벗어나 본격적인 조직운동의 시기로 들어설 가능성을 갖게 되었다.10)

그러나 1925년 카프가 창립된 이래 카프의 활동은 '볼셰비키적 대중화론'이 제기되는 1920년 말까지 문학·영화·미술·음악의 전 예술에 걸친 광범위한 것은 아니었고, 단지 문학운동에 국한되어 있었다. 결성 직후의 카프는 동맹원들의 사상적 결합도 이루지 못하고 통일적으로 조직적인 운동을 전개한 것도 아니었다. 때문에 결성 초기 카프의 프로예술운동은 조직의 일정한 방침에 의한 체계적인 운동이 아닌 개개인의 개별적 운동과 같은 것이었다. 따라서 이 시기 카프의 활동은 시와 소설을 중심으로 한 기록문학에 국한되어 이루어졌으며, 문학 외적인 활동은 1927년 '불개미극단'의 조직과 카프 동경지부의 연극 활동이 유일한 것이었다.11)

이는 일제 강점기 프로연극운동이 여러 갈래로 이루어졌음을 의미한다. 그것은 "카프 산하에서 조직적으로 추진되었던 연극 활동과, 한편 카프와 무관하게 출발하였다가 1930년대에 들어서 점차 카프와의 조직적인 관련을 모색해 나가고 있었던 지방프로연극단의 연극 활동으로 크게 대별된다."12) 그리고 거기다가 한 줄기를 더 포함시킨다면 재외동포 연극인들의 프롤레타리아 극운동이다. 재외동포 또는 유학생이

---

10) '염군사' 및 카프 결성과정에 대해서는 권영민의 「카프의 조직과 해체」(『문예중앙』, 1988. 봄-겨울) 참조.
11) 안 막, 「조선プロレタリア예술운동약사」, 『사상월보』, 1932.10.
12) 역사문제연구소 문학사연구모임, 『카프문학운동연구』, 역사비평사, 1989, p. 202.

벌인 경우는 대체로 1930년대 초 러시아와 일본에서의 프롤레타리아 극운동을 말한다.13)

국내에서 연극을 염두에 둔 최초의 진보적 조직단체는 1925년 9월의 '극문회'였다.

> 劇文會 팔일에 창립총회…지난 팔일 오후 다섯 시에 시내에서 무대예술 (舞臺藝術)을 연구하는 극 동호자 십여 인이 시내 수송동(壽松洞) 륙십륙번 디 김영보(金泳俌) 씨 방에 모혀서 극문회 창립총회(創立總會)를 열고 임시 석쟝 심대섭(沈大燮) 씨 사회로 의사가 진힝되엿는데 그 회의 목덕은 사계 의 동지들이 결합하야 순견히 연극문학(演劇文學)과 무대예술을 연구함에 잇다 하며 일년에 사오차 공연도 하리라는 데 오는 십월 하순경에 뎨일회 시연(第一回 試演)을 공개할 예뎡이라 하며 동인과 간사의 씨명은 아러와 갓다더라
>
> 　高漢承　金泳俌　金永八　林南山　李慶孫　李承萬　沈大燮　安碩柱　崔善益
> 　　崔承一
> 　幹事　金泳俌　沈大燮14)

이상과 같이 염군사 구성원이었던 김영팔, 최승일이 중심이 된 극문 회가 처음으로 조직된 것이었다. 그러나 이 단체의 성격은 그 구성원 의 면모로 보아 그 진보성을 짐작할 뿐이며 구체적인 성격은 드러나지 않는다.

따라서 연극운동 형태로서의 프롤레타리아 연극인들의 첫 조직체는 동경에서 김남두, 최병한, 선 열 등을 중심으로 1925년 10월 31일 성뒤 '조선프로극협회'이다.

> 조선「푸로」극협회 창립 일본 동경에서…지난달 삼십일일 오후 한시에 동 경(東京)에 잇는 사회운동자 김남두(金南斗) 최병한(崔丙漢) 선 렬(宣 烈)

---

13) 유민영, 위의 책, p. 739.
14) 『매일신보』, 1925.9.12.

외 십여 명이 부사견정(富士見町) 선 렬 군의 집에 모이어 민중예술(民衆
藝術)을 본위로 한 조선푸로극협회(朝鮮푸로劇協會)를 조직하얏다는데 동
회의 임원은 알에와 갓다고 한다.

　임원 김남두 최병한 선 열 조시원 임 호 김석호15)

　이상과 같이 재일 유학생들이 중심이 된 프롤레타리아극협회가 처
음으로 동경에 결성된 것이다. 동인제 형태로, 민중예술 연구를 목적
으로 조직된 조선프로극협회는16) 1926년 5월 2회 정기총회를 통하
여 임원개선, 기관지 발행, 각본 낭독회 등을 결의한다.17) 이어 기관

---

15) 『시대일보』, 1925.11.5.
16) "재동경 동포 푸로극협회 민중예술 연구의 긔관…동경에 잇는 조선인 류학생 중 선
　　렬(宣 烈) 김남두(金南斗) 김석호(金鐵浩)씨 등 십여 인은 수일 전에 재동경 조선쁘
　　로극협회(在東京朝鮮쁘로劇協會)를 조직하엿다는데 그 목덕은 민중예술 연구(民衆
　　藝術硏究)라 하며 조직방식은 동인제(同人制)라는바 그 동인 중에는 낫에는 로동을
　　하면서 밤에는 열심히 극(劇)을 연구하는 사람이 사오 인에 달하야 일반은 만흔 긔
　　대를 가졋다는데 그 사무소는 동경부 하 삽곡명 마포광미(東京府下 澁谷町 麻布廣
　　尾) 칠십사번디에 두엇다 하며 동인 중 최병한(崔丙漢) 김남두(金南斗) 량씨는 그
　　회의 용무를 씌고 금월 하순경에 내디에 건너가서 활동을 하리라더라 (동경)"(『조선
　　일보』, 1925.11.29)
17) "프로극회 총회…동경에 잇는 조선프로극협회(朝鮮프로劇協會)에서는 지난 이십일
　　오후 일곱시 반부터 동 회관 내에서 데이회 명긔총회를 개최하고 상무 최병한(崔丙
　　漢) 군의 사회로 임원을 개선하고 다음과 가튼 사항을 토의한 후 오후 십일시에 폐
　　회하얏다는데 동회 긔관지 극성(劇星) 발행의 용무와 쏘 지국 설치에 관한 사명을
　　가지고 다음과 가티 세 사람이 금번 하긔를 리용하야 래월 이십일경에 출장할 터이
　　라더라
　　◇ 결의 사항
　　　一. 기관지 『극성』 발간의 건
　　　　단 창간호를 6월 15일 내로 발행할 것
　　　一. 지사 설치와 광고모집원 파유의 건
　　　　남도 지방　　송형순
　　　　경기함경 지방　최병한
　　　　북도 지방　　　김영팔
　　◇ 역원
　　　상 무 최병한

지 『극성(劇星)』발행18) 등을 통하여 일본에서 프롤레타리아 연극운
동을 전개하게 된다. 그러나 이후의 활동기록은 찾아 볼 수 없다.

극문회 이후 '토월회'에서 탈퇴한 김기진, 연학년, 김복진, 안석주,
김동환, 윤심덕, 이백수, 김을한 등을 중심으로 1926년 2월 24일
'백조회'가 조직된다. 이들은 사계 유지 17인을 고문으로 두고, 전무
는 김을한이 맡았으며, 부서로는 각본부, 출연부, 무대장치부, 음악부
를 두고, 신극운동의 선구자들을 망라해 "새로이 이상적 신극운동을
해 보겠다"는 열정으로 조직된 단체였다.19) 이들은 입센의 〈人形의
家〉(3막)와 가극 〈데아블노〉(2막)를 가지고 제1회 공연을 하려 하였
으나20) 뜻을 이루지 못하고, 1927년 11월에 가서야 '음악무도회'를

       서무부 송형순 추석기
       극 부 김영팔 마해송
       편집부 최병한 김영팔
       음악부 김룡의 외 2인"(『조선일보』, 1926.5.26)
18) "신간소개…▲ 재동경 프로극협회 기관지 四六倍版 四頁 價 20전 동경부 하 정교정
    각괄 879 극성사"(『동아일보』, 1926.7.17)
19) "신극운동 『백조회』 조직 토월회 탈퇴 간부가 사계 유지를 망라해…지난번에 토월회
    (土月會)에서 탈퇴한 김을한(金乙漢) 리백수(李白水) 윤심덕(尹心德)씨 등의 알선으
    로 전에 토월회에 관계를 매젓다가 중간에 탈퇴한 신극운동의 선구자들을 망라해 가
    지고 새로히 리상덕 신극운동을 해보겟다는 뜻으로 백조회(白鳥會)를 조직해 가지고
    지난 이십사일 밤에 시내 종로 중앙긔독교청년회 식당에서 이십여 명의 동지들이 모
    히어 발회식을 거행하얏다는데 그 부서는 다음과 갓다 하며 그들의 계획은 순전한 희
    생덕으로 충실한 신극운동을 할 터로 한 달에 한두 번식 명긔공연을 할 터이라더라
       각본부 김기진 연학년 이성해 김동환
       출연부 이백수 윤심덕 박제행 홍범기 이용구 권영덕 차윤호 이진원 송기연 김세영
       무대장치부 김복진 안식영 이승만
       음악부 윤심덕 박철회
       전무 김을한
       기타 고문으로 사계 유지 17인"(『동아일보』, 1926.2.26)
20) "백조회 신극운동의 첫거름 초공연은 『人形의 家』 불일 조선극장에서…요전에 토월
    회를 탈퇴한 사람들과 또한 사계와 유지들로써 조직한 신극운동단톄(新劇運動團體)
    백조회(白鳥會)에서는 그동안 제일회 공연을 준비 중이더니 모든 준비가 착착 진행
    되야 불원간에 시내 인사동 조선극장(朝鮮劇場)에서 제일회 공연을 하리라는대 이

개최하게 된다.21) 그러나 백조회는 카프 결성 뒤 카프의 영향하에서 조직된 최초의 극단이라는 의의를 지닌다.

이에 비할 때 그 색채가 가장 분명한 프로연극단체는 1927년 1월 카프 최초의 직속극단으로 창립된 '불개미극단'을 들 수 있다. 불개미극단은 카프의 주요 구성원이었던 김기진, 박영희, 김복진, 조명희, 김동환, 안석주 등이 간부가 되어 "극을 통하야 민중의 감정과 지능을 유도 계발하야서 장래할 문화 형태의 창조"를 목적하고, "조선 극계에 새로히 극운동을 이르키고자" 조직한 극단이었다.

> 劇運動團體 出現 불개미劇團을 組織…거의 잇섯든 형적조차 업서젓슬 만치 된 지금의 우리 조선 극계에 새로히 극운동을 이르키고자 시내에 잇는 사계 유지 십여 인의 발긔로 다음과 가튼 규측을 세워 가지고 『불개미』극단이라는 명칭으로 극단을 모아서 매 삭 일 회식의 시연을 행하고 째째로 공연을 하며 그 외에도 여러 가지 방법으로 극단운동을 충실히 행하리라는데 김동환(金東煥) 김긔진(金基鎭) 박영희(朴英熙) 조명희(趙明熙) 김복진(金復鎭)

번에 상장할 것은 일즉이 근대극운동의 선구 「입센」의 「인형의 집」삼 막짜리와 통쾌한 가극 「데아블노」이 막짜리라 한다. 이 「인형의 집」은 부인해방문뎨(婦人解放問題)에 큰 「힌트」를 준 그것만큼 오늘까지 문뎨거리의 각본으로 일반의 기대가 큰 싸닭에 동 극단 동인 일동도 열심을 다하야 성공을 하라고 맹렬히 연습 중이라 하며 이번에 출연할 사람들은 일즉히 우리 극계에 명성이 자자하던 사람들이며 그들 중에는 쏫가티 아름다운 김수련(金水蓮) 주경애(朱敬愛) 두 녀배우가 새로 참가하엿고 그동안 문뎨의 녀성으로 잇던 윤심덕(尹心悳) 양은 「인형의 집」의 녀주인공 「노라」로 출연할 모양이며 주인공 「해머」에는 리백수(李白水) 군이 출연하리라는대 동인 일동은 이번 공연을 우리 조선에 잇서서 신극운동의 첫거름으로 삼고 진실한 보조를 극계에 공헌하기로 단々히 결심한 모양이며 악단에서 극단으로 옴기어 온 윤심덕 양은 연극이란 것이 우리 조선에 잇서서 재래에 류행하든 것과 다른 것을 일반에게 보이겟다고 결심이 단단한 모양이라고"(『조선일보』, 1926.3.31)

21) "백조회 연예부 제1회 공연…고양군 한지면 신당리 중동 정동(高陽郡 漢芝面 新堂里 中東 正洞)에 잇는 동정학습소(東正學習所)에서는 경비가 곤난함으로 인하야 시내 인사동 백조회 연예부(市內 仁寺洞 白鳥會 演藝部)에 후원을 바더 가지고 십월월 십사일부터 십륙일까지 삼 일간 시내 견디동 시텬교당(市內 堅志洞 侍天敎堂)에서 음악 무도 대회를 연다더라"(『동아일보』, 1927.11.16)

안석주(安碩柱) 씨 등이 간부가 되어 회원 백 명 한하고 모집 중이라 하며
그 경영은 회원들이 한 달에 일 원식의 회비를 내고 특별한 경우에는 림시회
비를 모집하야 보충하리라는데 첫 시연은 오는 일월 중에 하리라더라

　◇ 『불개미』극단 회칙 ◇

　一. 본 극단은『불개미』극단이라 칭함

　一. 본 극단은 극을 통하야 민중의 감정과 지능을 誘導啓發하야써 장
　　래할 문화 형태의 창조를 목적함

　一. 본 극단은 회원제도로 하고 매월 1회의 시연과 수시 공연을 함

　一. 본 극단의 회원은 실연 시마다 회비 1원을 책임 납부함

　一. 본 극단은 임원 5인을 선거하고 동시에 임원의 互選으로 대표자
　　1인을 선정하되 각 임기는 1개년으로 함

　一. 본 극단의 회원은 대표자의 지도책에 순응함22)

　이상에서 볼 수 있는 바와 같이 불개미극단은 당시 공연 한 번 가
져 보지 못하고 극단이 해산되는 문제를 극복하기 위하여 회원제라는
극단 운영방식을 시도하고 있음을 알 수 있다. 회원제란 비동질적 관
중이 회원으로 가입하여 프로연극에 취미를 갖게 되고 이후에는 프로
연극이 표방하는 이념에 동조하는 동질적 관중으로 전화될 것을 기대
하는 극단 운영 방식이다.23) 그러나 불개미극단 역시 구체적인 공연
의 모습은 보여주지 못하고 소식이 사라지고 만다. 후의 기록에 의하
면 루나찰스키의 〈해방된 돈키호테〉를 공연하려 하였으나 검열로 인
해 무산되고 말았다 한다.24)
　이러한 즈음에 나운규, 이경손, 신일선을 중심으로 "조선의 신극 향
상운동"을 목적으로 1927년 6월 '백양회'25)가 조직되고, 7월에는 연

---

22) 『동아일보』, 1927.1.28.
23) 손화숙, 「1930년대 프로연극 연구」, 석사 학위 논문, 서울대학교, 1990. p. 13.
24) 민병휘, 「박씨의 프로극관과 포영 씨의 〈깨어진 거울〉」, 『조선일보』, 1931.2.11.
25) "탄생된 白羊會 극계의 서광…토월회(土月會)이후로 숨이 끈허진 듯이 보이는 조선
　의 극계(劇界)에는 새로운 사람들의 발이 드듸어 질 듯 질 듯 하면서도 아모러한 서
　광이 보이지 아니 하는 것이 현상이다. 그런데 이지음에 신극연구단톄로 백양회(白
　羊會)라는 것이 탄생되엇스니 이것을 맨든 인물들은 지금 영화극계의 중심 인물인

학년, 이준열을 중심으로 '종합예술협회'가 결성된다. 종합예술협회는 결성과 동시에 선언문을 발표하였는데 그것은 다음과 같다

> 우리는 예술의 사회적 역할 ─(敎任務)─ 를 안다 그럼으로 이 중대한 임무를 명확히 인식한 사람을 규합하야 이에 종합예술협회를 구성한다 그러나 종합예술을 통하야서만의 敎化運動 ─ 이것만을 우리의 모임의 全 標的이 안임을 안다 그럼으로 우리는 종합예술협회의 보무에 이와 가튼 자살적 한계를 規度하지 안을 뿐더러 一步를 전진하야 전 교화운동에 이 모임의 총력을 집중 실천하고자 한다.26)

이처럼 종합예술협회는 창립선언문에서 "예술의 사회적 역할 ─ 교화임무"를 수행하기 위해 결성함을 밝히고 있는데 종합예술을 통한 교화운동만을 표적으로 삼지 않고 나아가 전 교화운동에 힘을 집중하고 실천하고자 한 것이다. 또한 "동일한 방향으로 전진하는 교화기관을 지지"하고, 사회교화기관으로서의 큰 힘을 발휘하고자 전술한 백양회와 합동을 한다.

한편 이들과는 별개로 1927년 8월 16일 "직공 생활의 소개"를 목적으로 문 일, 김대균 등에 의하여 국내에서 최초로 프로연극단체임을 내세운 '극성회'가 발기된다.27) 이들은 동년 12월 16일 혁신 총

듯한 라운규(羅雲奎) 리경손(李慶孫) 신일선(申一仙) 삼 씨와 다년간 신극연구에 전력하야 오든 정경헌(鄭敬憲) 등 사 씨이다. 영화에 잇서서 최대의 인긔를 집중하고 잇는 삼 씨의 무대극으로의 발면은 「판」들의 주목의 초뎜일 것이다. 그리고 백양회의 성명에 의하건대 순전히 흥행 태도를 써나 연구뎍 태도로 매일 평균 일 회씩 공연을 하리라 하며 그 뎨일회 공연은 금년 구월경에 개막되리라 한다"(『중외일보』, 1927.6.15)

26) 「유지 10인의 연예협회 창립과 선언 공연은 9월 상순」, 『동아일보』, 1927.7.15.

27) "극성회 발기 직공 생활 소개 목적…시내 냉동 백번디(冷洞 百番地)에서 지난 십륙일 오후 팔시에 극성회(劇星會) 발긔총회를 개최하엿다는데 로동하는 이들이 직공생활의 불행을 연극으로 하소연할 작뎡으로 발긔한 것이며 창립총회는 래월 사일에 개최하리라더라"(『동아일보』, 1927.8.19)

"프로劇團 劇星會 발긔되다…프로극단의 창근을 위하야 노력 중이든 문 일(文 一)

회를 열고, "우리의 생활을 무대화하여 대중에게 하소연함"을 목적으로 하고, 김성구를 이사장으로 선임함과 동시에 부서로 서무부, 재무부, 연출부, 장치 및 배광부, 각본부, 선전부 등을 둔다.28) 이후 1929년 1월에는 기관지 『극성』을 발행하려고 하나 무위로 돌아가고 만다.29) 이에 극성회는 1930년 9월 그 부서로 서무부, 각본부, 연출부, 장치부, 배광부, 음악부, 출판부, 선전부를 두고, 남녀 연구생을 모집하는 한편 이적효의 원작 〈정차장(停車場)〉을 장 일(張 逸) 총지휘와 김부강 감독하에 제1회 공연을 준비하며,30) 출판부에서는 『조선극단』이

김대균(金大均) 씨와 칠팔 씨의 쥬션으로 금번 극성회(劇星會)가 발긔되얏는대 사무소는 냉동(冷洞) 빅번지에 두고 로동계급의 싱애를 셰상에 소개하는 데 힘쓰리라는 대 창립총회를 원간 연다고"(『매일신보』, 1927.8.19)

28) "劇星會 혁신회…시내 통동 이십이번지(通洞 二十二)에다 림시사무소를 둔 극성회(劇星會)에서는 지난 십륙일 하오 팔시에 시내 열빈루(悅賓樓)에서 혁신 총회를 널고 금 성(金 星) 씨 사회하에 여러 가지로 토의한 결과 재리의 만흔 극단이 무의미한 극단이엇슴을 너모나 유감으로 싱각하는 동시에 그 회에서는 우리의 싱활을 무대화하야 대중에게 하소연함을 목뎍으로 하고 뎨일회 공연도 신춘을 긔회로 하고 준비한다 하며 리사장은 만장일치로 김성구(金聖求) 씨가 선뎡되고 각부 부서 책임자는 다음과 갓다더라.
   ▲ 庶務部 成 波, 李東星
   ▲ 財務部 白雪村
   ▲ 演出部 金 星, 吉村
   ▲ 裝置 及 配光部 藤一海
   ▲ 脚本部 文 一
   ▲ 宣傳部 李獨星, 池鳳船" (『매일신보』, 1928.12.19)

29) "劇星會 雜誌…시내 톄부동 십일번지(體府洞 十一)로 리전한 신극단톄 극성회(劇星會)에서는 뎨일회 공연 준비에 분망 중이라는데 그 회의 리사장인 김성구(金聖求) 씨는 주간으로 긔관지인 극성(劇星)이라는 연예잡지도 발힝하기로 결정하고 방금 원고 수집 중이라는 바 일반 동지들의 무대예술을 연구할 남녀 회원도 증모한다더라"(『매일신보』, 1929.1.8.)

30) "극성회 공연 준비…시내 톄부동에 사무소를 두고 오래 동안 연구를 거듭하야 오던 신극단톄 극성회(劇星會)에서는 제반 사업을 일층 확장하기 위하야 지난 이십일에는 그 사무소를 시내 공평동(公平洞) 일백십사번지로 이전하는 동시에 음악 무도 출판(音樂 舞踊, 出版)부를 새로히 설치하고 남녀 연구생을 모집한다 하며 출판부에서

라는 기관지 발행을 계획하기도 한다.31) 1931년에 들어 동 극단은

는 조선극단(朝鮮劇壇)이라는 긔관지를 발행하기로 결정하고 일반 동지들의 투고를 환영한다는데 더욱히 사계의 유지 김승구(金聖求) 씨와 신룡운(申龍雲) 씨와 장 일 (張 逸) 씨의 총지휘와 김부강(金芙江) 씨 감독하에 리적효(李赤曉) 씨의 원작 『停 車場』 외 수종을 가지고 방금 추긔공연 준비에 불면불휴 활동 중이라 하며 현재 책 임자와 출연자의 씨명은 다음과 갓다더라

- ▲ 總指揮 張 逸
- ▲ 庶務部 吉勝培 全 爀 朴昌吉
- ▲ 脚本部 李 茂 吉勝培
- ▲ 演出部 金芙江
- ▲ 裝置部 全 爀
- ▲ 配光部 金英植
- ▲ 音樂部 薛春峰
- ▲ 舞踊部 李支淳
- ▲ 出版部 李寅榮 白 帆
- ▲ 宣傳部 楊錫碕 柳摩熙
- ▲ 出演者 □□□ 金□奉 金英植 全 爀 吉勝培 李獨星 楊錫碕 美姬仙 張逸 順 外 數人"(『중외일보』, 1930.9.28.)

"신극단 『극성회』 공연을 준비 중…시내 체부동에 사무소를 두고 오래 동안 연구를 거듭하야 오든 신극단체 극성회(劇星會)에서는 제반 사업을 일층 확장하기 위하야 지난 이십일에는 그 사무소를 시내 공평동(公平洞) 일백십사번지로 이전하는 동시 에 음악, 무용, 출판(音樂, 舞踊, 出版)부를 새로이 설치하고 남녀 연구생을 모집한 다 하며 출판부에서는 조선극단(朝鮮劇壇)이라는 긔관지를 발행하기로 결정하고 일 반 동지들의 투고를 환영한다는데 더욱 사계의 유지 김성구(金聖求) 씨의 고문과 장 일(張逸) 씨의 총지휘와 김부강(金芙江) 씨 감독하에 리적효(李赤曉) 씨의 원작 『停 車場』 외 수종을 가지고 방금 추긔공연 준비의 불면불휴 활동 중이라 한다

總指揮 張 逸
庶務部 吉勝培 全 爀 朴昌吉
脚本部 李 茂 吉勝培
演出部 金芙江
裝置部 全 爀
配光部 金英植
舞踊部 李支淳
音樂部 薛春峰
出版部 李寅榮 白 帆
宣傳部 楊錫碕 柳摩熙"(『조선일보』, 1930.9.30)

3월 명칭을 '우리들 극장'으로 개칭하고 춘계공연 준비와 함께 지부를
설치하기도 한다.32) 이후 동년 8월 사무실을 공평동에서 견지동으로

31) "『극성회』 기관지 『朝鮮劇壇』 내월 하순 창간…시내 공평동 一백 十四번지에 잇는 신
  극연구단체 극성회(劇星會)에서는 그간 사무소 확장에 분망 중이든 바 근일에 이르
  러 제반 설비를 마치고 현재 회원을 정리한 후 금월 말일을 한하고 남녀 신입생을
  모집한다 하며 더욱 동회의 긔관지 조선극단(朝鮮劇壇)도 박영희(朴英熙) 윤긔정
  (尹基鼎) 리적효(李赤曉) 김부강(金芙江) 씨 외에 각 방면 명사들의 집필로써 래 十
  一월 하순에는 발행하기로 되었다 한다"(『동아일보』, 1930.11.25.)
32) "극성회 회명 변경 춘계공연 준비…시내 공평동 一백 四十번지에다 사무소를 두고 오
  래ㅅ동안 연구를 거듭해 오는 극성회(劇星會)에서는 금번 회명을 『우리들劇場』으로
  변경하는 동시에 사계 유지 박사용(朴四用), 유태화(劉泰和), 박도만(朴道萬) 제씨
  를 고문으로 선정하고 춘긔공연(春期公演) 준비에 분망 중이라는 바 원고 수집 중이
  든 동회의 긔관지 조선극단(朝鮮劇壇)도 공연과 함께 발간된다 한다"(『동아일보』,
  1931.3.28.)
  "『우리들劇場』 극성회의 改名…시내 공평동 백사십번지에 사무소를 두고 오래 동안
  연구를 거듭해 오든 극성회(劇星會)에서는 금번 회명을 『우리들劇場』으로 변경하고
  남녀 회원을 증모한다 하며 사계 유지 박사용(朴四用) 유태화(劉泰和) 박도만(朴道
  萬) 제씨를 고문으로 선정하고 춘계공연(春季公演) 준비에 분망 중이라는 바 원고
  수집중이든 동회의 긔관지 조선극단(朝鮮劇壇)도 공연과 함께 발간된다 하며 동회
  진용은 다음과 갓다 한다
  ▲ 庶務部 柳 光 劉 浪 趙 鐵
  ▲ 脚本部 金芙江
  ▲ 宣傳部 柳 烈 宋水影
  ▲ 裝置部 吳光泉
  ▲ 配光部 金露星
  ▲ 舞踊部 具性垩
  ▲ 音樂部 金榮植
  ▲ 出版部 金月露 趙 鐵"(『매일신보』, 1931.3.31.)
  "우리들劇場 瑞山支部 설치…서산 지방(瑞山地方)에서 예술운동에 부절히 노력하야
  오든 김영긔(金永基) 조대갑(趙大甲) 리근환(李根煥) 노수동(盧壽東) 외 수씨의 발
  기로 금번 『우리극장』 서산지부(瑞山支部)를 창립하고 임시사무소는 서산군 음암면
  수석리(瑞山郡 音岩面 壽石里)에 두엇다 하며 래 오월 중순에는 당지 서산구락부(瑞
  山俱樂部)에서 제일회 공연을 개최하기로 결정하고 그 준비의 분망 중이라는 바 본
  부와 상의차로 김영기(金永基) 씨가 상경하엿다 하며 일반 동지들의 만흔 성원이 잇
  기를 바란다 한다"(『조선일보』, 1931.4.5)
  "우리들劇場 내월 초순에 공연 ◇ 무산계급을 위하야…현금 조선에 모든 연극은 너

옮긴 '우리들 극장'은 제1회 공연을 위하여 노력하지만,33) 1931년 8
월부터 시작된 '제1차 카프 사건'의 영향으로 아무런 활동도 보여 주
지 못한 채 이후 소식이 사라지고 만다. 홍 범(洪 凡)에 의하면 동 극
단은 구성원의 대부분이 노동자로 이루어진 소인극단(素人劇團)으로
서 1932년 초까지 간판만 유지한 상태였다 한다.34)

  전술한 종합예술협회와 백양회는 1927년 8월 22일 합동선언을 발
함으로써 예술의 사회적 역할을 뚜렷이 인식하고 민중을 계몽, 선동하
는 사회적 투쟁의 무기로서의 연극운동을 지향하게 된다. 두 극단의
합동성명은 다음과 같다.

  합동성명서…백양회와 종합예술협회와는 그 사회적 임무에 잇서 各立할
  자 아님을 서로 인식함으로써 단체가 합동함을 우리 사회에 성명한다 종합

  머나 유치한『넌센스』극이며 인도주의극 등으로 우리 대중에게 하등의 리익도 주지
  못한 것이 만하서 오히려 해독을 주고 잇슴을 퍽으나 유감으로 생각하고서 시내 공
  평동 일백십사번지에 잇는『우리들劇場』에서는 이에 그런 종류의 반동극을 배격하
  고자하야 래 오월 하순께는 첫 공연을 시내 상설관에서 열기로 방금 준비 중이라는
  데 각 지방 우의 단체의 성원이 잇기를 바란다 하며 남녀 연구생도 징모하되 반드시
  현직 로동자에 한하고 금월 말일까지 이에 뜻 잇는 동지들은 속히 가입하기를 바란
  다 하며 상세한 것은 매일 오후 칠 시로부터 열 시까지 동 회관으로 즉접 문의하기
  를 바란다 한다 그리고 관계 제씨는 아래와 갓다
   朴鎭用 李億乭 朴道萬 朴四用 安基峰 朴鍾元 李雲奉 崔允山 朴五用 申大成 劉泰和
   咸基男 張範埴(『조선일보』, 1931.4.16)
33) "우리들劇場 公演을 準備 中 ◇…男女 場員을 募集…그사히 내부 충실과 아울러 장원
  들의 실력을 엇기 위하야 자중하고 잇든 바 금번 사무소를 견지동 팔십번지(堅志洞
  八〇)로 옴기고 제일회 공연(第一回 公演)을 초추에 기여코 개최하랴고 모든 준비
  중이라는 바 남녀 장원도 모집하겟다는데 오후 팔시부터 즉접 사무소로 래답하기를
  바란다고"(『조선일보』, 1931.8.18)
  "우리들劇場 公演을 準備…그 사이 내부를 충실하려하고 아울러 장원의 실력을 건실
  하게 하기 위하야 자중하고 잇든『우리들劇場』은 금번에 사무소를 견지동(堅志洞)
  八十번지로 옴기고 남녀 장원을 모집하야 (희망자는 매일 오전 八시부터 사무소로)
  제일회 공연을 초추에 기여코 하도록 준비에 분망 중이라 한다"(『동아일보』, 1931.
  8.21.)
34) 홍 범, 「최근 극단의 회고와 전망」, 『조선중앙일보』, 1932.3.14.

예술협회 발기선언에 잇서서나 백양회 창립 당시 전반 동인의 의사에 잇서서나 각자의 全 標的이 사회교화의 중임에 잇슴을 자각하고 그 前路를 향하야 보무를 진출함에 우리의 운동 핵심을 두엇섯다 그럼으로 우리는 『우리와 한가지 동일한 방향으로 진전하는 교화기관을 지지하자』(종합예술협회 선언 중 일절)는 절규에 해후치 아니치 못하게 되엇다 짤서 합동이 과연 진정한 진리인 줄로 밋는다 진리임을 인식하고 그 진리를 실천하는 곳에 인생의 究竟 목적이 잇슴을 확신한다 각립으로부터 합동 합동은 다시 구든 단결을 배태할 것이다 우리의 임무를 명확히 인식하고 단결의 鐵城을 방패하야 매진하는 힘은 굿고 클 것이어니와 그 힘이 굿고 큰 만큼 쏘한 사명이 더욱 커 감을 깨닷는다 두 개가 한 개 된 새 종합예술협회는 우리의 소임을 가장 충실하게 실천할 것을 합동성명과 함께 약속한다35)

새로운 종합예술협회는 '안드레프'의 〈빰 맞는 그 자식〉(전4막)과 '체홉'의 〈결혼신청〉을 각본으로 하여 제1회 공연을 준비함과36) 동시에 조직으로 경리부와 연출부를 두고 연출부에는 각본부, 장치부, 음악부, 출연부를, 경리부에는 문서부, 회계부, 선전부를 설치하여, 극단으로서의 체계를 세우게 된다.37)

---

35) 『조선일보』, 1927.8.24.
36) "조선 극계 名人 총동원 빰맛는 그 자식 ◇ 종합예술협회 제1회 공연…종합예술협회(綜合藝術協會)라는 신극연구단테(新劇硏究團體)가 생긴 뒤에 백양회(白羊會)와 합동하야 데일회 공연을 하리라는바 현재 영화계에서 명성이 놉흔 제씨와 조선 극단의 명화(名花) 리월화(李月華) 복혜숙(卜惠淑) 양 등의 총출이며 희곡(戱曲)도 세계를 통하야 도처에서 환영을 바든 것만을 선택한 것이라는데 상세한 것은 알에와 갓다더라
  ▲ 안드레-프 作 =『빰맛는 그 자식』…全四幕
  ▲ 체홉 作 =『결혼신청』…一幕
  ▲ 出演者 = 이경손, 강홍식, 나운규, 연학년, 이월화, 복혜숙 외 十 數人
  ◇ 기일 = 금 월 21일부터 5일간"(『조선일보』, 1927.10.19)
37) "종합예술협회 무대련습 개시 안드레프의 『빰 맛는 그 자식』 체홉의 『결혼신청』 두 가지를 영화계의 신인물도 참가…종합예술협회(綜合藝術協會)에서 데일회 공연의 준비에 분망 중이라 함은 의미 보도한 바와 갓거니와 동 협회에서는 각부의 부서를 나누어 경리부(經理部)와 연출부(演出部) 두 부를 두고 연출부에는 대표자 연학년(延鶴年) 외에 각본부에 김동환(金東煥) 장치부에 박길룡(朴吉龍) 음악부 최호영(崔虎永) 출연부에 강홍식(姜弘植) 제씨가 책임 분담하고 경리부에는 대표자 박형남(朴亨

조직의 체계와 작품의 준비를 마친 종합예술협회는 1927년 11월 5일 천도교 기념관에서 안드레에프 작 〈뺨 맞는 그 자식〉을 김복진, 박길용 등이 무대장치를 맡고, 강홍식, 복혜숙, 이월화, 김명순 등의 출연으로38) 공연을 갖게 되는데, 이 공연은 대대적인 성공을 거둔다.

　연극이라면 보는 것으로만 아는 조선에 잇서서 듯는 부분이 주요한 신극을 연출한다는 것은 일종의 시험이오 또한 모험이다 그런데 종합예술협회 第一回 공연에 우리와 錄이 멀던 『안드-레프』의 『뺨 맞는 그 자식』을 상연한다는 것은 흥행 가치로 보아서는 위험시 아니할 수 업스나 극계의 新面을 開招하는 『무브먼트』로 보아서는 其宜을 득한 것이라고 생각한다 종합예술협회 동인들의 이러한 고충은 대단히 찬하하는 바이다

◇

　『뺨 맞는 그 자식』의 연출이 그만한 위험을 가지고도 상당한 인기를 쓰을고 무대효과를 충분하게 보인 것은 첫재 보는 부분이 관객에게 처음부터 기괴한 상상을 일이키게 한 것이니 무대면의 눈 서트른 『포스터』 어리광대들의 우수운 모양이다 이것만으로도 엇더한 『쎈세이슌』을 충분히 일으키엇다고 생각한다 싸분한 것이 그다지 보이지 안토록 할 것은 그들의 힘이엇스나 좀더 어리광대다운 어리광이 잇섯드면 하는 생각도 업지 안핫다

◇

　그리고 배우들의 기술도 다 각각 特長이 잇고 자기의 역을 큰 실수 업시 연출하엿다고 생각한다 지금까지의 여러 단체의 출연에서는 보지 못하든 열과 진면목을 보앗다 더욱히 사랑하는 안해까지 쌔앗긴 못난 그 자식으로는 생각할 수 업는 넘우나 씩씩한 체격과 고흔 얼골을 가진 姜弘植 군은 처음으로부터 나종까지 관객석을 위압한 늣김이 업지 안타 이것은 그이의 배우로서의 천품을 충분히 보여 주는 것으로 안다

◇

　이 극을 보면서 늘 머리에 쩌나지 안는 것은 엇잿든 극의 효과를 충분히 발휘하는 것은 역시 배우들의 무대적 훈련에 잇다는 것이다 『컨세-로』의 李月華 양 『지니라』의 卜惠淑 양 『쌕리케』의 黃耕隱 군 기타의 연기는 『좀

　　南) 외에 문서부 박영희(朴英熙) 회계부 신시철(申時澈) 선면부 김을한(金乙漢) 각 씨가 분담한 후 ……"(『동아일보』, 1927.10.27)

38) 「四日부터 개막하는 綜藝 公演 『뺨맛는 그 자식』으로」, 『조선일보』, 1927.11.5.

더 …… 무럴햇드면』하는 생각이 잇스면서도 그래도 관객석을 긴장식힌 것
은 무대훈련의 힘인가 한다 그들은 보아서도 들어서도 실치 안흔 만큼 훈련
과 매력을 가지고 잇다 어쨋든 우리 극계에 업서서는 안 될 그들이다

◇

『쌈 맛는 그 자식』만한 정도의 이해를 관객들이 가지게 된 것은 劇壇을
위하야 경하할 만한 일이다 이 연출에 그들은 귀를 기우려 『세리프』의 一言
一句를 경홀히 들어 바리는 것이 觀象 얼골에 하나도 보이지 안는다 엇재튼
종합예술협회의 시연으로는 대대적 성공이라 볼 수 업다 금후에도 들어 보
아야 한다는 극도 잇다는 것을 만히 소개하여 주기를 바란다 (星海)39)

이처럼 공연의 의의와 무대장치와 배우들의 연기를 칭찬하고 있는
언급과 또 다른 신문의 평들을 종합하여 보건대, 종합예술협회의 공
연은 당시로서는 제법 훌륭한 수준을 보여 주었음을 짐작할 수 있
다.40) 그러나 〈빰 맞는 그 자식〉의 내용은 혁명 전 러시아 지식계급
이 지니고 있던 사상적 경향인 허무주의의 전형적 인물의 생활기록이
다. 작품의 내용을 당시의 보도를 통해 살펴보면 다음과 같다.

사랑하는 안해를 쌔앗기고 자긔의 생명과 다름이 업는 자긔의 저술(著
述)을 도적 마진 한 청년이 이미 인생이라는 것이 헛된 것인 이상 아모러케
나 한 평생을 보내리라 하야 곡마단(曲馬團)에 쒀어 드러가 구경군을 웃기
는 일개 하잘 것 업는 인생이 되엿스나 그러나 그는 이와 가튼 도피(逃避)
의 세계에서도 청춘의 사랑을 늣기고 귀여운 「컨세-로」에게 대하야 말 못
하는 애정을 가슴속에 품고 금전의 권세와 남작이라는 디위를 가지고 「컨
세-로」를 쌔앗어 갈려고 하는 잔인한 인간이 나타남으로 인하야 마츰내 그
는 자긔의 애인에게 독약을 먹이고 자긔도 비참히 죽어버린다 — 는 것이니
이 작품은 허무사상(虛無思想)이 만연하든 혁명 전의 「로서아」지식계급(智
識階級)의 사상 경향을 대언(代言)하는 것이라고 보아도 조흐며 「쌈 맛는
그 자식」은 그 뎐형적(典型的) 인물이니 ……41)

---

39) 이익상, 「劇評『쌈맛는 그 자식』을 본 인상」, 『동아일보』, 1927.11.7.
40) 이 공연에 대한 평가와 관련해서는 다음의 기사를 참조.
　　體府洞人, 「종합예술 공연 시평 쌤 맛는 그 자식」, 『매일신보』, 1927.11.7.
　　南宮玉, 「종합예술 제1회 공연『쌈 맛는 그 자식』을 보고」, 『중외일보』, 1927.11.7

이같이 주인공은 고통의 현실을 극복하지 못하고 영원한 죽음으로 완전하게 도피한다. 따라서 연출자에 있어서나 무대적 표현에 있어서 종래의 신파적 유형을 탈피하고 근대적 형식에 접근하려는 노력으로 조선 극계에 새로운 면을 개척하였으나 허무주의사상을 대변한 내용으로 말미암아 허무주의사상을 고조하는 역효과를 내고 말았다. 때문에 이 공연은 당시의 프롤레타리아 예술운동가의 기대에는 여전히 미치지 못하고 있었다.

　　나는 일전 종합예술협회 제1회 공연을 보앗다. 그째에 상연한 각본으로 말하면 현재에 우리가 요구하는 각본이 안이엇든 것은 사실이다. 외국작품 중에서도 우리 요구에 응할 만한 각본이 업는 것도 아니다. 그러나 조선의 객관적 정세가 허락지 안을 것도 잘 안다. 외국 작품 중에서 『쌤맛는 그 자식』가튼 신비주의에 갓가운 우리 생활과의 거리가 먼 작품을 상연하려거든 차라리 우리의 손으로 된 작품을 상연하는 편이 낫지 안을가 생각 든다. 우리의 생활상, 우리의 고민상, 우리들의 ×××××××××××××××× ×으로라도 표현하는 편이 낫지 안을까? 우리가 요구하는 연극은 향락적 기분을 씌운 오락품 아닌 것은 물론이다. 쏘한 신비를 찻는다거나 철학적 사색을 하기 위하야 연극을 감상하는 것은 더구나 아니다. 연극운동에 잇서々 일체의 행동 등(각본으로부터 무대감독, 등장 배우, 무대장치 등)이 계급적으로 운전되어 나가지 안으면 안 된다.42)

그러나 위의 언급처럼 '신비주의적' 인 번역극을 선택하였음에도 불구하고 제정 러시아 사회의 어두운 면을 취급한 작품을 선택하여 그 것을 제법 우수하게 무대에 올릴 수 있었다는 것은 주목할 만하다. 그러나 그 내용이 당시의 생활과 일제에 대한 적개심을 조장시킬 것을 두려워한 일본 경찰의 압력에 의해서 종합예술협회는 5일간의 공연 예정에서 3일 만에 폐막하고 제기하지 못한 채 해산되고 말았다.

---

41) 「露國 문호의 걸작으로 「종합예술」의 개막 사일부터 오일간 斯界 명성 총 등장」, 『중외일보』, 1927.11.3.
42) 윤기정, 「최근 문예잡감(其三)」, 『조선지광』74호, 1927.12. p. 94.

이처럼 1920년대 프롤레타리아 연극단체의 활동은 미미했던 것이다. 그 이유는 세 가지 측면에서 찾을 수 있다.

첫째는 역시 시대 상황에 있었다. 즉 극우적인 일본 군국주의가 프롤레타리아 예술을 금지시켰고, 두 번째는 프롤레타리아 극을 제대로 할 만한 훈련된 연극인이 없었으며, 세 번째는 재정, 극장 등 작품을 만들어 내는 데 필수불가결한 것이 갖추어져 있지 못한 데 있었던 것이다.43)

2. 카프의 재조직과 본격적인 프로연극운동

1920년대의 국내의 상황과는 달리 본격적인 프로연극운동은 일본에 거주하고 있는 한국인들의 활동에서부터 시작되고 있었다. 카프 동경지부 결성 이후, 1929년 7월 '카프 동경지부'의 '푸로극장'이 고국순회 공연을 하고자 하나, 각본의 불허가로 결국 무위에 그치고 만다. 그러나 이들의 이러한 활동 계획은 당시 국내의 연극운동가들에게도 큰 영향을 주었다.

동경 소장파들은 1920년대 말의 대중화론을 볼셰비키화론에 연결시키고 그에 따라 1930년 4월 카프의 기술가 단체로의 조직 확대를 꾀한다. 즉 서기국, 교양부, 출판부, 조직부 외에 예술운동을 관할하는 기술부를 두고 기술부 아래 문학부, 영화부, 연극부, 미술부, 음악부의 다섯 부서를 두어 예술운동 조직으로서의 성격을 명확히 하게 된다.44) 조직의 확대는 1927년의 방향전환에 따른 대중조직의 오류에 대한 비판에서 시작되었으며 동맹 내의 내적 요구에 따른 것이라 할 수 있다.45) 이는 정치적 성격이 두드러진 대중적 조직의 오류를

---

43) 유민영, 위의 책, p. 745.
44) 안 막, 「조선プロレタリア예술운동약사」, 『사상월보』, 1932. 10.

청산하고 문학운동에만 국한되었던 예술운동의 범위를 전 예술 부문으로 확대한 것이었다.

따라서 1930년 4월의 재조직은 카프 내의 연극 활동이 조직적으로 전개될 수 있는 근거를 형성하였다. 이어서 카프는 연극부를 확대하여 조선프롤레타리아극장동맹을 건설하기로 결정해서 임 화의 책임하에 지방의 프로극단들에 대한 조직화 시도가 꾸준히 계속되게 된다.46) 카프의 개편에 내적 요인으로 작용했던 지방프로극단의 등장은 1920년대의 프로연극적 소인극의 대두와의 연장선상에서 파악할 수 있다. 지방의 프로극단은 카프 연극부의 소부르조아적 경향에 대한 비판과 함께 카프의 재조직을 촉진하여 노동자 · 농민을 위한 프롤레타리아 연극운동을 전국적으로 통일하려고 노력한다. 따라서 카프는 조선프롤레타리아극장동맹을 건설하기로 결정한 이후 그 과정에서 지방프로극단들은 카프와 조직적인 관련을 맺게 된다.

1930대에 들어서 최초로 만들어진 극단은 1930년 3월 평양에서 창립한 '마치극장'이다. 마치극장에 관한 당시의 보도를 살펴보면 다음과 같다.

平壤에 맛치劇場 創立 푸로레타리아 극운동을 목적 삼고…평양의 푸로레타리아 연극인들이 금번 동경 무산자극장 한택호(韓鐸鎬) 군이 나온 것을 긔회로 지난 이십삼일 오후 팔시부터 신흥영화예술가동맹 평양 지회관에서 맛치극장을 창립하고 제반 토의와 임원 선거가 잇섯다는데 상세는 아래와 갓다 한다

　◇ 선언 『맛치』극장은『푸로레타리아』극장이다 이것이 우리의 성질을 그리고 방향을 말하는 일체이다(以下 略)

---

45) 이에 대하여는 다음을 참조.
　이북만, 「예술운동의 방향전환은 과연 진정한 방향전환론이었던가」, 『예술운동』, 1927. 11.
　김두용, 「정치적 시각에서 본 예술투쟁」, 『무산자』, 제3권 1호, 1929. 5.
46) 역사문제연구소 문학사연구모임, 위의 책, p. 212.

◇ 역원
　서무 급 재무부 변　하
　각본부　　　김　오
　연출부　　　현□진
　미술부　　　최광천
　연기부　　　고려원47)

　이 극단은 '노동자의 행진'을 연상시키는 극단 명칭이나 "맛치극장
은 푸로레타리아 극장이다. 이것이 우리의 성질을 그리고 방향을 말
하는 일체다"라는 극단 창립선언에서 드러나듯 국내에서 최초로 선언
을 통하여 프롤레타리아 연극을 표방하고 창립한 연극단체인 셈이다.
앞에서도 보았듯이 카프 연극부는 1930년 4월에 카프에 기술부를 신
설하면서 그 산하 부서의 하나로 설치된다. 상임위원 김기진을 비롯
최승일, 안 막, 한택호, 신 영의 5인이 그 위원에 선임되었다.48) 이

---

47) 『조선일보』, 1930.3.28.
48) "프로藝盟 本部 中央委員 決議‥조선『푸로레타리아』예술동맹(藝術同盟) 본부에서는
　　지난 이십륙일에 시내 재동 백번지(齊洞)에서 중앙집행위원회를 열고 제반 사항을
　　결의한 결과 그 내용은 다음과 갓다더라
　　一. 회관 견지동 80번지로 함
　　二. 회비 월 20전 년 2원
　　三. 회원 정리의 건
　　　　재경성 동맹원으로 주소 불명한 맹원에게 한하야 5월 10일까지 본부에 아
　　　　모-込이 업스면 자격 상실도 간주함
　　四. 기술부 위원 설치의 건
　　　　기술부 권 환(상임)
　　▲ 문학부 권 환(상임) 이기영, 한설야, 박영희, 송 영
　　▲ 영화부 윤기정(상임) 임 화, 김효식, 이적효, 박완식
　　▲ 연극부 김기진(상임) 최승일, 안 막, 한택호, 신 영
　　▲ 미술부 이상대(상임) 안석영, 정하보, 강 호
　　▲ 서기　홍재식(증선)
　　중앙위원 = 이기영, 박영희, 윤기정, 김기진, 한설야, 박용대, 이상화, 이북만, 안
　　　　　　막(신), 권 환(동), 엄흥섭(동), 송 영(동) ……"(『중외일보』, 1930.
　　　　　　4.29)

가운데 안 막과 한택호가 동경 '무산자극장'출신이다. 이들의 존재는 카프에 연극부가 설치되는 과정에 동경의 무산자극장의 영향이 있었음을 추정케 한다.

무산자극장이 국내 프로연극에 직접 영향을 끼친 것은 그 전신인 조선프로예맹 동경지부 연극부 '프롤레타리아극장'이 1929년 여름 국내 공연을 시도하던 때부터이다. 하지만 각본 검열 때문에 실제공연은 이루어지지 못했다.49) 그러나 그 순회공연이 각 지방의 프로연극 운동을 촉발하는 계기가 되었음은 쉽게 추정해 볼 수 있다.

사실 카프 연극부가 설치되기 전인 1930년 3월에 평양에서 '마치극장'이 창립되는 것도 위와 같은 맥락에서 이해되어야 한다. 이들은 옷트 뮤라 작 〈고개〉(荷車의 다른 제목), 루멜덴 작 〈탄갱부〉 등의 레퍼터리로 제1회 공연을 동년 4월 하순경에 상연하고자 준비하였으나,50) 그 후 소식이 보이지 않는다. 그러나 국내 최초의 프로극단이 무산자극장의 영향 아래 조직되었다는 것은 각 지역의 다른 지역 프로극단의 창립의 계기가 어디에 있었는지에 대해서도 어느 정도 추정을 가능케 한다고 할 수 있다.51)

---

49) 이에 대해서는 본 책 4장을 참조.

50) "『맛치』劇場 제1회 공연 下旬頃 平壤에서…로동자는 농민에게 계급적 이데오로기-를 일으기 위하야 평양에 『맛치』극장(劇場)이 창립되었다 함은 이미 보도한 바 이어니와 이 『맛치』극장에서는 제일회 공연을 금월 하순에 공개하고저 목하 상연(上演)에 관한 모든 부서를 완전히 작성함과 동시에 발서 지난 일일부터 밤마다 극장원 전부가 열심 준비 중이라는데 상연할 각본(脚本)은 다음과 갓다더라 (평양)

脚本	作者
民亂 前날	脚本部 作
고개	옷트, 뮤라 作
洗濯쟁이	脚本部 作
炭坑夫	루멜덴 作
미물의 治療	脚本部 改作
트릭크의 선물	久板榮二郎 作
全線	脚本部 改作(『조선일보』, 1930.4.5)

카프 연극부는 1930년에는 이렇다 할 활동을 보여 주지는 못하였다. 부서만 설치되었을 뿐 실제적 활동 역량이 아직 미약하였던 것이다. 1930년 9월 카프 연극부 위원 최승일의 연출로 '미나도좌'에서 루메르덴의 〈탄갱부〉를 〈산〉이라 개제하여 상연하는 등,52) 〈하차〉,53) 〈이층의 사나이〉,54) 〈언덕을 올으는 사람〉55) 등 일련의 경향극 각본을 상연한 것이 그 활동의 전부였다. 이 공연이 프로연극의 한 발전 과정인지 아닌지를 놓고 뒤에 평자들 간에 논전이 벌어지지만, 공연 활동이 아닌 조직 활동의 차원에서 본다면 이 해의 카프 연극부의 활동은 전무했다고 볼 수 있다.

이러한 상황에서 프로연극운동의 새로운 기치를 들고나선 것이 1930년 11월에 조직된 대구의 '가두극장(街頭劇場)'56)이다. 가두극장은 연극을 가지고 '무산계급××(해방-인용자)을 위하야 투쟁'하고 '일체의 부르조아 연극을 실천적으로 극복하여 푸로레타리아 연극의 조직적 생산을 계획한다' 등을 강령으로, 각본부(박 훈), 연출부(이 일), 무대장치부(이상춘), 의상부(김영자), 출연부(이영춘, 김성만, 장갑용 외 數 氏) 등으로 부서를 조직한다. 이들은 실천 방침을 위한 세부 사항으로 프롤레타리아 연극의 이론을 확립하여 현재 광무하는 반동극단

---

51) "이와 관련해서 한 가지 간과해서는 안 될 점은 동경의 무산자극장이 지방의 프로극단의 출범에 영향을 끼친 것도 분명하지만, 그 보다 더 직접적으로 '카프 연극부'의 조직과 활동에도 영향을 끼쳤다는 사실이다. 즉 무산자극장의 영향을 받은 지방의 프로극단이라면 카프 연극부와도 일정한 연계가 있는 극단이라고 보아야 하는 것이다. 마치극장을 제외한 지방프로극단이 모두 카프 연극부가 설치된 지 6개월이 시난 이후에 창립되었다는 점도 함께 고려뇌어야 할 것이다."(박영정, 「카프 연극부의 조직 변천에 관한 연구-이동식 소형극장과의 관계를 중심으로」, 『한국연극연구 창간호』, 한국연극사학회 편, 국학자료원, 1998. p. 96)

52) 『중외일보』, 1930.9.14.(광고)

53) 『중외일보』, 1930.9.9.(광고)

54) 『중외일보』, 1930.9.20.(광고)

55) 『매일신보』, 1930.9.23.(광고)

56) 선풍아, 「조선 푸로레타리아 연극의 전조」, 『신흥』6호, 1932.12. p. 221-22.

을 극복하고 투쟁하며 대공연, 이동극장 혹은 낭독 등의 형태로 노동 대중 속에 가지고 들어갈 것과 기술적 조직자의 교환, 극장 지지회 유지권 등으로 관객조직 등의 방침을 세웠다. 조선 프롤레타리아 연극운동을 통일 규합하려고 한 것도 그 방침의 하나였다.

이는 이 단체가 카프를 각 부문 동맹들 간의 협의체로 만들고자 했던 1930년 4월 이래의 '카프 재조직' 논의와 '예술의 볼셰비키화'의 연장선상에서 출발한 극단임을 보여 주는 것이며, 이 때문에 카프 연극부와의 조직적 연계하에서 창립된 극단이 아닌가 하는 추정도 가능하게 한다. 실제로 이상춘(李相春)이나 신고송(申鼓松) 등이 이후 카프 연극부에서 활동하는 것으로 보아 적어도 가두극장과 카프 연극부는 동일한 계열에 속하는 단체로 보아야 할 것이다.57)

가두극장에 이어 개성에서 발행하던 노동자 농민용 대중잡지 『군기(群旗)』사의 극부(劇部)로 '대중극장(大衆劇場)'이라는 극단이 1930년 12월 창립되었는데,58) 이 극단은 '노동자 농민을 위한 연극단체'가 될 것을 목표로 하였다. 이러한 창립 경과로 보면 이 극단의 창립 과정에 카프 연극부가 상당한 영향력을 행사하였을 것으로 추정된다. 즉 대중극장은 비록 지방인 개성에서 창립되었지만 카프 연극부의 직계에 속하는 극단이라 할 수 있다.

이들은 제1회 공연으로 송 영 작 〈면회 일체 거절〉, 씽크레아 작 〈二層의 산아이〉, 이기영 작 〈월희〉, 민병휘 작 〈젊은이들〉·〈마리아와 아들〉59) 등을 가지고 공연을 준비하는 가운데, '조선 프롤레타리아

---

57) 박영정, 위의 글, pp. 97-98.
58) "開城에 大衆劇場 새로히 창립해 노동자 농민의 기관으로…월간잡지 『기ㅅ발』사에서는 그 창간호 편집을 맛치고 동시에 대중극장이란 극부를 창설하고 일반 연극운동자를 모집하는 중이라는데 『기ㅅ발』이란 잡지가 로동자 농민의 손으로 되는 잡지이라 하며 대중극장도 로동자 농민을 위하는 긔관이 되리라고 한다"(『조선일보』, 1931. 1.3)
59) 「개성 대중극장 1회 공연 준비」, 『동아일보』, 1931.3.8.

연극운동의 통일'을 위하여 연극잡지 『대중극장』을 발행하려고 했지
만60) 실제로 발간되었는지는 알 수 없다.

그런데 대중극장이 제1회 공연을 준비하는 과정에서 세칭 『군기』
사건'으로 카프 중앙과 대중극장(또는 카프 개성지부)의 주도 멤버인
민병휘(閔丙徽)·양창준(梁昌俊) 등의 사이에 갈등이 일어나 중지되
고 만다.

『군기』사건'은 1930년 9월 미나도좌 공연을 놓고 벌어진 박영희
와 민병휘 간의 논전에서 발단된다.61) 박영희가 미나도좌 공연을 '프
롤레타리아 연극의 첫 행진'이라고 평하자, 민병휘는 박영희의 관점이
지닌 문제점을 지적하면서 카프 중앙에 대한 공격으로 논의를 확대하
게 된다. 이동극장 형식의 연극 활동을 강조한 민병휘의 입론은 카프
중앙과는 별개로 카프 재조직을 추진하고자 했던 개성지부 양창준의
주장으로 연결되면서 '반카프 음모'의 『군기』사건'이 일어난다. 그 사
건 개요는 카프 개성지부 멤버들이 『군기』라는 잡지를 이용하여 카프
중앙에 대한 '기만적 역선전'을 통해 '전조선무산자예술단체협의회'를
결성하려고 하다가 카프 서기국에 의해 적발된 사건을 말한다.62) 사
실 민병휘가 박영희의 견해를 비판한 것은 애초 대중극장의 창립 취
지에 그대로 연결되는 것이고, 그것은 곧 카프 중앙의 소장파들(임
화, 안 막, 권 환 등)의 입장과도 내용상 동일한 것이다. 또한 이른바
재조직 논의라는 것도 그 내용만 가지고 본다면 1930년 4월 이후 카
프 중앙의 소장파들이 추구하던 조직론의 핵심(재조직론)과 대동소이

---

60) 「연극잡지 대중극장 개성서 발간」, 『동아일보』, 1931.4.30.
61) 박영희, 「1930년 소선 프로예술운동-극히 간단한 보고문서」, 『조선지광』, 1931.1.
    p. 6.
    민병휘, 「박씨의 프로극관과 포영씨의 〈깨어진 거울〉」, 『조선일보』, 1931.12.1.
    p. 1-12.
    이 논쟁의 전개 과정 및 그 연극사적 의미에 대해서는 양승국(『한국근대비평사연구』,
    태학사, 1996, pp. 87-93) 참조.
62) 「藝盟 紛糾와 캅푸聲明」, 『조선일보』, 1931.4.28.

하다.63)

그 후 대중극장은 '진정한 프로연극이론의 수립과 연극 공연'을 목
표로 하고, 1932년 7월 중순에 고려청년회관 3층에 다시 간판을 내
건다. 그리고 '카프 개성지부의 연극부 책임이었던 김종인을 진용에
넣어 각본부 김종인 김소엽, 연출부 황백강, 도구 겸 의상부 임 웅,
연기부 김영복 고 암 최천호 최영일 이낙춘 김 봉 등으로 조직을 정
비하고 제1회 공연 레퍼터리로 유진오 작 〈박첨지〉, 송 영 작 〈일체
면회거절〉·〈호신술〉·〈정의와 칸바스〉, 김남천 작 〈조정안〉, 김소엽
작 〈지하의 주점〉, 뮐러 작 〈하차〉 등을 선택하여 맹연습에 들어갔으
나 각본 2개가 사멸 당하고 공연 중지와 해산 명령을 받는다.64)

---

63) 박영정, 위의 글, pp. 98-9.
64) 김소엽, 「연극운동의 회고와 비판-대중극장을 예로 들어」, 『조선중앙일보』, 1933.8.
　　30-31.
　　대중극장의 제1회 공연을 위한 극본과 부서에 대하여 당시 동아일보에는 다음과 같
　　이 기록되어 있다.
　　"대중극장 공연 준비…개성(開城)에 잇는 푸로레타리아 극단(劇團) 대중극장(大衆劇
　　場)은 그동안 객관적 정세의 불리로 침체되어 잇섯든 바 이번에 다시 진영을 정리하
　　면서 공연단으로서의 임무를 다하려고 제一회 공연 준비에 분망 중이라 하며 선정된
　　극본과 부서는 다음과 같다
　　　金鍾仁 作 쩌나는 사람 一幕
　　　兪鎭午 作 朴僉知　　　一幕
　　　金永八 作 計音　　　　全幕
　　　閔丙徽 作 마도로스와 웨트레스 一幕
　　　金沼葉 作 漁村에 사는 사람들 全幕
　　　업튼 싱크레아 作 二層에 사나히 一幕
　　　其他
　　　部署
　　　▲ 演技部 李洛春, 禹月華, 高興天, 具鈴蘭, 崔天浩
　　　▲ 文藝部 金炳國, 玄東炎
　　　▲ 道具部 金永福
　　　▲ 裝置部 宋 民
　　　▲ 照明部 金龍銖
　　　▲ 効果部 安 一

김소엽은 이에 대하여 첫째, 여배우를 싸고도는 추악한 평판도 있었던 바 인원 모집에 신중한 고려를 두지 않은 것 둘째, 자기 비판을 비교적 등한시했다는 것 셋째, 진지한 지도자를 가지지 못했던 것에 원인이 있다고 지적한다.65) 이는 외부적 조건으로서 일제의 탄압과 내부적 조건으로 김종인(카프 개성지부)이 참여했지만 카프지도부와의 긴밀한 관련을 갖지 못하고 있었음을 알게 해준다.

이른바 '『군기』사건'이 진행되는 중에 카프 연극부의 지도 아래 서울에서 '청복극장(靑服劇場)'이 1931년 4월 창립된다.66) 카프 소속 및 그 동반자에 해당하는 임 화, 안 막, 김남천, 이규설, 이 찬, 신 영, 김태진, 김형용, 이귀례, 송계숙 등으로 이루어진 구성원으로 보아 카프 연극부에 의해 창립된 극단이 분명하다. 카프 입장에서 보면 '청복극장'에 이르러 비로소 서울에 직계극단을 갖게 되는 셈이며, 이는 카프 설립으로부터 만 1년이 걸린 셈이다.

청복극장은 〈지나!(支那!)〉(7장), 〈다리없는 마틴〉(11장), 〈아세아〉(1막), 〈파업조정안〉(1막), 〈탄갱부〉(1막), 〈하차〉(1막), 〈삼등수병 말틴〉(13장), 〈전선〉(5막), 〈반향〉(5막)의 레퍼토리로 1931년 5월 제1회 공연을 가질 예정이었지만, 뜻을 이루지 못하고 그 해 여름부터 '카프 사건'이 발생함에 따라 자연 해산되고 만다.

이처럼 카프 연극부 설립 전후의 프로극단의 동향을 보면 1930년 4월 카프 연극부 설립 이래 1931년 4월에 청복극장이라고 하는 직계극단이 만들어지고, 또 그를 전후하여 직계극단은 아니지만 일정한 조직적 연관 아래 마치극장, 가두극장, 대중극장이 창립되어 김열 및 주체 역량의 비비로 단 1회의 공연도 하지 못한 채 해산되었다는 공통점을 가지고 있다.

▲ 演出部 閔丙徽(『동아일보』, 1932.7.18)

65) 김소엽, 위의 글.

66) 「좌익극운동 청복극장 오월 중 1회 공연」, 『조선일보』, 1931.4.19.
　　「좌익 신극단 청복극장 5월 중 공연」, 『동아일보』, 1931.4.21.

대중극장과 청복극장이 개성과 서울에서 창립될 무렵, 1931년 4
월 해주의 '해주연극공장(海州演劇工場)'67)과 원산의 '조선연극공장
(朝鮮演劇工場)'68)이 창립된다. 이 두 극단은 '연극공장'이라는 명명
법으로 보아 어떠한 유사성, 특히 '신흥영화동맹'계의 '영화공장'들과
의 연계성이 추정되지만, 구체적 근거나 정황은 확인되지 않는다. 다
만 가두극장이나 대중극장, 청복극장과 달리 처음부터 카프 연극부와
무관하게 자생적으로 등장한 프로극단인 것으로 추정된다. 특히 원산
의 '조선연극공장'은 흥행극단이 프로극단으로 발전해 나간 독특한 경

---

67) "海州演劇工場 지난 三일 창립… 【해주】 지난 三일 오후 八시에 해주의 유수한 청년
예술가 수十 명 회합으로 해주연극공장(海州演劇工場)이란 푸로예술극단을 탄생케
되엇다 그리하야 동 공장이 탄생을 보게 되면서부터 금춘 내로 제 一회의 시연(試
演)까지를 보게 되리라는 바 지금까지의 침체를 보고 잇든 해주는 이의 탄생을 마지
하며 적지 안혼 긔대가 잇스리라고 한다 당일의 부서 책임자는 여좌하다
　　脚本部 安鍾彦
　　演出部 安德根
　　音樂部 申泰京, 李亮模
　　裝置部 洪乃喜, 曹和順
　　庶務部 朴斗星, 金 喆
　　財務部 咸濟廉, 李瑩鍾"(『동아일보』, 1931.4.7)
"演藝俱樂部와 演劇工場과 합동 初演은 오월 하순… 【대구】 해주의 푸로레타리아 예
술운동의 초진으로서 해주연극공장(海州演劇工場)이 새로 조직되엇다 함은 긔보된
바다 저간 동 공장은 새살림의 필요한 사업을 일우고저 각 방면의 노력이 잇서 오든
중에 다시 이미 되어 잇든 연예구락부(演藝俱樂部)와의 합동총회를 지난 十四일 밤
에 열고 한 몸이 되고 말엇다 그리하야 살림이 커진 동 공장은 다음과 가튼 임원을
내엇스며 첫 공연은 五월 하순경이 될 터이다
　　任員
　　脚本部 吳德鉉 外 一人
　▲ 演出部 安 英 外 一人
　▲ 音樂部 朴亨根 外 一人
　▲ 裝置部 朴元均 外 一人
　▲ 舞踊部 李龍默 外 一人
　▲ 廣告部 金 喆 外 一人
　▲ 財政部 李瑩鍾 外 一人"(『동아일보』, 1931.4.18)
68) 「연극공장 흥행 성황」, 『동아일보』, 1931.4.30.

로를 가지고 있는 극단이라 할 수 있다.

그 경로를 살펴보면, 조선연극공장은 원래 1930년 5월경 흥행극단인 원산관(元山舘) 직속의 'WS연예부'로 출발했다. 김창준(金昌俊)·박영호(朴英鎬) 등이 주도한 '원산관 연예부'는 1930년 11월 상연 중이던 〈과도기〉, 〈하차〉 등의 각본이 문제가 되어 당국으로부터 해산 명령을 받아[69] 일시 해산하였다가, 곧바로 '동방예술좌(東方藝術座)'라는 이름으로 재출발하여 원산과 함흥을 중심으로 공연 활동을 전개하였다.[70] 이 동방예술좌가 1931년 4월경 극단 명칭을 '조선연극공

---

69) 「脚本이 不穩타고 俳優 十餘 名 取調」, 『조선일보』, 1930.11.19.
70) "元山 동방예술 元山舘에서 공연… 【元山】 원산부 북촌동(元山府 北村洞)에 잇는 원산관(元山舘) 즉속 동방예술좌(東方藝術座)에서는 조직 이후 공연 준비에 분망 중이더니 제반 모든 준비가 착착 진행되여 오는 십칠일부터 원산관에서 제일회 공연으로 지옥(地獄) 등 명작을 상연하리라는데 차제로 상연할 작품은 다음과 갓다고 한다
　　　白　秋 作『地獄』三幕
　　　白　秋 作『上海街의 밤』二幕
　　　白　秋 作『太陽街』一幕
　　　白　秋 作『해 드는 處女地』二幕
　　　金十月 作『半月城』二幕
　　　金十月 作『새 乞人』三幕
　　　脚本部 作『元山行進曲』一幕
　　　脚本部 作『放浪者의 手記』三幕
　　　脚本部 作『群步』一幕"(『조선일보』, 1931.1.17)
　　"동방예술좌 제1회 공연… 【원산】 원산관 WS演藝部가 당국으로부터 해산 명령을 바든 후 그 후신으로 새로이 동방예술좌(東方藝術座)를 조직한 이래 제일회 공연 준비에 분망 중이다가 사정에 의하야 금일까지 상연을 하지 못하든 바 요지음에야 모든 준비가 다 되어 명 十七일부터 원산관에서 다음과 가튼 연제로 상연을 하게 되엇다고 한다
　　　地獄　　　　三場　朴白秋 作
　　　上海街의 밤　二場　朴白秋 作
　　　太陽街　　　二場　朴白秋 作
　　　해 쓰는 處女地　　朴白秋 作
　　　半日城　　　二場　金十月 作
　　　새 乞人　　　三場　金十月 作

장'으로 바꾸게 된 것이었다.71) 이 명칭의 변경과 함께 종래의 '에로'
경향을 청산하고 새로운 진용과 무대 형식을 가진 극단으로 혁신하여
활동하던 중, 10월의 함흥 공연 시 〈아리랑 승인편〉과 〈아리랑 반대
편〉이 문제되어 극단원이 검속되고 함흥에서의 공연 활동이 일체 금
지를 당하면서72) 그 활동이 중단되었다. 조선연극공장이 이처럼 몇

元山行進曲	脚本部 作
放浪者의 手記	脚本部 作
群步	脚本部 作'(『동아일보』, 1931.1.18)

71) "演劇工場 興行 盛況… 【회녕】 신흥민중극예술(新興民衆劇藝術)을 표방하고 원산(元
山)에서 조직된 연극공장(演劇工場)은 지난 二十일부터 회녕 만년좌에서 조선, 동아
량 지국의 후원하에 공연하야 비교적 새로운 경향의 각본을 새로운 수법으로 상연하
야 일반 팬에게 충동을 주엇다 동 극단은 동방예술(東方藝術)의 명칭으로 얼마간 흥
행하다가 금번 연극공장으로 조직을 혁신하고 북선 순회의 길을 떠낫다고 하며 간부
는 다음과 같다 한다

　主 幹 金昌俊
　演出部 趙漢良
　文藝部 朴英鎬(『동아일보』, 1931.4.30)

72) "朝劇 배우 三人 피검 함흥극장에서… 【咸興】 조선연극공장(朝鮮演劇工場)에서는
수일 전부터 함흥 동명극장에서 흥중으로 지난 삼일도 여전히 아리랑 승인편 반
대편을 상연하엿든 바 임석 경관으로부터 수차의 주의를 밧엇고 김용환 김북만 김창
호(金龍煥 金北滿 金昌浩) 세 사람은 검속까지 당하엿다 한다"(『조선일보』, 1931.
10.6.)

"조선연극공장 咸興署 退去令 관할 내 불허가… 【咸興】 조선연극공장(朝鮮演劇工
場)에서는 지난 일일부터 함흥 동명극장에서 아리랑 승인편과 반대편을 상연하다가
세 사람의 검속자를 내엿든 바 두 사람은 무사히 석방되엿고 김룡환(金龍煥) 한 사
람만 십오 일간 구류 처분까지 밧게 되엿스며 쏘 함흥 경찰서(咸興 警察署) 관할 내
에는 절대로 허가할 수 업다 함으로 현재 사십여 명의 단원들은 크게 곤난 중에 잇다
는 바 그 극단의 내력을 알어보면 재작년 오월 경에 원산에 잇는 원산관(元山舘) 중
심으로 원산관 연예부(元山舘 演藝部)라는 일홈 아래에 간부는 김창준, 박영호, 김
룡환, 김북만, 김삼수(金昌俊, 朴英鎬, 金龍煥, 金北滿, 金三水) 외 몃 사람으로 조
직하여 가지고 원산에서 흥행하든 중 과도기(過渡期)라는 연극을 상영하다가 검속자
까지 내는 일방 원산 경찰로부터 해산 명령까지 밧게 되엿슴으로 할 수 업시 수천여
원의 손해를 보면서 해산하고 말엇다 하며 그 후 몃 간부들은 다시 새 방침을 새운
뒤에 조선연극공장이라는 금번 단체를 새로 조직하여 가지고 북선을 수차 순회하는
중 어느 곳을 가던지 대환영을 밧어 왓다는데 금번 함흥에 와서 그와 가티 된 것이

차례의 검속과 해산 명령에도 불구하고 원산관 연예부 시절부터 계산하면 약 1년 반 동안 원산과 함흥을 중심으로 매우 활발한 공연 활동이 가능했던 것은 프로극단을 표방하지는 않으면서 실제 공연에서는 경향적 각본을 상연하는 방식을 취했기 때문일 것이다. 따라서 이 극단의 성격은 엄밀한 의미에서 프로극단이라기보다는 '동반자'적 성향을 가진 극단이라고 할 수 있을 것이다.73)

또한 전술한 바 있는 해주연극공장은 1931년 4월 3일 창립 후 동년 4월 13일 '연예구락부'와 합동하여 진영을 재정비한 후 금자양문(金子洋文) 작 〈빨래집과 시인〉(1막), 뮐러 작 〈하차〉(1막), 메르텐 작 〈탄갱부〉(1막), 안 영 작 〈사랑의 계급성〉(1막), 강마수(江馬修) 작 〈아편전쟁〉(3막), 등삼성길(藤森成吉) 작 〈무엇이 그 여자를 그리 하였나?〉(4막 9장) 등의 각본을 선택하여 첫 공연을 준비하는 한편,74) 동년 8월에는 해주 청년동맹과 공동주최로 문예대강연회를 개최코자 하였으나 경찰에 의해 금지를 당하기도 하였다.75) 그러나 그 후 구체적인 활동 기록은 보이지 않는다.

한편 1931년 7월 '이동식 소형극장(移動式小型劇場)'이 창립을 하게 된다.76)

라는데 일반은 현재 그 단체원들의 곤란을 크게 동정하는 동시에 무한히 애석하게 생각한다더라"(『조선일보』, 1931.10.13.)

73) 박영정, 위의 글, pp. 100-101.

74) 「해주연극공장 공연을 준비」, 『동아일보』, 1931.4.28.

75) "해주 문예강연회 경찰이 돌연 금지 연사가 불온하다는 리유로… 【海州】해주청년동맹(海州靑年同盟)과 해주연극공장(海州演劇工場) 공동주최로 경성 대중예술사(大衆藝術社)에 잇는 민병휘(閔丙徽) 조 열(趙 悅) 량씨를 초빙하야 개최하랴든 문예대강연회(文藝大講演會)는 개최일을 하로 압두고 지난 삼십일에 준비위원 안 영(安 英)씨를 해주 경찰서에서 호출하야 돌연 금지를 명하엿다 금지의 리유는 연사들이 불온하다는 것이라 하며 량씨의 연제는 다음과 갓다
　　勞働者와 藝術　　閔丙徽
　　社會科學과 宗敎　趙 悅"(『조선일보』, 1931.8.5.)

76) "小型— 移動劇場 창립 공장 농촌 순회공연 방금 공연을 준비 중…금번 새로히 소형

이동식 소형극장은 각본부, 연출부, 장치부, 도구부, 효과부, 음악
부, 연기부 외에 선전부와 출판부까지 두어 기관지 『전선』을 발행하
는 등 이동극장으로서의 역할을 다하려고 했다. 또한 각본부에는 이
효석, 유진오가 활동함으로써 창작극을 양성하고 그 위주로 공연 활
동을 한다.

　　이동식 소형극장 창립 금월 하순경 제1회 공연…조선에 잇서서 연극운동
이 장족의 진보를 보이나 전 푸로로레타리아트를 위한 참된 연극을 일반
대중에게 보여 주지 못하엿슴을 유감으로 생각하는 새로운 연극인 제씨가
결합하야 이동식 소형극장(小型劇場)을 조직하엿다는데 그 조직 형태는 극
히 소규모이며 서울에서 금월 하순경 모 극장에서 공연한 후 지방으로 내려
가서 주로 공장, 농촌에 잇는 로동자 농민(勞働者 農民)을 상대하야 이동식
으로 공연을 할 예정이라 한다 특이한 점은 이 극장원이 각 부문(部門) —
학교(學校) 조합(組合) 등에 들어가서 씨-클을 조직하야 비상한 활동을 할
것이라 하며 각본(脚本)에 잇서서도 번역극(飜譯劇)보다 특수한 립장에 잇
는 조선의 무산 대중에게 정당한 — 계급적 이데오로기를 줄 창작(創作)을
만히 선택하얏다 하며 일부로는 긔관지(機關誌 『全線』)까지 근일 발행하야
전선적으로 지지원(支持員)과의 레포와가 잇스리라 한다 그리고 공연 시에
는 특히 로동자권(勞働者券)을 발행하는 편의가 잇다 하니 일반에 긔대는
자못 크리라고 한다(회관은 시내 청진동 189)

　　◇ 「레파트리」(상연목록) = 전부 1막 =
　　전선(촌극)(C,C,Y안), 순아 네 죄가 아니다(小堀甚二 작), 이층의 사나
희(신크레어 작) = 이하 창작 = 호신술(송 영 작), 작년(석일랑 작), 지
하층 소동(김유영 작), 부음(김영팔 작), 박첨지(유진오 작) 다난기의 기록
(이효석 작)
　　◇ 부서 ◇
　　고문 강천희, 연출부 김유영 하북향, 장치부 추적양 김미산력, 도구부 장

철병 박창혁, 효과부 김용태, 선전부 김 혁, 출판부 최정희, 음악부 김영찬, 연기부 석일랑 이 훈 윤봉춘 황재석 한상묵 박일해 장월창 임영식 장복만 허세충 백여천정란혁 김연실 김선초 김선영 최도사 김혜숙 김마리아 강해란 (이하 약)77)

이상과 같이 이동식 소형극장은 진용도 탄탄했을 뿐만 아니라 의욕 또한 타 극단에 뒤지지 않았다. 특히 문단상에서는 동반자작가군에 속하는 소장 지식인이 중추를 이루었던 이 극단은 카프를 절대적으로 지지하는 가운데 프롤레타리아 연극운동 확대를 꾀한 것이 특징이었다.78)

1932년 2월에는 함흥의 '동북극장' 멤버인 김승일, 김형용이 새로 가입하여 전위적 형태로서의 활동을 개시하고 2월 초순경 서북조선 이동 공연을 하였다.79) 레퍼토리는 일본의 초기 프롤레타리아 연극이 외국의 각본을 많이 사용했던 것을 비판하고 조선 무산계급의 특수한 상황에 적당한 창작극을 위주로 하고 기술과 경제관계로 전 1막물을 선택하였다.80)

이동식 소형극장은 1932년 5월까지 개성, 원산, 함흥, 홍원, 서울 등 기타 도시에서 이동 공연을 하였다. 순회공연을 통해서 책에서 읽던 대중과 실제의 대중은 판이하게 다름을 알 수 있었다는 추적양의 말처럼 이동극장의 실천은 순회공연을 통해서 노동 대중과의 괴리를 극복할 수 있는 올바른 형태였음을 알 수 있다.

그 밖의 이동극단으로는 함흥의 '동북극장'(1932.2),81) 같은 시기에

---

77) 『동아일보』, 1931.11.14.
78) 유민영, 위의 책, p. 765.
79) 추적양, 「이동식 소형극장운동 — 지방순회 공연을 마치고」, 『조선일보』, 1932.5.6.
80) 김유영, 「이동식 소형극장 공연을 앞두고」, 『시대공론』 1호, 1932.1.
81) "咸興에 移動劇團『東北劇場』 創立…이동극단 동북극장(東北劇場)은 함흥에 잇는 게 급적 무대인과 영화인으로 조직되였다고 하는데 동 극단은 근로 대중의 리익을 위한 애지 프로극을 공연하리라 하며 금번 북조선을 중심으로 전 조선 각 지방의 순회공

건설된 서울의 근대극장(1932.6),82) 마산의 '극예사' (1932.7),83)

연을 마치고 중앙에 와서 공연을 하리라 한다 동 극장의 사무소는 함흥부 하서리(荷西里) 二七九번지"(『동아일보』, 1932.2.18)

82) "移動劇場 近代劇場 創立…몃々 극인 동지들의 힘으로 이동극단(移動劇團) 근대극장(近代劇場)을 조직하고 사무실을 시내 다옥정 사십팔번지(市內 茶屋町 四十八番地)에 두고 남녀 사십여 명이 제일회 공연(第一回 公演) 준비에 분망 중인바 중앙 공연을 끗마치고는 니어서 지방 순회를 할 예정이다 장의 새로운 성장(成長)과 진전(進展)을 위하여 지방 인사에 렬々한 긔대(期待)가 엇기를 바란다고 한다 일회 공연 연제와 부서는 아래와 가트며 금번 공연을 긔회로 남녀 배우를 모집함으로 지원자는 전긔 사무소로 래문하여 주기를 바란다

◇ 上演 藝題
　處女地
　그 女子의 마음
　魔窟의 都會
　沙漠에서
　人造人間 外 數種

◇ 部序
　主幹 千辛逸
　○ 庶務部 李甲龍 李炳銀
　○ 宣傳部 千辛逸 李一葉
　○ 文藝部 孫世榮 朴逸
　○ 演出部 姜白年 李 亮
　○ 裝置部 林 泉 任 椿 崔得泉
　○ 演技部 柳少艇, 金敬實, 李彩貞, 金英子, 金恩卿, 李 亮, 李一葉, 金京一, 金洛善, 姜百年 外 略"(『매일신보』, 1932.6.8)

83) "馬山 劇藝社 創設… 【마산】 오래 전부터 극예술에 만흔 연구를 하며 동지를 구해오든 리훈산(李薰山) 군 외 수인은 이번 조선 영화게에 다년간 연구와 실천을 거듭해 오든 김영찬(金英贊) 군의 래마를 긔회로 二十二일 오후 八시 시외 봉선각(鳳仙閣)에서 동지 十여 명이 모여 마산 극예사를 조직하얏는데 지금 남녀 회원을 모집하는 중이며 불원간 당지에서 제一회 공연을 하게 된다는바 부서는 다음과 갓다 한다

▲ 責任者 李薰山
▲ 演出部 千全幕
▲ 舞臺 尹鍾煥
▲ 音樂部 朴聖玉
▲ 進行部 金舞山"(『동아일보』, 1932.7.2)

평양의 '명일극장'(1932.12)84) 등이 있다.

이동식 소형극장은 1932년 6월 김유영을 탈퇴시키고 진용을 보강하여 '메가폰'으로 새롭게 창립된다.85) 메가폰은 서기국에 김형용·추적양, 각본부에 송 영·유진오·김형용, 연출부 산하에 신 찬·추적양, 장치부에 추적양·이상춘, 연기부에 나 철, 무대감독 김승일 등 프로연극운동의 중추적 역할을 한 인물들로 구성되었다.86) 극단 메가폰은 1932년 6월 8일, 9일 양일간 신고송 작 〈메가폰〉(슈프레히콜), 유진오 작 〈박첨지〉, 송 영 작 〈호신술〉, 김형용 작 〈지옥〉, 문예부 안 〈째여진 장한몽〉등의 레퍼토리로 조선극장에서 제1회 공연을 가졌다.87) 원래 10일까지 공연하기로 예정했으나 10일 밤 공연은 중지하고 지방순회 공연으로 방향을 돌리게 된다.88) 비록 이틀간의 공연이었지만, 프롤레타리아 극단으로서는 처음으로 서울에서 '중앙공연'을 했다는 점에서 그 의의를 찾을 수 있다. 메가폰은 이후 인천

---

84) "내용 불온타고 明日劇場 해산 海州 경찰에서…캅푸 평양지부원(平壤支部員)인 변기호(邊基浩) 리관엽(李寬葉) 량 씨의 주선으로 극단『명일극장』(明日劇場)을 조직하야 가지고 평양에 잇는 각 고무공장 기타 광산 등지로 순회하다가 금번은 특히 황해도 봉산탄광(鳳山炭鑛)에서 상연하고 신천(信川)을 경유하야 지난 九일에 해주극장(海州劇場)에서 연출하든 중 해주서(海州署)에서는 내용이 불온하다고 상연 중에 여러 가지 간섭함으로 관객과 기타 일반 시민이 해주 경찰서의 처사를 비난하든 중 해주서에서는 지난 十일 명일극단을 해산시키는 동시에 그 극단의 간부 변기호 리관엽 외 四명을 검거하엿다 한다"(『중앙일보』, 1932.12.14)

85) 박태양, 「김광섭의 극단 제언을 박함」, 『조선일보』, 1933.5.25.

86) 「근로 대중의 이익을 위해 극단「메가폰」새로 결성」, 『동아일보』, 1932.5.28.

87) 「극단 메가폰 단원 본사 내방 8일부터 朝劇서 공연」, 『동아일보』, 1932.6.8.
「메가폰 극단 제1회 공연」, 『매일신보』, 1932.6.9.
『동아일보』·『매일신보』, 1931.6.9.(광고)

88) "극계에 신기축을 내고 극단 메가폰 지방순회 십일 朝劇 공연을 중지하고 ◇ 명야 평양 향해 출발…새로운 진용을 가지고 조직된 극단『메가폰』은 지난 八일부터 시내 조선극장에서 제一회 공연을 열게되어 새 내용과 연기로써 서울서 대호평을 바더 연일 대성황을 일우든 중 특별한 사정이 생겨 마즈막 밤인 十일 밤 공연만은 중지하고 곳 지방순회 공연을 시작하게 되어 오늘 밤 평양으로 써나기로 되엇다 한다"(『동아일보』, 1932.6.11)

공연89)후 내부의 경제적 사정으로 인해 해산의 운명을 맞는다.

1932년 8월에는 '메가폰'이 '신건설'로 개편되어 연출부 신고송, 문예부 송 영·권 환, 미술부 이상춘·강 호, 연기부 이정자·이귀례·함경숙·박태양·신 영·한 호·안 민 등으로 구성된다.90) 앞서 보았듯이 1932년 봄 동경에서 귀국하자마자 『연극운동』의 발간을 통해 프로연극 진영을 통일하고자 했던 신고송의 활동은 극단 이동식 소형극장 및 메가폰과의 결합을 통해 그 징검다리를 만들고, 마침내 1932년 8월 극단 신건설의 창립을 통해 서울에서의 프로연극 진영의 통합을 성취하게 된다. 극단 신건설이야말로 카프 연극부를 중심으로 하는 프로연극운동의 비약적 발전을 가능하게 하는 발판이었던 것이다.

극단 신건설은 연극운동의 확대 강화와 공연의 쟁취 그리고 연극인들의 사상, 예술적 훈련과 새로운 연구생들을 양성한다는 목표 아래 활발한 활동을 한다. 공장과 학교들에 연극써클을 조직 지도하고 연구생을 모집하여 연극의 기초 이론을 습득시켜 배우, 연출가로 양성하였다. 또한 기관지 『극장』을 1933년부터 발행하여 극단원, 연구생, 써클원들에게 배포하면서 프로연극운동을 확대·강화시켰다.91)

그런데 극단 신건설이 채 활동을 시작하기도 전에 그 주도 멤버이던 신고송이 『우리동무』사건'으로 구속되는 사태가 발생한다. 이로 인해 극단 신건설의 활동도 일시 좌절을 겪지 않을 수 없게 된다. 신고송의 구속 사유는 출판 관계로 인한 것이었지만, 조사가 진행되는 동안에는 극단 신건설의 활동도 자유로울 수가 없었던 것이다. 신고송의 구속 이후 김태진·김승일·이상춘·강 호 등이 중심이 되어 조직을 정비하고 창립공연 준비에 들어간 것은 창립 후 6개월이 지난

---

89) "극단 『메가폰』 3일부터 인천 공연…극단 『메가폰』은 금번 진용을 더욱 충실히 하는 동시에 제二회 공연 준비에 분망 중이라드니 경성 공연하기 전에 우선 인천 애관(仁川 愛舘)에서 七월 三일부터 공연하기로 되엇다 한다"(『동아일보』, 1932.7.2)
90) 「프로레극단 신건설 결성」, 『동아일보』, 1932.8.7.
91) 한 효, 위의 책, pp. 298-99.

1933년 1월의 일이었다.

그러나 극단 신건설은 1933년 2월 세칭 '『연극운동』사건'이 발생해 이상춘·강 호·김태진 등 주요 멤버가 구속됨으로써 또다시 일시 정체를 겪게 된다. 즉 이 사건으로 이상춘·강 호·김태진·나 웅·추적양 등 카프 연극부와 영화부의 주요 멤버가 구속되었다가, 3월의 기소과정에서 나 웅과 추적양은 불기소로 풀려나고, 이상춘·강 호·김태진 3인만 기소되었으며, 다시 8월의 예심 재판에서 신고송·이찬의 '『우리동무』사건'과 병합 심리되어 함께 재판을 받는데, 이상춘 1인만 면소되고 나머지 4인은 8월(이 찬, 강 호, 김태진)에서 10월(신고송)의 금고형을 받게 된다. 그리하여 신고송·강 호·김태진이 감옥에 들어가 있는 동안 1933년 후반에서 1934년 전반에 이르는 극단 신건설의 활동에서는 이상춘과 나 웅 등이 중심축을 형성하게 되며, 극단 신건설은 1933년 11월 창립된 지 1년 3개월만에 비로소 창립공연을 성취하게 된다.

공연 작품은 레마르크의 〈서부 전선 이상 없다〉(5막 16장)를 각색하여 나 웅 연출, 이상춘 장치, 장철기·유일준·이귀례·임 화 등이 출연하여, 1933년 11월 23일, 24일 본정 연예관에서 제1회 공연을 한다.[92] 이 공연에 대하여 이헌구는 5막 16장이라는 거대한 작품의 상연은 과감하고 정력적인 노력의 결실이지만 조명, 효과, 연기에 있

---

92) "극단 『신건설』 공연일 결정 23, 4 양일…지난 十一月 十日 培材강당에서 제1회 공연을 개최하려 대분망 중에 잇든 극단 『신건설』은 부득이한 사정으로 인하야 無期로 연기하얏든 바 그 후 단원들의 노력으로 ㅣ一月 廿三, 四 양일 오후 7시부터 本町 三丁目 演藝舘(舊 京城劇場)에서 공개하리라하는데 레파토리 『서부 전선 이상 업다』가 戰爭劇인 만큼 폭발물 까스 등의 장치만 하야도 대규모의 비용에 달하야 출연 인원만 50여 명 이상이라고 한다
   연출 나 웅
   장치 이상춘
   출연 유일준 장철기 김룡칠 김태봉 이갑기 임 화 백 철 김승일 홍 구 이귀례 최영숙 서정자(기타 다수)"(『조선중앙일보』, 1933.11.23)

어 너무 과장되고 분장과 의상도 주의가 부족하다는 점을 들어서 극
으로서 실패했다는 평을 하고 있다.93)

그 후 극단 신건설은 제2회 공연으로 송 영 작 〈산상민〉(2막), 한
설야 작 〈그 전날 밤〉(1막 3장), 이기영 작 〈인신교주〉(2막 2장)를
준비94)하나 사정으로 인하여 공연하지 못한다. 이어 레퍼토리를 바
꾸고 개막을 연기하여 〈서부 전선 이상 없다〉 외에 위트 포켈 작 〈누
가 제일 바보냐〉, 송 영 작 〈신임 이사장〉 등의 각본으로 1934년 4
월 26일부터 2일간 인천 공연을 준비95)하였으나 메데- 관계로 이
또한 중지 당한다.96) 결국 극단 신건설은 5월 1일부터 2일간 〈서부
전선 이상 없다〉, 〈누가 제일 바보냐〉, 〈신임 이사장〉등의 레퍼토리
로 시내 밖의 왕십리의 '광무극장(光武劇場)'에서 제2회 공연의 막을
올리게 된다.97)

---

93) 이헌구, 「신건설 제1회 공연 "서부 전선 이상 업다"를 보고」, 『조선중앙일보』, 1933.
11.26~27.
94) "극단 신건설 제2회 공연 준비 중…지난 十一月 下旬에 『西部戰線 異狀업다』를 上演
하야 숨죽은 劇壇에 커다란 波動을 던저 준 劇團『新建設』은 벌서부터 場員 一同이
第二回 公演 準備에 奔忙 中이라는데 이번에는 全部 創作劇을 上演한다고 한다 이
『러파토리』야말로 우리의 呼吸과 우리의 進實的 生生한 感情의 再現이라 하며 따러
演出 裝置 等에 잇서서도 從來 演劇과 判異한 만흔 期待를 가질 것이라 한다
(레파토리)
宋 影 作 山上民 二幕
韓雪野 作 그 前날 밤 一幕 三場
李箕永 作 人神教主 二幕 三場"(『조선중앙일보』, 1934.2.4)
95) 「신건설 인천서 공연 본 월 26, 7일」, 『조선중앙일보』, 1934.4.13.
96) "街頭의 聽覺…▲ 신건설의 인천 공연은 메데— 관계로 五月 一日 이후로 연기"(『조
선중앙일보』, 1934.4.29)
97) "극단 신건설 공연…극단 신건설(新建設)은 작년 十月 말경에 경성에서 제一회 중앙
공연으로 서부 전선 이상 업다(西部戰線 異狀업다)를 상연한 후 꾸준한 노력과 건실
한 발전을 일우워 四월 二十七 八일에 인천(仁川)에서 지방 공연을 하려고 만반 준
비를 하얏스나 부득이한 사정으로 중지를 하고 돌연 一 二 량일간 매일 오후 七시
三十분부터 시외 상왕십리(市外 上枉十里)에 잇는 광무극장(光武劇場)에서 공연을
하게 되엿다는데 과반 제一회 중앙 공연의 인긔로 봐서 금번 공연도 반도의 인긔를

이후 극단 신건설은 송 영 작 〈산상민〉(2막)98)으로 3회 공연을 계획하였으나 검열 불통과로 중지 당하고,99) 동년 5월에는 동 극단을 확장하는 동시에 동호자를 모집하기도 한다.100) 그러나 동년 여름부터 단원들에 대한 검거101)가 시작되어 공연 활동은 불가능해지고 만다. 이 '신건설사 사건' 이후 카프는 1935년 5월 21일 동대문 경찰서에 제출한 해산계가 수리됨으로써 공식적으로 해산되며, 극단 신건설도 카프와 같은 경위를 거쳐 1935년 6월 4일에 동대문署에서 해산수속이 완료된다. 이리하여 국내에서의 프롤레타리아 연극운동은 드디어 그 5년여의 활동을 마감하게 된다.

이상에서 보았듯이 1930년대의 프로연극은 1930년 4월 카프 연극부가 설립되는 것을 전후하여 서울과 지방에서 여러 프로극단들이 창립되면서 그 활동이 전개되었다. 대부분의 프로극단이 동경의 무산자극장과 카프 연극부의 영향 또는 지도 아래 조직되었다. 카프 연극부의 직계에 속하는 극단으로 청복극장이 있고, 그 방계극단으로 가두극장과 대중극장, 마치극장 등이 있음을 보았다.

집중하리라 하며 그 레퍼토리(上演目錄)는 다음과 갓다 한다
◉ 第一日
윗트 포—겔 原作 『누가 第一 바보냐?』 — 三幕 四場
宋 影 原作 『新任 理事長』— 一幕
◉ 第二日
레마르크 原作 『西部戰線 異狀업다』 — 五幕 七場(『조선중앙일보』, 1934.5.2)
98) 〈산상민〉은 송 영이 1930년에 창작한 것으로 산 위에 빽빽히 오막을 짓고 사는 도시 근로자들의 비참한 생활과 그들의 계급적 각성, 그리고 혁명적 낙관주익를 묘시힌 작품이다.(한 효, 위의 책, p. 311)
99) 한 효, 위의 책, p. 312.
100) "확장하는 극단 신건설 동호자도 모집…『서부 전선 이상 업다』의 공연으로 출발한 극단 신건설은 이번에 확장하는 한편 연극에 진실한 관심을 가진 동호자를 널리 모집한다 한다 사무소는 京城府 蓮建洞 三二四의 一이요 모집 기한은 금월 말일까지라고"(『조선중앙일보』, 1934.5.20)
101) 나 웅, 이상춘, 장철기, 장병창 등 8명이 전남 경찰부로 압송해 가는 것을 시작으로 이른바 '신건설사 사건'이 시작된다.(『매일신보』, 1935.1.26)

1930년 4월 프로연극의 통일적 지도를 염두에 두고 출범했던 카프 연극부의 목표는 1932년 극단 메가폰을 분기점으로 하여 '연극동맹'의 형태로 발전해 갈 수 있었다고 할 수 있겠다. 따라서 당시의 프롤레타리아 연극운동이 '연극동맹'을 목표로 하는 전국적 통일 과정이라는 일정한 흐름을 지니고 전개되었음을 알 수 있었다.

결국 예술운동의 볼셰비키화에 따라 예술단체로의 성격을 명확히 한 카프의 재조직운동은 그 자체가 지닌 현장성, 대중성으로 인해 다른 부문보다도 활발한 움직임을 보인다. 그러나 공연을 본위로 하는 극단의 목적은 내외적 원인으로 인해 쉽게 이루어질 수 없었다.

극단들의 제조직에도 불구하고 조직과 동시에 아무런 활동 없이 해산되거나 1·2회의 공연에 그친 것은 각본의 검열과 경영난 등의 객관적 조건에만 그 이유가 있는 것이 아니라 자체 조직의 운영 불활발, 활동 방침의 근본적 오류 등의 조건적 역량 문제에서도 그 원인을 찾을 수 있다.

카프의 해산은 1935년 5월 21일 김남천, 임 화, 김기진의 협의하에 해산계를 제출하여 이루어졌다. 그러나 카프가 해산되는 형식적인 측면은 이렇지만 본질적인 요인으로는 첫째, 외부적인 요인으로는 일제의 탄압을 들 수 있다. 일제의 1, 2차에 걸친 대탄압은 전향자를 속출하게 만드는 결과를 초래했고 둘째, 내부적 요인으로 작용한 노장파와 소장파의 대립은 자신들의 모순점을 현실과의 관계에서 극복하지 못한 결과였다.

극단 신건설 사건은 일본 제국주의가 수년 동안 진행해 온 프롤레타리아 예술에 대한 말살정책이 구체화 된 것으로 볼 수 있다. 일본 경찰이 굳이 극단을 탄압의 대상으로 삼은 것은 아무래도 연극이 대중을 상대로 하는 예술행위인데다가 대중을 움직일 수 있는 선동성을 지니는 예술장르이기 때문이다.

따라서 신건설 사건 이후 철퇴에 혼쭐이 난 카프맹원들은 먹고 살

기 위해서 전향하거나 아니면 흥행극단들에 위장취업(?)의 길을 걷게
되었으며,102) 프로연극운동도 자연히 일제의 탄압을 피해 그 자취를
감추게 되고 해방기 프로연극운동에 이르기까지 위장, 변신, 잠복의
상태에 들게 된다.103)

---

102) 유민영, 위의 책, p. 793.
103) 프롤레타리아 연극인들은 이처럼 전향과 위장의 행로 속에서도 뭔가 색깔 있는 연
    극행위를 하려고 노력한 것이 그 후의 극단 활동에서 그런대로 나타나고 있다. 가
    령 1936년 8월 서울에서 창립된 '조선연극협회'라든가, 1938년 벽두에 창단된 '낭
    만좌'같은 극단이 그런 배경에서 조직된 단체라고 할 수 있다.
    그러나 '조선연극협회'는 두 번의 공연을 통하여 상업성 강한 전문극을 추구한 것일
    뿐 그 이상도 이하도 아니었다. '낭만좌' 또한 극단 명칭이 암시하는 대로 순수와 열
    정, 패기는 넘쳤으나 문학 청년들의 집단의 수준을 넘지는 못했으며, 그 결과 3년
    가까이 명맥을 유지하면서도 겨우 중앙 공연 다섯 차례와 지방 순업 한 번으로 겨
    우 7편의 작품을 무대에 올리는 것으로 그치고 만다.(유민영, 위의 책, pp. 793-
    804 참조)

Ⅳ. 재일 한국인 프롤레타리아 연극운동

일본 신극사에서 보면 프롤레타리아극은 매우 일찍 싹텄음을 알 수 있다. 1919년 5월 관서(關西) 일본노동극단이 신후(新戶)극장에서 노동쟁의 자금을 얻기 위해 행한 제1회 공연을 계기로 프롤레타리아 연극운동이 싹트기 시작하였으며, 본격적인 프롤레타리아 연극의 시작은 1926년 12월에 축지소극장에서 제1회 공연을 펼친 전위좌(前衛座)였다. 일본 역시 우여곡절을 겪고 축지소극장의 창설자 소산내훈(小山內薰)의 사망(1928년)과 함께 분열되어 토방여지(土方與志)가 이끄는 신축지소극장이 생기면서 1932년까지의 약 3년간 전성기를 누리다가 이른바 만주사변(31년 9월)을 배경으로 한 사상 탄압으로 1933년에 프롤레타리아 연극은 일단 종지부를 찍게 된다. 그 후 촌산지의(村山知義)가 1934년에 결성한 신협극단과 좌익극단 후신인 신축지극단 등에 의해 명맥을 유지하다가 1940년이들마저 강제해산을 당한다.[1]

이렇게 볼 때 일본 연극사에서 프롤레타리아 연극이 가장 성하였던 시기는 1928년 후반부터 1930년대 초반까지 약 3년간이었으며, 1940년을 기점으로 종지부를 찍고 있음을 알 수 있다.

일제 강점기 일본에서 거주하던 한국인들에 의한 프롤레타리아 연

---

1) 毛利三彌·西一祥, 『연극사와 연극 이론』, 일본방송출판협회, 1989, pp. 174-76 참조.

극운동도 일본의 프롤레타리아 연극운동과 궤를 같이하고 있는 것이 특징이다. 즉 재일 한국인 연극운동2)은 카프 동경지부의 결성을 계기로 조직적으로 전개되며, 구체적으로는 카프 동경지부 연극부(19 27), 무산자극장(1929), 3·1극장(1932), 고려극단(1934), 조선예술좌(1935), 동경학생예술좌(1934), 형상좌(1939)로 이어지다가 1940년 12월 동경학생예술좌가 정식으로 해산함으로써 완전히 자취를 감추게 되는 것이다.

일제 강점기 재일 한국인의 프롤레타리아 연극운동이 우리의 연극사에 있어서 고찰되어야 하는 것은 단지 활동력의 차이로서만이 아니라, 무엇보다 일본에서의 한국인 프로연극운동이 국내 프로연극운동의 성립과 발전에 직·간접의 영향을 주었기 때문이다. 이는 국내의 프로연극운동이 일제의 탄압과 조직의 분열 등으로 인해 단기적 일회적 활동에 그치거나 명목뿐인 극단의 존재도 많았던 것에 비해, 일본에서의 한국인 프롤레타리아 연극운동은 국내보다 활동이 자유로웠기 때문에 상대적인 안정 속에서 조직성과 지속성을 유지할 수 있었던 것이다. 따라서 우리 연극사의 프롤레타리아 연극운동의 연구에서 재일 한국인의 연극운동에 대한 고찰은 단순한 참고사항이 아닌 선결 과제인 것이다.

또 하나 주목해야 할 것은 1930년대 중반 이후 동경에서 활동하던 연극인들 중 상당수가 귀국하여 국내에서 활동을 시작함으로써, 19

---

2) 일제 강점기 재외(在外) 프롤레타리아 연극운동은 일본과 그리고 러시아와 근동이었다. 그런데 이 두 곳은 연극운동의 측면에서 보면 공통점과 상이점이 있는데, 공통점이라 한다면 우리 동포가 많이 살고 있어서 문화운동이 일어날 수 있는 배경을 갖추고 있다는 점이고, 상이점이라고 한다면 러시아가 순전히 기성인들에 의해 연극운동이 가능했던 데 비해서 일본은 학생들이 주동이 되었던 점이라 하겠다. 그러나 일제 강점기에 러시아 지역의 거주 한국인의 연극적인 활동이 국내에 미친 영향은 거의 보이지 않으므로, 본 연구에서는 일본에서의 한국인 연극운동을 고찰하고자 한다.(러시아에서의 한국인 연극운동에 대하여는 유민영, 『한국근대연극사』, 단대출판부, 1997, pp. 786-93, 이정희, 「재소 한인 희곡연구」, 석사 학위 논문, 단국대학교, 1992를 참조)

30년대 말부터 해방 직후까지 이루어진 연극의 실제적인 부문(연출·연기·무대장치 등)의 발전이 가능하게 된다. 이는 일본에서의 연극 경험을 지닌 연극인들의 귀국 후 국내 활동과 관련되어 있다. 이들의 귀국 직후 활동 양상에 대해서 일본에서 연극을 체험한 바 있는 이원경(李源庚)은 다음과 같이 기술하고 있다.

1940년 여름, 일본은 신정치체제를 펴면서 미국과의 전쟁 준비를 하기 시작하였다. 이때부터 한민족은 지독스러운 일제 탄압 속으로 끌려 들어갔다. 일본 국내에 있어서도 동경 축지소극장을 강제로 폐쇄시켰고 거기 속해 있는 연극인들을 잡아 가뒀다. 그리고 이듬해에는 조선연극문화협회라는 탄압기관을 만들어 전체 연극인과 극단을 그 산하에 등록시켰는데 1941년에 조선연극문화협회에 가입한 극단 가운데에서도 대체로 극예술연구회와 동경학생예술좌계로서 새로이 창단된 소위 新劇系의 현대극장과 그 당시로서는 인기절정에 있던 황 철이 만든 아랑, 그리고 沈 影이 만든 고협이 가장 큰 극단들이고 위의 세 극단보다 조금 격이 떨어지는 동양극장 전속 극단의 청춘좌와 호화선, 그리고 徐一星의 성군이 있었다. …… 이때의 특징은 서울에 있는 큰 극단들이 거의 모두 전속 연출가를 가지려 하였던 사실이다. 먼저 현대극장은 동경학생예술좌를 주재하던 朱永涉이 일본에서 돌아와 현대극장의 연극부장이 되었고, 아랑에는 동경 축지소극장 소속 신협극단에서 조연출을 하던 安英一이, 고협에서는 全昌根, 성군에는 李曙鄕이 주로 연출을 맡았고, 동양극장에는 朴 珍·韓路檀·洪海星이 있었다. …… 이들 가운데에서도 안영일과 이서향은 대연출가로 군림하였다. 안영일은 동경에서 처음에는 좌익연극에 가담했다가 축지소극장에서 일본인들 극단에 들어가 조선인으로는 유일하게 연출부에 속해 있었던 말하자면 연출을 전공한 사람이었는데…… 1941년 이후 8·15해방까지의 극계에서는 연출의 왕좌에 올라 있었던 감마저 든다.3)

1940년을 전후하여 일본에서 새로운 무대장치가들이 돌아왔기 때문에 여지껏 화가에 의존하던 것이 이제는 장치를 전공한 사람들에 의존하는 전환기에 도달하였다. 그 새로운 사람들이란 극연 초기의 조선악극단이 창립

---

3) 이원경, 「연출」, 『문예총감』(개화기~1975), 한국문화예술진흥원, 1976, pp. 406-7.

되면서 전속 장치가로 온 金貞恒, 동경 축지소극장의 신축지극단 미술부에
있던 李源庚, 그리고 좌익계의 동경학생예술좌에 있던 洪性仁, 그리고 좌익
계의 金一影 등이다.…… 1945년 이후 8·15해방까지의 무대장치계는 가
위 김일영의 독무대였다고 해도 과언이 아닐 것이다.4)

이처럼 1940년대는 일본에서 귀국한 연극인들이 국내 연극계의 주
담당층을 형성하기 시작했음을 알 수 있다. 따라서 재일본 한국인 연
극운동은 1930년대 전반기 국내의 신극운동(극예술연구회와 프로극
단의 활동) 못지않는 연극사적 중요성을 지니고 있다고 할 수 있다.
또한 이 시기 재일 한국인의 프롤레타리아 연극운동은 프롤레타리
아 문화운동의 중심적인 역할을 수행하면서, 프롤레타리아 문화운동
단체의 일정한 영향을 받으면서 전개되고 있는 특징을 지니고 있다.
따라서 재일 한국인 프롤레타리아 연극운동의 전모를 규명하기 위해
서는 문화운동단체들의 변모 과정에 대한 고찰이 선결되어야 할 과제
인 것이다.
　이에 본 연구에서는 지금까지 연극사 연구에서 공백의 상태로 남아
있다시피 한 일제 강점기 일본에서의 한국인 프롤레타리아 연극운동
의 전개과정을 문화운동단체들의 변모 과정과 연극단체들의 조직과
공연 활동을 중심으로 고찰하고자 한다. 이들의 귀국과 함께 이루어
진 1930년대 후반 이후의 국내 연극계의 다양한 활동에 대해서는 별
도의 고찰을 요하는 문제이므로, 여기서는 다만 일본에서의 활동 사
항을 중심으로 고찰하고자 한다.

---

4) 이원경, 「무대미술」, 『문예총감』(개화기~1975), 한국문화예술진흥원, 1976, p. 417.

1. 프롤레타리아 문화운동의 전개과정

(1) 카프 동경지부의 활동

1925년 10월 31일, 동경에서 김남두, 최병한, 선 열 등을 중심으로 '조선프로극협회'5)가 조직되었었지만, 그것은 하나의 시도로 끝났다. 따라서 재일 한국인 프로연극운동은 '카프 동경지부'가 결성된 1927년 10월 이후로 보아야 할 것이다. 왜냐하면 카프동경지부 중심 활동은 연극 활동이었으며, 카프 동경지부의 결성을 계기로 일본에서 재일 한국인에 의한 프로연극운동이 조직적으로 전개되기 시작하기 때문이다.

카프 동경지부는 '제3전선파'의 주도하에6) 1927년 10월 2일, 신간회 동경 지회관에서 창립 대회를 개최함으로써 결성된다. 카프 동경지부는 창립대회를 통해 기술부 산하에 문학부, 연극부, 미술부, 음

---

5) 이에 대하여는 본 책 제3장 참조

6) 1927년 3월 동경 유학생 홍효민(洪曉民), 조중곤(趙中滾), 한 식(韓 植), 고경흠(高景欽), 이북만(李北萬) 등은 제3전선사(第三戰線社)를 조직하고 기관지 『제3전선(第三戰線)』을 발행한다. 이들은 이해 여름 조중곤, 김두용, 홍효민, 한 식 등이 국내에 들어와 강연회 개최와 더불어 카프동맹원들과 간담회를 갖는다. 이를 전후해서 동경에서 이북만이 국내에 들어옴으로 인해 이들은 조선 내의 예술운동이 미온적인 문화주의적이라고 지적하고 동맹의 다각도의 방향 전환을 논의하게 된다. 이것이 계기가 되어 카프는 1927년 9월 1일 방향 전환을 조직적으로 결정한 역사적인 맹원총회를 개최하여 문호개방, 지부 설치에 의해 조직 확장을 시도하며 3개항의 강령을 채택하게 된다. 이후 제3전선파는 1927년 10월 동경에서 총회를 개최, 동경에 지부를 설치할 것을 결의하고, 이 결의에 의하여 조중곤, 홍양명(洪陽明), 한 식, 김두용, 이북만, 장준석(張準錫), 최병한(崔丙漢), 이경진(李景鎭), 신국주(辛國柱)등 주로 제3전선파의 주도하에 카프 동경지부가 결성되게 되는 것이다.(김정명 편,『조선독립운동 4 - 공산주의 운동 편』, 동경, 원서방, 1966, p. 1034, 앵봉산인,「조선프로예술운동소사(1)」,『예술운동』창간호, 1945. 12, p. 63, 김윤식,『한국근대문예비평사연구』, 일지사, 1980, p. 32 참조)

악부를 두고, 결성 직후인 동년 10월 15일 상임위원회를 개최, 재동경 노동조합 주최 '재동경 지방 조선 노동자 위안회' 출연건을 가결한다.7) 이에 따라 카프 동경지부 연극부8)는 동년 10월 29일 싱그레아 작 〈이계의 남(二階의 男)〉(1막)을 상야공원(上野公園) 자치회관에서 상연함으로써 공식활동을 시작했다.

재일 한국인들에 의해 최초로 상연된 프로연극이었던 이 공연은 연극부장 최병한의 연출로 제1부 조선 단가 독창, 단소타령, 제2부의 조선 정악 등에 이어 제3부 순서로 상연되었다. 이 공연에 대하여 주도자였던 최병한은 다음과 같이 썼다.

---

7) 카프 동경지부의 1927년 10월 한 달 동안의 활동 사항은 다음과 같다.
"동경지부 보고(十月)
10월 2일 창립 대회를 幹會 동경지회관에서 개최하고 좌의 사항 토의을 가결하다
 一. 지부규약통과
 一. 신간회 지지의 건
 一. 조선총독 폭압정치 반대동맹에 가맹의 건
 一. 검열제도 개정 기성동맹에 가맹의 건
 一. 기관지 발행의 건
 一. 임원개선
  서무부(상임) 조중곤 재정부(상임)) 김두용 교육부(상임) 한 식
  출판부(상임) 이북만
  기술부(상임) 홍양명 문학부장 장준석 미술부장 이 원 연극부장 최병한
       음악부장 결원
10월 15일 상임위원회 개최 재동경 노동조합 주최 『재동경 지방 노동자위안회』 출연
    의 건 가결
10월 16일 교육부회 개최 출석원이 17명. 연극부회 개최. 상임위원회 개최.
10월 17일 연극연습 개시. 각본은 싱구레아 작 『二階의 男』
10월 24일 검열제도 개정 기성동맹에 맹원 총출동.
10월 25일 상임위원회 개최. 교육부 코-스 결정. 기관지 『예술운동』인쇄에 부치다."
       (『예술운동』창간호, 조선푸로레타리아예술동맹 동경지부, 1927.11, p. 53)
8) 카프 동경지부 연극부는 전문 극단이 아니었고, 말 그대로 문화운동단체의 한 부서에
   지나지 않는 것이었다. 이들의 활동은 소규모의 '이동 극장'의 형태로 이루어졌는데,
   재일 조선인 노동자의 주요 집회에 선동극을 가지고 참여하는 것이 주를 이루었다.

재일본 조선노동총동맹 동경 조선노동조합 주최와 신간회 동경지회 外 각 사회단체 후원으로 거월 29일 오후 6시부터 상야공원 자치회관 내에서 동경지방 조선 노동자 위안회를 개최하게 되엿다.

자본주의 사회 밋헤서 가진 ××(박해-인용자)와 말할 수 업는 ××(고초 - 인용자)를 당하며 기아에 울고 헐벗서 썰고 잇는 우리 조선 형제들도 「조선 노동자 위안회」란 반가운 소식을 듯고 사방으로 구름 모히듯시 어느듯 회관은 정각 전부터 대만원이 되야 장내는 입추의 여지가 업는 大盛旺을 이루웟스며 입장자는 무려 천여 명에 달하엿다. 그런 우리에 회합이라면 물불을 헤아리지 안코 기어히 짜라 다니는 ××(일본-인용자)제국주의의 특산물이요 현 田中 군벌내각에 ××(충견-인용자)인 소위 경찰관나으리 등을 쌋쓱이나 좁은 장내에 백여 명 이상을 모라너코 천여 명 군중을 철통가치 에워싸 놋는 大壯觀裏에서 동경노동조합 위원장 양재도 군의 사회하에서 개회되얏다.

순서를 짜러 第一部의 조선 단가 독창, 단소타령이 천여 명 청중에 客懷를 자아내엿스며 二部에 드러가 특히 조선 정악으로 양금, 단소, 현금 합주 등은 고국정서를 늣기게 하엿다.

第三部는 본 동맹 동경지부 연극부 총출연으로 압톤ㆍ씨ㅇ그레아 作인 『二階의 男』 일막물을 상연하게 되엿다. 이약이는 이러하다 …… 「엇던 노동자가 철공장에서 일을 하다가 衡風爐가 폭발하여 그 안에 펄々 끌튼 철편이 쒸는 바람에 눈이 석탄재이 되엿다. 그러나 회사밥을 먹고 자라난 변호사에게 속어 그만 배상금 한푼 못 밧게 되고 게다가 공장으로부터 좃겨낫다. 다시 취직도 못하고 집안 식구는 다 죽고 할 수 업시 二階의 男(도적질)을 하게 되엿다. 正 밤中에 천만기후!로 늘 원수 갑흐랴든 변호사 집에를 드러갓다. 그러나 변호사 부인의 천진한 순정과 그 부인이 자기 남편이 그 버러드러 오는 돈이 노동자의 피를 쌔러 가지고 오는 돈인 줄을 처음으로 알고 약한 여자의 엇질 줄 모르는 무한한 고민을 보고 변호사 목에다 드리 쏠려든 권총을 폭켓트에 집어 넛코―『마님 이 자의 목숨은 당신에게 맛기고 쌈니다』 이러케 말하고 나간다. 이 극하는 中에서는 『월급생활자 변호사 생활을 폭로하고 짜러서 극도로 흥성된 관중 속에서 함성과 박수가 불가치 이러낫다. 그러나 그것이 이 극을 중지식킬 것을 염려한 관중은 그 폭발하는 감정을 억제하면서 최후까지 평온하고 무사하게 해 준 것은 연출의 책임을 가진 나와 본 동맹으로서 감사하게 생각하는 동시에 물가치 고요한 장내에서 장차 폭풍가치 이러날라는 무거운 숨소래와 쒸노는 피를 감득치

안할 수 업섯다. 폭풍우 전의 정동 — 우리는 우리의 연습 중에 잇서 출연자 등의 의외의 예비 검속으로 인한 심대한 타상에도 불고하고 이러케 성공하게 됨은 참말 우리 동지 등의 그 엇질 수 업시 불리하게 된 조건하에서 최후까지 싸홀랴는 그 「기관차 가튼」 힘에 잇슴을 밋는 우리는 이 성공을 기대치 안은 성공으로 깁겁게 생각한다. 우리는 이것을 계기로 삼어 가지고 다시다시 돌진하지 안어서는 아니되겟다.

이 극이 畢한 후 사회자에 선언으로 소감담이 시작되며 조합원 二 三人에 열변은 주의! 중지로 끗을 막자 위안회는 이상에 순서로 폐회를 선언하려고 할 제 대중 속으로 「이 회합을 그대로 긋치지 말고 노동자대회로 전환하자」는 긴급동의가 나와 곳 가결되자 다시 재동경 조선노동자대회의 형식으로 의안을 토의케 되엿다. 박수와 歡呼聲裏에서 六個條의 의안(의안은 削함)을 만장일치로 가결하자 경관 등은 불셩이 갓흔 눈을 총알가치 굴니며 만일을 염려하는 듯시 칼자루를 자조 어루만지며 단정히 서々 기회를 기대리는 듯하엿스며 극도로 흥분된 군중은 각기 자아를 몰각하고 용맹과 성의를 다하야 다음 다음의 의안을 토의하여 가는 중 의외에 전등이 써지며 二層 한 모퉁이에서 「조선 폭압정치 반대동맹의 선전비라」가 아래층으로 눈날니듯 산포되자 경관 등은 돌연히 해산을 명하며 군중을 햇치기에 노력하엿스나 군중은 듯지 안코 해산한 이유를 질문하며 절대로 헤여지々 안으랴 대항하엿슴으로 쌍방이 서로 충돌되야 째리고 차고 무러뜻는 일대 활극이 연출되고 警官輩 등은 최후의 수단으로 우리 형제 등을 속々 검속하엿스나 군중은 조곰도 두려워함 업시 용기를 일층 더 내여 ××(혁명-인용자)歌를 부루며 회관 문을 나서셔 공원을 지나 廣小路까지 나오며 시위행렬를 하여 끗까지 싸우고 최후까지 대항하는 중 우리 동모 四十名은 그만 彼等에게 희생을 당하고 울분함을 참지 못하는 남어지 군중은 쏭문이에다 경관을 주렁주렁 게기되엿다

최후로 한마듸 말한다.

여러분! 우리는 우리 연극을 민중 속에 가지고 가지 안어서는 안 된다. 그럼으로 우리는 우리와 가치 일하려는 동지 등을 쓰겁게 환영한다. 오라! 우리와 가치 일할 자!9)

9) 최병한, 「노동자 위한회 잡감 음악 연극 감상」, 『예술운동』 창간호, 1927.11, pp. 56-57.

이 공연에 대한 최병한의 감상문 전체를 여기에 소개한 이유는 예기치 않은 성공을 거둔 이 공연을 계기로 재일 한국인의 프롤레타리아 문화운동에서 연극운동의 필요성 및 의의가 현실적으로 인식될 수 있었을 것이며, 이후 카프 동경지부의 활동이 연극운동을 중심으로 전개되는 요인으로 작용할 수 있었을 것이기 때문이다. 이 날의 연극 공연에 대해서는 이북만도 매우 인상적이었음을 술회하고 있다.

> 이날 밤의 집회에는 1천여 명이 넘는 회원이 모였다. 우리들의 얼굴에는 지배계급에 대한 분격과 이에 대해 용감히 싸울 분위기로 가득했다. 많은 노래가 되풀이되었다. 많은 조선 음악이 들렸다. 그리하여 우리들의 연극 즉 우리들 프롤레타리아 자신의 연극이 상연되었다. 새로운 탄생이었다. ― 지금까지는 말살되었던 ― 조선프롤레타리아예술동맹 동경지부 연극부의 손에 의해서. 상연된 작품은 싱클레아의 『이층의 사나이』.10)

이 공연에 또 하나 주목되는 것은 아마추어 수준의 이 공연에 천여 명의 관객이 몰렸다는 사실이라 하겠다. 이는 곧 재일 한국인들이 문화예술에 얼마나 갈증을 느끼고 있었는가를 단적으로 보여 주는 것이며, 일본에서의 프로연극운동의 가능성도 보여주는 것이라 하겠다.

노동자 위안회 공연 이후 카프 동경지부는 "1927년 11월 기관지 『예술운동』발행과 함께 노총(勞總) 등과 연결, 동경 및 선내(鮮內) 조선인의 계급의식의 격발(激發)에 노력"11)하는 한편, 연극부는 2개월간의 준비를 거쳐, 1928년 1월 이상조(李相胙) 역의 〈발이 업는 마-틴〉과 김두용 작 〈조선(朝鮮)〉(15장)으로 공연을 계획하지만,12)

---

10) 이북만, 「조선 노동자 위안회의 기록」日文, 『プロレタリア藝術』, 1927.12, p. 52. 김윤식, 『임화 연구』, 문학사상사, 1989, pp. 237-38에서 재인용.
11) 김정명 편, 『조선독립운동 4 공산주의운동 편』, 동경 원서방, 1966.10, p. 1035.
12) "풍문첩 동경 프로예와 경시청…◇ 조선프롤레타리아예술동맹 동경지부에서는 18일 밤이나 19일 밤에 경교 모소에서 조선극을 연출하게 되엇다는데 동경경시청 특고과에서는 불온하다고 경계를 하는 터이나 출연 장소를 몰나 백방으로 탐색한다는 바

작품 〈조선〉이 문제가 되어 상연 금지를 당하게 된다.13)

준비한 공연이 상연 금지를 당하자 카프 동경지부는 즉시 제1회 임시총회를 개최(1928년 1월 25일)하여, 연극운동을 한층 강화시키게 된다. 즉 조직체를 변경하여 초기 기술부 산하에 속해 있던 연극부를 전문부로 독립시키며, 연극 폭압에 대한 논의와 함께 연극 공연을 계속할 것을 결의하게 된다.14)

프로藝에서 연출하려고 하는 각본은 『발이 업는 마틴』과 『조선』 二篇이라고"(『중외일보』, 1928.1.19)

13) 상연 금지된 희곡 〈조선〉은 학생들의 동맹휴업·공산당 사건·토지매수 사건·만주이민 사건·일본 이주민 사건 등 당시 일본의 크나큰 사회 문제들을 배경으로 조선인들의 현실을 사실적으로 반영한 작품인데, 일본 경찰은 검열이라는 이름으로 원작의 주제를 거의 찾아보기 어려울 정도로 삭제시켰으며, 공연조차 허가하지 않았다 한다. (『예술운동』제2호, 1928.1, 이강열, 『한국 사회주의연극운동사』, 동문선, 1992, pp. 30-31 참조)

14) "푸로藝術同盟 東京支部 決議 조직례 변경 건의…조선푸로레타리아예술동맹 동경(東京)지부에서는 지난 일월 이십 오일 오후 세시부터 그 회관에서 데일회 임시총회를 열고 좌긔 사항을 결의하얏더라

ㅡ. 조직체 변경 건의에 관한 건
ㅡ. 재정 확립에 관한 건
ㅡ. 기관지에 관한 건
ㅡ. 연극 공연 ○○(폭압-인용자)에 관한 건
ㅡ. 연극 계속 준비 공연에 관한 건
ㅡ. 청년 해금데- 에 관한 건
ㅡ. 본 동맹의 내지 지부 설치 ○○(폭압-인용자)에 관한 건
ㅡ. 對中 무력 간섭에 절대 반대에 관한 건
ㅡ. 대중신문 적극적 지지에 관한 건
ㅡ. 일본푸로레타리아예술연맹, 전위예술연맹, 투쟁예술가연맹 지지에 관한 건
◇ 보선 신임원
　▲ 집행위원장 장준석
　▲ 정치부 신국주(상임) 이우적 이상조
　▲ 조직부 한 억(상임) 이승화 이 철
　▲ 교육부 한 식(상임) 조희순
　▲ 출판부 이북만(상임) 박병호 이현욱
　▲ 재정부 이병찬(상임) 성기백 김석상

그러나 이후 삼총해금동맹을 동경 각 사회단체와 함께 조직15)한 것 이외에는 별다른 활동이 보이지 않자, 카프 동경지부는 동년 5월 집행위원회를 열고 '엄정한 투쟁 비판'과 함께, 그 해 여름 고국방문순회연극공연을 하기로 결정한다.16) 이를 위하여 카프 동경지부는 동 지부 내에 신흥극장(新興劇場)을 설립하고 하기 순회공연을 계획하나 일본의 간섭과 방해로 무산되고 만다.17)

    ▲ 기술부 김두용
    ▲ 전문부 연극부 최병한 ▲ 문학부 이기창 ▲ 미술부 이 원 ▲ 음악부 이종태"
    (『동아일보』, 1928.2.2)
15) "三總解禁 關東同盟 創立 동경 각 단톄가…일월 이십 칠일 오후 여섯시 신간회 동경지회관(新幹會 東京支會舘)에서 조선총독 ××(폭압-인용자)정치 ××(반대-인용자) 관동디방동맹(朝鮮總督××(폭압-인용자)政治××(반대-인용자)關東地方同盟) 대창으로 재동경 조선청년동맹(在東京朝鮮靑年同盟) 재일본 조선로총(在日本朝鮮勞總) 동경 조선로동조합(東京朝鮮勞働組合) 재동경 조선류학생학우회(在東京朝鮮留學生學友會) 신간회 동경지회(新幹會東京支會) 근우회 동경지회(槿友會東京支會) 신흥과학연구회(新興科學研究會) 조선푸로레타리아예술동맹 동경지부(藝術同盟 東京支部)×× 등 각 단톄가 삼총해금 관동동맹(三總解禁關東同盟)을 조직하고 아래와 가티 부서를 결뎡하얏다더라
    서무부 조 영 김상혁 김순실
    선전부 조사원 장준석 권대위
    연락부 김주림 진병노 박형채" (『중외일보』, 1928.2.4)
16) "하기 순회극, 강연 급 기타사항 결의 재동경 푸로예맹지부에서…조선『푸로레타리아』예술동맹 동경지부에서는 지난 24일 오전 10시부터 동 회관에서 집행위원회를 장준석 군의 사회하에 개최하고 서기국과 각부의 보고에 의하야 엄정한 투쟁 비판이 잇슨 후 좌기 사항을 토의 결정하얏다더라 (동경)
    一. 기관지 『예술운동』제3호 긴급 발행에 관한 건
    一. 본부 태도에 관한 건
      A. 제2회 전국 대회 구성 대의원제 채용을 절대 요구할 것
      B. 통신 태만의 건
    一. 하기 고국방문 연극, 강연 순회에 관한 건
      A. 각 지방단체 급 지부에 재토의할 것
      B. 본부에 응원 급 기타 정세 조사를 재건의 할 것 ……"(『중외일보』, 1928.6.3)
17) "우리 푸로예술동맹 내 신흥극장은 작년에 설립된 후 모즌 박해 밋헤서 그의 가진 독

이는 당시 국내 신문의 보도를 통해서도 확인할 수 있다.

> 푸로예맹 연극 중지⋯조선푸로레타리아예술동맹 동경지부 연극반에서는
> 8월 중에 맹원들의 휴가를 이용하야 경성을 비롯하야 전선에 순회연극을
> 하기로 하고 순회할 지방에 통첩 가튼 것도 발송하고 모든 준비를 하든 중
> 이엇는데 부득이한 사정으로 인하야 중지하게 되엇다 한다.18)

하기 순회공연이 일제의 탄압이라는 벽에 부딪히게 되자 카프 동경
지부는 이에 대한 자구책의 일환으로 이동극장19)에 대한 필요성을
절감하게 되며, 그 결과 이들은 연극부에 이동극장(移動劇場)을 설치
하고, 1929년 2월 17일 삼다령노동조합 위안회(三多寧勞動組合 慰
安會)에 참가하여 그레고리 작 〈월출〉과 씽그레아 작 〈이계의 남〉(이
병찬 연출)을 공연한다.20) 프로연극에 있어 이동극운동은 이러한 과
정을 통하여 대두되었던 것이다.

이병찬은 삼다령 노조 공연 직후 이동극장의 목적이 '직접 노동자
농민을 선전 선동하는 것'에 있음을 전제하고, 이러한 이동극장의 특
성을 고려하여 '특히 노동자집회 조합집회 쟁의단 위안회 함바(飯場)
등에 비행기식으로 가져가지 않으면 안 됨'을 역설하면서 이동극장의
과제를 다음과 같이 제시한다.

> 一. 조혼 각본의 선정 조혼 각본이라는 것은 노동자 일반을 향한 각본(예
> 「이계의 남」)이 아니라 노동자 생활의 개개의 생활을 무대에 재생식

특한 기능을 발휘치 못한 것은 우리와 및 우리극을 갈망하는 조선의 무산대중과 갓
치 유감으로 생각하는 바이다. 그것은 작년의 하기 순회공연이 ×들의 인식적 방해
와 간섭과 체포로 인하야 파괴되고 말엇다"(이병찬, 「이동극장」, 『무산자』3권 1호,
1929.5, p. D1)
18) 「풍문첩」, 『중외일보』, 1928.8.4.
19) 이병찬에 의하면 카프 동경지부 연극부는 1928년 5월부터 연극부 내에 정식으로 이
동극장을 설치하려고 노력하였다 한다.(이병찬, 위의 글)
20) 이병찬, 위의 글.

히는 각본 ─ 동시에 그 생활을 프로레타리아-트와 결합식히며 「아
지」「푸로」하여 그를 대중적 행동에까지 誘致하여 ×(혁-인용자)命
에 결부식히는 각본이 필요하다.

二. 이상의 일을 통일하게 하는 기본적 조건은 우리가 노동자 생활을 이
해할 것 그러기에는 우리가 그 속에 들어가지 안으면 안된다. 그러나
기술의 미숙은 대중의게 직접 가치를 완전히 取獲치 못한다 그럼으
로 그 기술이야말로 노동계급 속에서 발기하는 투쟁 속에서만 어들
수 잇스며 우리가 생산하게 되는 것이다.21)

이는 이동극장식 공연이 대중 속에서 연극운동을 실현하기에 가장
적절한 공연 형태임을 강조하고 있는 것이라 하겠다. 때문에 이후에
도 프로연극운동에서는 극장공연 못지 않게 이동식 공연(현장순회공
연)을 주요 활동 방법으로 채택한다.

카프 동경지부 연극부는 이러한 이동극장에 대한 자각을 통하여
1929년 7월 국내에서의 이동극장식 공연을 계획하게 되는데 당시 조
선일보의 기사를 보면 다음과 같다.

프로예맹 동경지부 푸로극장 래연 연극과 강연으로 전선 순회 20일경
경성서 공연…조선푸로레타리아예술동맹 동경지부(藝術同盟 東京支部)에
서는 하긔(夏期)를 리용하야 전 조선 순회연극(巡廻演劇)과 순회강연(巡廻
講演)을 하기로 하고 그간 준비에 분망 중이든 바 일행은 지난 십사일에 래
경하얏다는데 다년간 예술 전선(藝術戰線)에서 일하든 이들이라는데 적막
한 조선의 극단(劇壇)에 큰 쎈세이슌을 이르키리라 하야 일반이 긔대한다
는데 자세한 것은 알에와 갓다더라
◇ 순회 예정지
경성(二十日 頃) 평양, 개성, 수원, 원산, 함흥, 대구, 신의주 기타 요
구가 잇스면 예정 외에도 응할 수가 잇다
◇ 연출 목록
루ㅡ멜덴 작 탄갱부(一幕 五場) 연출 이병찬
村山知義 작 全線(暴力團記)(三幕 九場) 연출 이병찬

────────────
21) 이병찬, 위의 글.

荷車(一幕) 연출 안 막
高田保 작 어머니를 求하라(一幕) 연출 안 막
각 지방 諸 團體의 성원을 바란다고
◇ 강연의 연사
박영희 임 화 윤기정 이병찬 안 막 한재덕22)

이들은 조선일보사의 후원으로 동년 7월 28일, 29일 경성 경운동
천도교 기념관에서 계획하였던 작품 가운데 村山知義 의 〈전선〉(〈暴
力團記〉의 改題)을 제외한 세 작품으로 공연을 시도한다.

이십팔, 구일 푸로극장 공연 본보 학예부 후원으로 ◇ 하차 탄갱부 어머
니를 구하자 등 양일간 천도교 기념관에서…본보에 루차 보도한 바이어니
와 조선푸로레타리아예술동맹 동경지부(藝術同盟 東京支部) 푸로극장(劇
場)이 하긔 전선 순회연극(全鮮巡廻演劇) 차로 경성에 도착하야 방금 제반
준비에 분망 중인바 학생들의 출연(出演)인 만큼 조선 극계(劇界)에 적지
아니한 환영을 끼칠 것이라는데 본사 학예부(學藝部)에서 이를 후원하게
되엿스며 상세한 것은 아래와 갓다더라
상연 희곡
一. 하차(1막) = 옷트 뮤라 — 원작 푸로극장 개역
二. 탄갱부(1막 5장) = 후멜덴 작 푸로극장 역
三. 어머니를 구하자(1막) 고전보 원작 푸로극장 개역
(이상 상연 희곡의 경개와 출연 인물은 명일 발표)
시일 이십팔 구 양일 오후 8시 개연
장소 시내 경운동 천도교 기념관
입장료 40전(본보 독자는 30전)23)

그러나 이들이 공연하기로 계획한 레퍼터리 중에서 〈어머니를 求하
자〉와 〈탄갱부〉의 각본 허가가 나지 않아 이들의 계획은 실패로 끝나
고 말았다.24) 이처럼 카프 동경지부의 1928년에 이은 두 번째의 국

---

22) 『조선일보』, 1929.7.16.
23) 『조선일보』, 1929.7.25.

내 공연 시도는 검열로 인해 실패로 끝나고 말았지만, 국내 프로연극 운동에 이동극장의 방법을 제공, 자극하는 계기가 되었다는 데 그 의 의가 있다.25)

카프 동경지부는 1929년 5월 '무산자사(無産者社)'가 결성되는 것 을 계기로, 동년 11월에 해체되어 무산자사에 합류하게 된다.

(2) '無産者社'의 結成 및 해체

1929년 3월 고경흠(高景欽)은 상해에서 ML파 양 명(梁 明), 한 위건(韓偉健) 등과 협의, 조선프롤레타리아예술동맹 동경지부를 조선 공산당 재건운동에 이용하기 위하여, 상해에서 동경으로 잠입하게 된 다. 고경흠은 동경에 돌아와 동 지부 간부인 김두용, 이복만(李北萬, 柳春樹), 이병찬 등을 중심으로 1929년 5월 "표면상 조선인의 계몽 운동을 표방"하고 무산자사를 결성했다.26) (이를 계기로 카프 동경지

---

24) "푸로극장 공연 중지 각본 불허가로…임이 본보에 루차 보도한 바이지만 조선푸로레 타리아예술동맹(藝術同盟) 동경지부(東京支部) 푸로극장이 전 조선 순회공연(全朝 鮮巡廻公演) 차로 래경하야 각본(脚本)을 검열 당국에 제출하엿든바 (하차) (탄갱 부) (어머니를 구하자) 삼 회곡 중 『어머니를 구하자』『탄갱부』가 불허가 되엿슴으로 남어지 각본 한 개로는 도뎌히 공연키 어려워 부득이 중지하엿다더라"(『조선일보』, 1929.7.26)

25) "둘째, 연극 문제를 현재의 우리의 예술운동의 부문 내에 있어서 미술, 음악, 영화 등이나 마찬가지로(조선 내지에 있어서) 거의 그 존재가 없는 현상이다. 다만 일 년에 몇 개의 희곡작품을 볼 수 있을 뿐이다. 이것을 우리의 손으로 한번도 상연하 어 본 일이 없다. 지난 여름에 동경에 있는 동지들로 조직된 이동극장이 경성에서 공연을 하고자 하였으나 상연 불허가로 말미암아 공연을 못한 일이 있을 뿐이니 이 사업은 시가나 소설보다 여러 가지 의미에 있어서 곤란하다고 본다. 그러나 우리는 이것을 하지 않으면 안 된다. 1. 각본 제작 및 연출 기술의 부족, 2. 필요한 자금의 결핍, 3. 연극에 대한 비교적 심중한 당국의 ×(탄-인용자)압 등은 이 사업을 곤란 하게 하는 것이니 첫째, 필요한 자금을 만들기에 노력하여 이동극장의 준비를 하여 기술원 양성에 힘쓸 것은 물론이요 ……"(김기진, 「예술의 대중화에 대하여」(5), 『조선일보』, 1930.1.8)

부는 동년 11월에 해체되어 무산자사에 합류하게 된다)27)

무산자사는 표면상 합법적인 출판사의 형태를 취하며, 프롤레타리아 문화운동을 전개하는 한편 비합법적인 좌익문서를 발간 국내에 배포함으로써 공산당 재건운동의 방향 및 정치 이론을 지도하는 등 조직 확대운동을 전개했다. 이와 함께 기관지『무산자』를 간행하여 재일 한국인을 대상으로 마르크스주의의 선전선동과 프롤레타리아 예술운동에 노력을 기울이지만, 재일 한국인의 극좌운동이 일본 내 운동으로의 합류 등으로 인하여 점차 그 활동은 침체 상태에 이르게 되었다.

침체 상태에 빠진 무산자사는 그 후 전 일본 무산자예술단체협의회(全日本無産者藝術團體協議會, 약칭 나프, 이하 전협)로의 합류를 시도하고, '무산자극장'의 창립을 통하여 침체 상태를 극복하고자 노력하였지만 모두 성공하지 못한 채, 기관지 무산자도 1930년 6월호를 최종간으로 폐간함으로써 근근히 팜프렛 등의 발간으로 그 명맥을 유지하였다.

이후 1931년 7월경부터 전협계 극좌분자에 의해 무산자사는 "재일본 조선노총이 해체된 금일 일본에 있으면서 선인(鮮人)만의 집단으로 결성된 반동적인 존재다"고 맹렬한 공격을 받게 된다. 이에 대해 무산자사는 "다른 부문이 그렇듯이 우리의 출판 활동에서도 일본의 노동자 농민을 대상으로 것과, 조선의 노동자 농민을 대상으로 것은 구별되어야 한다. 따라서 무산자사는 조선 노동자 농민을 대상으로 한 잡지사이므로 원칙적으로는 조선에 있어야 하지만, 일본이 비교적 합법성이 전취(戰取)되어 있으니, 일본에 존재함이 유리한 것이다. 노총(勞總)은 처음부터 재일본 조선노총이며 재일본 조선노동자의 투쟁조직이었기에 주관적, 객관적 추이에 따라 전협에 의해 해소(解消)

---

26) 김정명 편, 위의 책, p. 1035.
27) 김정명 편, 위의 책, p. 1035.
  박경식 편, 『재일 조선인관계 자료집성』 제2권, 동경, 三一書房, 1975, p. 476.

되었지만, 무산자사는 처음부터 조선 내의 노동자, 농민을 대상으로 하였고, 재일본 조선노동자는 부차적 대상일 뿐이었다"고 반박하며, 그 존속에 노력을 기울인다. 그러나 객관적 정세와 내부적 상황에서 그 해체는 시기만이 문제 될 뿐이었다.

그 결과 '무산자사'는 1931년 8월에 소위 무산자사 일파의 치안유지법 위반 사건(제1차 검거 사건으로 알려진 공산당 재건 사건)으로 고경흠, 김삼규, 한재덕 등이 검거됨으로써 해체되고 말았다.28)

전술한 바 있듯이 1929년 5월 무산자사가 창립되고, 그 해 11월 카프 동경지부가 해체되어 무산자사에 통합되는 것을 계기로 전문 극단을 표방한 '무산자극장'이 만들어졌다.29) 그러나 무산자극장은 1931년 8월 무산자사의 해체와 함께 별 성과를 남기지 못하고 해체되었다.30) 무산자극장의 활동 내용은 자세하게 밝혀진 바가 없다. 다만 당시 국내에서 간행된 신문의 기사 몇 건을 통해서 그 흔적을 찾아 볼 수 있을 뿐인데 이를 살펴보면 다음과 같다.

평양에 맛치극장 창립 푸로레타리아 극운동을 목적 삼고…평양의 푸로레타리아 연극인들은(신흥영화동맹 평양지부에서는) 금번 동경 무산자극장

---

28) 박경식 편, 위의 책, p. 476-77.
   김정명 편, 위의 책, p. 1035.
29) 무산자사 결성 이후 동경에 있는 연극운동자들에 의해 '행장극장'이 조직되었다. 그러나 이들의 활동 내역은 밝혀진 바 없다. 다만 다음의 신문 보도를 통해서 알 수 있을 뿐이다.
   "劇, 映畵界 消息…◇ 行裝劇場 出現 東京에 잇는 斯界 有志들의 發起로 行裝劇場이라는 新劇團體를 組織하엿다는 바 그 사무소를 동경 시외 上尾久二, 506 須田方에 두고 사무를 진행 중인데 건실한 남녀 동인의 참가를 바란다고"(『중외일보』, 1929. 5.26)
   "문단소식 『행장극장』출현…일본 동경에 잇는 조선신극운동자들은 이번에 『행장 극장』이란 것을 창설하기로 되어 그 假事務所를 동경 시외 上尾久二, 560 須田方에 두고 건실한 남녀 동인의 참가를 바란다고"(『동아일보』, 1929.5.28)
30) 신 찬, 「재일본 조선노동자 연극운동」, 『연극운동』 1호, 1932.5.

한택호 군의 귀국을 기회로 지난 23(24)일 신흥영화예술가동맹 평양 지회 관에서 맛치극장을 창립, 미구에 연극동맹으로 개칭하여 가지고 4월 하순 경에 제1회 공연을 공개할 터31)

재경 무산자극장 총회 결의…동경(東京)에 잇는 무산자극장(無産者劇場) 에서는 지난 십륙일 뎨삼회 림시총회(第三回 臨時總會)를 열고 다음 제항을 결의하얏다 한다.

　一. 객관적 주관적 조건으로 인하야 일체 대공연의 방침을 바리고 투쟁 력량을 이동극장으로 집중시킬 것

　二. 연출부, 연기부, 각본부, 미술부, 영화부의 각 부문에 연구회를 충실 히 할 것

　三. 조선푸로예맹 연극부를 절대 지지하고 강대화를 위한 투쟁에 적극적 으로 참가할 것

　四. 조선푸로예맹 영화부를 절대 지지할 것

　五. 조선 신흥영화동맹을 박멸할 것

　六. 기타 略32)

연극·영화 여우 언파레이드 연극편(12) 청복극장 녀배우 중의 이채 이 귀례 양 녀자연극연구회를 조직? Y Y 生…이 여름이 지나고 가을의 서늘 한 바람과 놉흔 한울의 명랑을 마지하면 긔세 잇는『스타-트』를 하려고 방 금 맹렬히 공연 준비를 하고 잇는 청복극장(靑腹劇場)의 귀여운 한 송이 옷 리귀래(李貴來) 양은 금년에 겨우 18세의 아름다운 시절로 서울서 혜화(惠 化)공립보통학교 졸업 맛치고 동경(東京)에 잇는 그의 옵바 리북만(李北 萬) 씨에게 1929년 봄에 건너가서 조선푸로레타리아예술동맹지부 연극반 의 일을 보며 재봉학교를 다니엇고 국제적색구원회『몹풀-國際赤色救援』에 가입하야 적지 안흔 일을 하얏다 한다. 그 후 좌익극장(左翼劇場)에 관계를 두어 프로연극에 몰두를 하엿다 하며 현『캅푸』원으로서 조직되엇든 무산 자의 극장(無産者劇場)에 오즉 하나의『스타』로 귀염을 밧고 잇든 중 작년 겨울에 푸로예술운동에 정진하든 림 화(林 和) 씨는 구든 악수를 한 후 조 선에 나와서 청복키노에서 맨든 영화 지하촌(地下村)에 가티 출연하야 조 흔 연기를 발휘하얏다는데 ……33)

---

31)『조선일보』, 1930.3.28.
32)『중외일보』, 1930.5.25.

이를 통해서 알 수 있는 것은 초기에는 전문 극단을 표방하여 대공연을 시도하였으나, 결국 객관적 주관적 조건에 의하여 이동극장의 공연 형태로 방향을 전환하였다는 것과 무산자극장에서 프로연극을 경험한 인물들이 귀국함으로써 평양의 '마치극장'과 경성의 '청복극장'이 결성되는 계기가 될 수 있었다는 사실이다. 따라서 무산자극장이 초기에 단순한 이동극장이 아닌 전문 극단을 표방함으로써, 1930년대 재일 한국인 연극운동이 전문 극단으로서의 전망을 갖도록 하였다는 것이다. 이와 함께 국내 프로연극단체의 결성을 가능케 하는 경험적 전사로 작용했다는 것이다.

카프 동경지부 연극부에서 무산자극장으로 이어지는 이 시기 일본에서의 한국인 연극운동의 주된 특징은 프롤레타리아 문화운동의 일부로서 대중에 대한 선전선동 활동의 일환으로 준비되었으며, 역량의 부족과 일제의 탄압, 경제적 조건 등을 타개하기 위한 방법으로 이동극장의 형태를 취하고 있었다는 사실이다.

이상으로 1920년대 후반에 전개된 재일 한국인의 연극 활동에 대해서 살펴보았는데, 이 시기 재일 한국인의 연극활동은 국내 프로연극의 성립과정에 영향을 끼쳤다는 점에서, 그리고 근대연극사에서 구체적 공연 활동으로서의 프로연극운동의 첫 시작이었다는 점에서 그 의의를 찾을 수 있겠다.

(3) '同志社'의 結成및 해체[34]

무산자사의 해체로 재일 한국인의 프롤레타리아 문화운동은 잠시 활

---

33) 『동아일보』, 1931.7.30.
34) 박경식 편, 『재일 조선인 관계 자료집성』 제2권, 동경, 三一書房, 1975, pp. 477-78.
    김정명 편, 『조선독립운동 4 - 공산주의운동 편』, 동경 원서방, 1966, pp. 1037-40.
    고준석, 『재일 조선인 혁명운동사』, 동경, 척식서방, 1985, pp. 127-30.

동이 부진했으나, 1931년 11월 20일 김두용, 이북만, 이 찬(李 燦),
박노갑(朴盧甲), 김정한(金廷漢) 등 과거의 무산자사와 카프 동경지부
에 소속된 일부의 사람들과 동경 조선프롤레타리아연극연구회, 재동경
각 대학 유학생들을 중심으로 연구단체인 동지사35)를 결성했다.

이들은 "우리는 정통적인 맑스주의적 예술 이론을 기초로 하고 또
이것을 연구하기 위한 단체로서 일본프롤레타리아문화연맹(약칭 코
프)과 조선프롤레타리아예술동맹(약칭 카프)을 적극 지지하고 그 확
대·강화를 위해 투쟁하겠다"는 목적 아래 이의 연구단체로서 동지사
를 결성한 것이었다. 이들은 동년 11월 20일 창립선언문에서 "자본
주의는 이미 국제경제의 통일적·포괄적 체제를 대표하고 있지 않다"
고 전제하고, 자본주의의 모순을 신랄하게 공격하면서, 사회주의체제
로서의 소련의 5개년 계획을 찬양한 뒤, 이러한 사회주의와 자본주의
의 대립은 문화·예술의 영역에서도 마찬가지로 존재한다고 규정하
고, 조선 프롤레타리아트의 조직투쟁을 돌이켜 보아 카프는 끝까지
혁명적 임무를 완수하기 위해 과격한 투쟁을 전개해야 함을 강조함으
로써 문화적 연맹으로서의 임무와 활동을 구체적으로 표명했다.

창립 당시 회원은 20여 명이었지만, 기관지 『동지』를 발간하고,36)
작가·영화·연극·음악·미술 등 5개 부문의 전문 기구를 설치하는

---

35) 그 조직 및 간부로는 서기국에 박노갑, 홍 황(洪荒), 김파우(金波宇) 편집부에 신고
송(辛孤松), 소성(蘇星), 이 찬, 이여수(李如水), 김정한 조직부에 박석정, 최병한,
박장춘 경영부에 신석연, 박길문, 오천복 등이었다.

36) "文壇 消息. 월간 『同志』 발간 동경 조선인 잡지…현재 일본프로레타리아문화연맹의
각 동맹 안에서 활동하고 조선 사람 동지와 그 외 각 학교와 직장에 잇서서 프로레
타리아 예술운동에 관심을 가진 사람들이 중심이 되어 동경서 『同志社』라 하는 것을
조직하엿다 한다 그것은 조선 사람들만으로 된 종합적 예술 『서-클』 或은 『그룹』인
동시에 문화연맹의 각 가맹단체를 횡단한 조선 동지의 협의기관이다 그럼으로 일본
프로레타리아문화연맹 안의 한 기관인 『캅푸』와도 유기적 관계가 잇다 당면 임무로
조선문예지 『同志』를 월간으로 발행하게 되엿는데 사무소는 동경 시외 杉丙町 高圓
寺 三一七番地 同志社, 창간호는 十二月 頃에 나오리라 하며 정가 十五錢 예정이라
한다"(『동아일보』, 1931.12.5)

등 조직의 확대를 위해 노력함과 동시에 재동경 각 학생층으로의 진출을 도모하는 한편 국내의 동지 및 코프와의 제휴에 노력하는 등 활발한 운동을 전개했다. 그러나 이 시기에 코프 내에서 "일본에서의 일선(日鮮) 예술의 공동전선의 원칙과 또 일국(一國) 내에 민족적으로 2개의 단체의 병립은 이론상 불가하다"라는 의견이 대두되어, 코프와의 사이에 프롤레타리아 문화예술의 공동전선 형성의 원칙론에 관한 논란이 일어났다. 즉 동지사는 카프 동경지부로 전화(轉化)해야 하며 코프는 식민지 문화운동을 지원하는 차원에서 이를 적극 원조해야 한다는 견해와, 동지사는 코프에 흡수되어야 하며 코프 내에 식민지에 관한 특별기관(위원회)을 설치하자는 견해가 대립하고 있었던 것이다.

이에 따라 동지사는 1932년 1월 중순 단체의 존폐 문제를 정식으로 카프에 상신하고 의견을 구했다. 이에 대해 카프 중앙위원 등이 협의를 거쳐 "동지사는 단연 해체하고, 코프에 가입함이 원칙상 타당하다"고 결정함에 따라 해체를 선언함과 동시에 그 회원들은 코프 산하 각 전문 동맹(일본프롤레타리아연극동맹, 동 미술가동맹, 동 작가동맹, 동 과학연구소, 동 영화동맹, 동 사진동맹, 동 전투적 무신론자동맹)에 가입했다.

동지사는 1932년 2월 "일본 내지(內地)에 민족별로 조선인만의 문화대중조직을 만들어 그 임무를 대행하고자 함은 반프롤레타리아적 견해에 지나지 않다. 최근 코프에서 조선협의회(朝鮮協議會)가 확립하여 감에 따라 동일 임무를 위해 두 개의 별개의 조직을 가짐은 불필요한 것임을 알고서 동지사를 해소(解消)하기로 징했다. 동시사는 임시총회의 결의를 가지고 여기에 해체를 선언함과 아울러 회원이 코프 소속의 각 동맹에 적극적으로 가입함으로 동지사가 지녔던 전(全) 투쟁력을 최근 확립되어 가는 코프 조선협의회의 확대·강화의 방향으로 집중하고자 함을 굳게 약속하는 것이다. 최근 확립된 조선협의회는 재일본 조선노동자의 문화적 요구의 충당자일 뿐 아니라 일선

(日鮮) 프롤레타리아 문화운동의 혁명적 연대를 맺는 직접적인 계기가 될 것이다" 등을 내용으로 하는 해체선언서를 발표했다.

(4) '코프' 朝鮮協議會37)

동지사가 해체되기 이전, 즉 1931년 11월 코프 창립 당시에는 단지 그 행동강령 중에 "식민지 및 반식민지에서의 제국주의적 지배문화에 대한 투쟁"만을 표방하였을 뿐 식민지 문제에 관한 어떠한 기관도 존재하지 않았었다. 그러나 창립 당시부터 코프 내부의 극좌 진영 내에 민족문화 문제에 관한 논의가 진행되고 있었다. 이들은 현존 민족문화에서의 국제적 프롤레타리아 문화의 발전은 "일체의 지배적·반동적 부르주아적 민족문화에 대항하는 프롤레타리아트 및 피압박민중의 문화적 발전과 선진 제국주의 국가의 문화적 지배에 대한 약소민족문화의 옹호"라는 오직 이 두 가지 투쟁을 통해서만 진짜 국제적인, 진짜 전 인류적인 문화의 기초는 놓이게 될 수 있음을 제시하게되었다. 이를 토대로 동지사의 해체 및 코프 내에 조선협의회를 설치하여야 한다는 논의가 필연적으로 대두되었으며, 이는 일본과 국내양쪽의 프로문화단체 사이에, 특히 코프 내에 절대다수를 차지하게되었다.

이러한 배경 속에서 1932년 2월 코프 중앙협의회 서기국은 일본과 국내의 프롤레타리아 문화운동의 혁명적 연대를 위한 직접적인 고리로서, 재일본 조선노동자의 문화적 욕구 및 문화운동에서의 식민지문제 해결방법의 하나로 코프 내에 조선협의회 설치를 결의하게 되었

---

37) 박경식 편, 『재일 조선인 관계 자료집성』 제2권, 동경, 三一書房, 1975, pp. 479-86.
　　김정명 편, 『조선독립운동4 - 공산주의운동 편』, 동경 원서방, 1966, pp. 1041-
　　　44.
　　고준석, 『재일 조선인 혁명운동사』, 동경, 척식서방, 1985, pp. 131-32.

던 것이다.38)

코프는 조선협의회에 관한 방침으로 "가) 조선협의회는 문화운동을 통해 일본 내 조선인 노동자들을 획득하기 위하여 전 동맹의 활동을 통일하는 것을 제1의 목적으로 한다. 제2의 목적은 조선의 카프 확대·강화, 더 나아가서는 조선프롤레타리아문화연맹의 확립을 위해 조선 내의 문화단체 그룹을 원조하는데 있다. 그리고 제3의 목적은 조선 민족문화를 연구·확립하는 것이다. 나) 코프 가맹의 각 동맹은 필히 각자의 필요에 따라 조선문제연구회나 조선위원회 등을 설치해야 하며, 1명의 대표자를 조선협의회에 파견해야 한다. 다) 카프의 지부를 일본 내에 두는 것은 잘못된 일이며, 또한 조선협의회와 동일한 성격을 가진 조직을 코프 외에 두는 것은 잘못된 것이다. 그러므로 동지사는 즉시 해산해야 하며, 그 맹원들은 각 동맹에서 흡수할 것"을 결정, 코프 중앙협의회 소식으로 발표했다. 이에 따라 동지사는 앞에서 살핀 바와 같이 1932년 2월 해체선언을 발표함과 동시에 코프 내에 조선협의회가 결성된 것이었다.

조선협의회는 1932년 2월부터 3월 말까지 두 차례에 걸쳐 협의회를 개최하고, 협의회의 임무 및 카프의 확대·강화를 위한 방침을 결정했다. 먼저 그 임무에 관해서는, 일본 내의 조선인의 획득, 재일본 조선인을 문화를 통해 아지·프로(선전·선동)해 조선협의회의 조직으로 획득하기 위한 통일적인 대책을 강구할 것, 그것을 위하여 각 동맹 내에 조선예술연구회, 조선인문제연구회 등을 조직하여 적극적으로 활동을 전개함과 동시에 이를 전체적으로 통일할 것. 조선인의 아지·프로를 위한 조선어 잡지를 발간할 것. 특히 조직 선전부와 결합

---

38) 이미 코민테른·프로핀테른을 비롯한 하리코프 대회에 이르기까지의 국제회의는 일본의 조선 혁명운동에 대한 적극적인 지원과 혁명적 연대를 강조한 바 있었다. 즉 '일본과 조선의 노동자·농민의 공동의 적인 일본 제국주의에 대항하여 결합해야 할 것이며, 또 일본의 프롤레타리아 문화운동을 원조하기 위하여 투쟁할 것을 촉구했던 것이다.

하여 문화단체 내의 활동에 힘을 쓰도록 노력할 것 등을 결정했다. 카프의 확대·강화에 대해서는, 카프 확대·강화를 위해 지지할 것. 카프가 조선프롤레타리아문화연맹으로 발전하도록 원조할 것. 이를 위해 각 동맹의 조선에 있는 독자취차소(讀者取次所) 조직을 동원하여 적극적으로 활동할 것, 조선의 잡지에 논문·소설 등을 제공할 것. 조선과의 연락을 긴밀하게 할 것으로 결정, 조선협의회 소식을 통해 발표했다.

이러한 결정에 따라 조선협의회는 코프 내에서도 활발한 활동을 전개했다. 먼저 조선협의회는 코프 중앙협의회의 일부로 편입됨으로써 지위가 격상되었고, 각 동맹 내에 설치되어 있는 조선위원회, 조선연구회 등의 조직은 실질적으로 조선협의회의 기능조직이 되어 조직체계를 갖추게 되었다. 이러한 지위와 조직의 확립에 따라 전개된 조선협의회의 1932년의 활동 사항을 살펴보면 다음과 같다.

조선협의회는 문화연맹확대중앙협의회를 1932년 6월 19일에 개최하고자 준비했다. 이를 위하여 서기국은 "문화연맹확대중앙협의회의 공연(公然)한 개최를 정력적 준비 활동에 의해 쟁취하라!"는 제목 아래 발행한 협의회 소식을 통하여 활 동방침과 투쟁의 방법 등을 발표했다.

먼저 조선협의회의 활동 방침에 관해서는 "우리 조선협의회의 광중(擴中) 개최에 대한 준비 활동 방침은 코프의 지령에 기초하여, 파시즘의 문화투쟁을 통하여 일본 내의 노동자·농민을 써클로 조직하고, 이를 통하여 일본의 노동자·농민에게 조선 문제를 소개함과 동시에 관심을 높여 일본-조선 프롤레타리아××(혁명-인용자)적 제휴를 강화함"에 있음을 천명하면서, 이 기본적 방침에 기초하여 일체의 투쟁을 이 확대중앙협의회의 개최를 향해 집중하여야 할 것을 강조하고 있다.

이를 위하여 "각 동맹의 조선위원 및 그것에 해당하는 위부터 아래까지의 모든 부문이 함께 구체적으로 투쟁해야 함"을 강조하면서, 먼저 일본 내의 조선인 노동자·농민들에게 기본적으로는 문화써클의 공장, 농촌으로의 확대·강화가 절대적으로 필요함을 선전·선동할 것, 이들의 선전·선동은 문화써클의 집회에서 교육자에 의해 행하여지는 것이 특히 중요하며, 또한 각종 출판물, 선언, 소식으로 할 뿐만 아니라, 조선인 노동자·농민이 많은 공장·농촌·기타 직장에는 조선어로 만든 전단을 배포하거나 게시하는 것과 더불어 일본인 노동자·농민에게 조선의 사정을 소개하여 조선 문제의 관심을 높여 나가야 할 것을 요구하고 있다.

다음으로 조직 활동을 전개해 나가기 위한 선전·선동의 방법으로 일본인 노동자·농민과 함께 일본 내의 조선 노동자·농민은 문화써클을 조직하여, 집단으로 참석할 것, 『우리동무』의 독자 통신원을 획득할 것, 조선인 사이에 『프롤레타리아 문화』, 『대중의 벗』, 『일하는 부인』 및 각 동맹의 정기간행물의 독자 통신원을 획득할 것, 각 문화단체의 조선동맹원을 획득할 것, 각 동맹에서 조선문제연구회를 확립·강화시킬 것, 각 문화단체의 본부 및 지부의 조선위원회를 확립·강화할 것, 각 지방 조선협의회를 확립할 것, 프롤레타리아 스포츠연맹의 결성을 위한 준비 활동을 일본 내의 조선인 노동자·농민은 일본의 근로 대중과 긴밀히 결성하여 정력적으로 할 것 등을 제시하고 있다.

마지막으로 "이상과 같은 조직적 활동을 통하여 다음과 같은 폭압을 역습하는 운동을 일으켜야한다 『우리동무』 기금 2백 원과 고프 기금 5천원 모집의 강화, 써클에서 폭압 반대, 『대중의 벗』, 『일하는 부인』의 발매 금지와 압수에 대한 항의문 작성, 코프 희생자 및 유족의 구원운동 강화 등을 각 동맹의 조선위원회 혹은 각 동맹의 기타 위원회의 조직적 활동을 통하여 폭압을 역습하는 혁명투쟁을 개시하여, 이를 성공적으로 수행할 것"을 지시했다. 이를 토대로 조선협의회 의

장 石田某(8월경까지)를 비롯하여 송수찬, 신고송, 김파우, 박석정, 김용제 등은 협의원으로 활동하면서 조직의 확대·강화에 노력했다.

이들은 이후 동년 6월 개최되었던 코프 확대중앙협의회에서는 조선협의회 가맹 조선인을 동원하여 시위를 시작으로, 조선협의회는 최고지도부로서 특히 전 지부에 위원회 확립의 필요성 및 전 세계 피압박민중 해방의 호소문을 발표하였고, 또한 코프 강화의 구체적 방법으로 종래 조선협의회 서기국만이 코프와 연락을 취하고 있었다.

이후 각 부문에 정기적으로 연락하여 자료교환, 출판물교환을 실행하였으며, 노동계급사에 대한 오류를 지속적으로 제기하여 대중적 비판을 받게 하였다. 또한 12월에는 코프 가맹의 연극(3.1극장), 미술, 음악, 사진의 각 동맹을 동원 '조선의 밤'을 축지소극장에서 개최하게 하는 등 최고지도부로 활약했다.

이러한 활동과 함께 조선협의회는 일본 내의 조선인 일반 대중의 계몽잡지로서의 기관지 발행을 계획하고, 코프 기관지『대중의 우(大衆의 友)』부록으로, 『우리동무(吾等의 同志)』(한글문 활판인쇄)를 창간준비호,39) 창간 준비 제2호,40) 창간호41) 등에 이르기까지 3회에 걸쳐 간행하기도 하였다. 또한 수시로 편집회의를 개최하여, 소식, 격(檄) 등을 보조적으로 반포(頒布)하면서 조직의 확대에 노력했다.

---

39) 1932년 6월 25일 발행하였으며, 중요 기사로는 '발행에 즈음하여', '조선협의회란 무엇인가?', '재일본 조선노동자의 생활상태' 등이 실려있다.

40) 1932년 8월 1일 발행하였으며, 중요 기사로는 '재도준비호(再度準備號)를 내면서', '계급재판에 대해 용감하게 투쟁하는 우리들의 전위' 등, '8월 29일은 조선국치기념일이다!', '8·1 반전데이를 기해 문화연맹의 폭압을 역습하자' 등이 실려 있다.

41) 1932년 9월 23일부 발행하였으며, 중요 기사로는 '창간의 변', '잊지 말라 혈의의 9월을', '혁명경쟁에 왜 참가하는가', '소비에트동맹 견학단에 조선노동자대표도 보내라!', '우리들의 전위달(前衛達)의 사형 중벌을 반대하라!', '민족개량주의자를 분쇄하라!', '국취일.·대학살기념일을 맞이하여', '광주학생사건 3주년 기념일을 맞이하면서', '대만 로사 사건을 돌이켜보면서', 'XX실업자 대회의 조선인 이동 공연을 듣고' 등이 실려 있다.

이처럼 결성 초기 두 번에 걸친 협의회를 통하여 확립된 지위의 격상과 조직 체계가 완성됨에 따라, "조선협의회는 코프 상임간부와의 밀접한 연결 속에서 기관지의 발행, 각종 시위조직과 조선인 동원, '조선의 밤' 등의 집회 개최 등 계몽적·선전선동적 문화 활동을 전개했다. 뿐만 아니라 멀리 조선과 대만·만주 등의 식민지 민족을 대상으로 한 활동도 조직하였으며, 특히 카프와의 연계를 강화"42)해 나갈 수 있었던 것이었다. 따라서 코프 내에 조선협의회가 결성됨에 따라 조선·일본 간의 프롤레타리아 문화운동은 더욱 긴밀한 관계를 유지하게 되었던 것이다. 또한 동지사의 해산으로 코프 내에 조선협의회가 결성됨으로써 1930년 전반기 재일 한국인 문화운동은 일본공산당의 지도 아래에 있던 코프 활동의 일부분으로 편입되어 전개되었던 것이다.

2. 재일 한국인 연극단체의 활동

(1) 三一劇場

1) 3·1극장 이전 ― 동경조선어극단

위에서 살펴보았듯이 카프 동경지부는 1929년 5월 무산자사(無産者社)가 결성되는 것을 계기로, 동년 11월에 해체되어 무산자사에 합류하게 되었다. 그러나 이때 무산자사에 가입하지 않은 최병한, 한홍규, 이화삼, 윤상열 등은 1930년 11월 "다시 마르크스 레닌주의에 입각한 프롤레타리아문화 수립" 등의 목적으로 프로예술연구단체를

---

42) 김창순·김준엽, 『한국공산주의운동사(5)』, 청계연구소, pp. 260-61.

조직하였다. 이들은 프로예술연구와 카프의 확대 강화에 노력하는 한편 기관지 『프롤레타리아 문화』의 간행을 시도하지만, 약 1개월만에 해체하고 말았다.43) 이들은 1931년 6월 "우리는 무산계급운동에서의 마르크스주의의 역사적 필연을 정확·명철하게 인식한다. 따라서 우리는 무산계급운동의 일부문인 프롤레타리아 연극운동을 통해 봉건적 계급 관념과 자본주의적 관념을 철저히 배격하고 전(全) 피압박 민중의 해방을 기한다"44)라는 강령 아래 '동경 조선프롤레타리아 연극연구회'를 결성했다. 이 연구회는 〈하차〉, 〈이층의 남자〉, 〈도적놈〉 등의 상연을 비롯하여 수회의 소공연45) 활동을 하다가, 동년 10월 '동경조선어극단'으로 발전한다.

동경조선어극단은 최병한의 주도 아래 일본에 거주하는 유학생 및 조선인에게 계급의식을 심어 주기 위한 의도로 일대(日大) 및 타 대학에 재학 중인 학생 등을 권유하여, 학생들과 단원 10여 명이 〈하차〉, 〈이계의 남〉, 〈곤봉〉등의 레퍼토리로 1931년 11월 초순 공연을 목표로 연습 중, 10월 하순 경찰에 발각됨으로써, 공연 계획은 시도로 그치고 말았다.46) 그러나 이들은 이에 굴하지 않고 다시 11월에는 전술한 동지사의 결성에 참여하는 등 조직 정비와 함께, 11월 23일, 24일 양일간에 걸쳐 축지소극장(築地小劇場)에서 동경 프롤레타리아 연예단(메자마시隊의 전신)과 프로키노, 프로음악동맹 조선부의 지원 아래 〈하차〉, 〈도적놈〉, 〈삼림(森林)〉 등의 레퍼토리로 제1회 공연을 갖는다.47) 이 공연은 자체의 역량과 경제적 조건으로 1막물을 취하

---

43) 김정명 편, 위의 책, p. 1037.
44) 박경식 편, 위의 책, p. 477.
45) 浦囑驅, 「삼일극장과 국제연극 십 일간」, 『조선일보』, 1933.3.3.
46) 박경식 편, 위의 책, 제2권 2, p. 925.
47) 조선문예사에 의해 간행된 『재일 조선인 문예연감』(1949년 판) 내의 「재일본 조선 문화운동 A. 해방 전의 재일 문화운동 개관」, p. 53에는 "연극운동은 1929년 10월에 동경 와세다 송풍관에서 제1회 시연을 한 조선어극단이라는 것이 그 최초였다. 상연 연목(演目)은 단원 전원의 공동작품인 『국경의 도시』全一幕과 번역극 『도적놈』

여 다소의 결함이 있었고, 노동자 관객의 동원 수에 있어서도 실패하였다.

동경조선어극단은 1932년 1월 토목노동자의 집회에 2, 3차 이동 출연을 하고, 품천(品川)에서 소공연을 하는 외에, 축지소극장에서 상연된 좌익극장 22회 공연 〈붉은 메가폰〉11장에 〈곤봉〉을 가지고 참가하기도 했다.48) 동년 2월 13일부터 시작한 프롯트 동경지부 주최의 제2회 국제연극데이(IATB데이) 기념경연에 〈하차〉를 가지고 참가하였다.49)

동경조선어극단은 이 연극 경연에 참가하기 직전인 1932년 2월 8일 '프롯트(일본프롤레타리아연극동맹)'에 정식 가입을 하면서, 그 해 3월 명칭을 '3·1극장'으로 개칭했다.50)

이렇게 볼 때 동경조선어극단은 약 4개월이라는 짧은 기간 동안 활동한 극단이었지만, 재일 한국인 프로연극운동에 있어 전문 극단에 의한 극장에서의 공연 활동은 바로 이들에 의해서 시작되었다고 하겠다. 이로써 일본 연극계에 한국인에 의한 연극이 구체적 형태를 가지고 자리를 잡게 되었다고 할 수 있다.

『구루마』등이었는데 ……"라고 기록되어 있다.

48) 倉林誠一郎, 『新劇年代記 - 戰前編』, 白水社, 1972. p. 447.

49) 浦署驅, 위의 글

50) 浦署驅, 위의 글.
동경조선어극단이 3·1극장으로 명칭을 바꾼 시점에 대해서 당시 일본측 자료에 의하면 1932년 2월 8일 프롯트 가입과 동시에 이루어졌다고 기록되어 있다. 또한 당시 동경에서 연극운동을 벌였던 전일검은 「재동경 조선극단」(『조선일보』, 1936.5.15)이라는 제목의 글에서 4월에 3·1극장으로 개칭하였다고 기록하고 있다. 그러나 필자의 견해는 3·1극장이라는 명칭과 당시 3·1극장의 조직 변경 등을 통해, 포서구의 글이 가장 타당하다고 판단된다.

2) 3·1극장

1932년 2월 프롯트에 정식 가입함으로써 활동을 시작한 3·1극장
은 메마자시隊, 좌익극장, 신축지극단 등 일본극단에 가입된 조선인
연극인과 함께, '프롯트 동경지부 조선위원회'의 산하 극단으로서 활
동하였다.51) (프롯트 동경지부 조선위원회에서 가장 활발한 활동을
보여 준 것은 3·1극장이었다.) 이 극단은 순전히 조선인으로만 조직
된 극단으로서, 1932년 2월 프롯트 가입 당시, 주요 간부는 최병한
(위원장), 한홍규(서기국), 윤상열(문예부), 송수찬(경영부) 등의 지
도 아래 이화선, 이홍종 외 20여 명으로 대부분 자유노동자들이었
다.52) 이들은 이동 공연과 함께 격(檄), 소식지 발행과 함께 동경 지
방을 중심으로 한 조선인 연극써클을 조직하는 등 대중 획득을 위해
활발한 활동을 펼치게 된다.53) 동시에 1932년 5월 경 조직을 개편
했다. 이는 다음과 같다.

　위원장　李洪鍾
　서기국 책임자 韓弘奎 외 서기 2명

---

51) 프롯트에 정식 가입함으로써 활동을 시작한 3·1극장은 메마자시隊, 좌익극장, 신축
　지극단 등 일본극단에 가입된 조선인 연극인과 함께, '프롯트 동경지부 조선위원회'의
　산하 극단으로서 활동하였다. 코프 중앙협의회 직속기구가 '조선위원회'이고, 각 산하
　동맹기관 소속기구가 조선위원회이다. 즉, 각 부문별 동맹기관에 조직된 조선위원회
　의 대표가 모여 중앙의 '조선협의회'를 구성했던 것이다. 프롯트 동경지부 내에 설치
　된 조선위원회는 처음(1931년 12월)에는 책임자 生江健次(일본인) 밑에 위원 申末
　贊(신고송) 등이 중심이 되어 문서선전 및 연극 개최 등 활동을 추진하였는데, 코프
　산하 조선협의회의 문화운동 가운데 가장 활발한 활동을 전개하였다.
52) 박경식 편, 『재일 조선인 관계 자료집성』 제2권, 동경, 三一書房, 1975, pp. 484-86.
　　　포서구, 위의 글.
　프롯트 가입 후 3·1극장의 코푸 조선협의회 출석 책임자는 이홍종 또는 송수찬이었
　으며, 카프와의 연락원은 한홍규였다.
53) 연극써클은 '프롯트' 제4회 대회(1931.10)에서 채택된 연극운동의 방안이다.

기획부 책임자 柳 徹 외 위원 5명
기획재정부 책임자 李源錫 외 위원 4명
이동활동부 책임자 李化三 외 위원 7명
문예부 책임자 崔丙漢 외 위원 4명
교육부 책임자 鄭明源 외 위원 4명54)

조직 구성에 나타나듯, 프롯트 가입 초기에는 동경조선어극단의 형태를 그대로 유지하다가, 그 후 5월경에 이르러 3·1극장이라는 독립된 극단 형태를 갖추게 되었음을 알 수 있다. 그러나 전문 극단으로서의 체계보다는 선전선동 활동 위주의 체계를 구축하고 있음을 알 수 있다. 이는 기술부의 독립이 없고, 특히 이동활동부의 존재로 보아 이들의 활동도 초기에는 이동공연 형태가 주가 되었을 것이라 추정된다. 따라서 '문예부'와 '이동활동부'가 각각 각본 준비와 공연 활동을 담당한 것으로 보인다.

3·1극장의 구체적 활동을 살펴보면, 동경 지방을 성동(城東), 성서(城西), 성남(城南), 성북(城北), 중부(中部)의 5지구로 나누어, 각 지구에 써클반의 조직에 전념하여 오다가, 1932년 8월 '이동 아지프로隊'를 결성, A·B·C 세 반(뒤에 A·B 두 반으로 나뉜다)으로 나누어 각 지구의 직장 야유회나 위안회에 출동하거나, 전문 극단 또는 자립 극단과 긴밀한 연락을 갖고 공동공연을 개최하기도 하였다.55) 동년 11월에는 '동경 프롤레타리아연예단'(메자마시隊)에서 활동하고 있던 김파우(김보현)가 전입하여 이동활동부의 책임자가 되면서 이동 활동을 더욱 활발히 전개하였다.56)

---

54) 「조선어극단 三·一劇場의 近況」, 박경식 편, 위의 책, p. 564.
55) 김정명 편, 『조선독립운동 4 - 공산주의운동 편』, 동경 원서방, 1966, p. 1046.
56) 김파우가 프롯트 동경지부의 책임자가 되면서 프롯트 산하 극단인 3·1극장의 이동활동부의 책임자가 된 것이다. 이에 김보현은 동 지부 조선위원회에 이홍종 외에 두 명을 위원으로 추대하였는데, 이 조선인 위원들은 동 지부 내의 조선인 맴버들을 지도하여 재일본 조선인 노동자에 대한 선전선동에 노력하였을 뿐만 아니라, 이후 국

그러나 1933년에 재정적 궁핍으로 3·1극장의 활동은 뜻대로 진행되지 않았다. 이에 동 극장의 간부들은 프롯트 산하 각 단체와 협력하여 1933년 4월에 개최된 프롯트 제5회 전국 대회의 주요 방침으로 결의된 '국제혁명연극동맹 극동 서기국의 확립, 동양 제 민족의 혁명적 연극운동 발전'과 '우리들의 투쟁의 중심을 기업 내 예술 아지프로대 활동으로 집중시키자'라는 슬로건에 기초하여 기업 경영 내에 있어서 혁명적 조직의 결성을 시도하는 등 적극적 활동을 계획하였으나, 6월에 이홍종 및 기타 간부가 검거됨으로써 무산되고 말았다.57)

이후 3·1극장은 1933년 12월 13일 이 검거 사건에서 석방된 사람들을 중심으로 임시총회를 개최, 각종 활동보고 후 '극단 기관 확립 임무개선 건' 등을 의결하였다.58) 이들은 "3·1극장 결성 목적은 아지푸로대에 있으며, 일본 내지에서 민족연극을 중심으로 한 전문 극단이기 때문에, 1932년 2월 8일 프롯트 동경지부 가맹 이후 지부의 제창에 기초한 아지푸로 활동을 표방하여 상당히 활발하게 활동을 하였어도 어떠한 성과도 얻지 못하였으므로 조직 강화를 위하여 종래의 기관을 개조 강화할 필요가 있다"라는 점을 강조하면서, 조직을 정비 위원장·집행위원장 김보현, 교육부 안정호, 문예부 김봉종, 기획재

내의 카프와 연락하여 상호간의 조직 확대를 도모하게 된다. 이는 1933년 4월 신건설사의 동인 오철영(吳鐵榮), 윤해덕(尹海德), 최영대(崔榮臺)가 신건설사의 위원 김승일(金承一)의 명을 받아 동경으로 가서 김파우와 연락하여 서울과 공동투쟁을 시도하던 중 경시청에 검거된 사건이 그 하나의 예가 된다.

57) 이때 검거된 사람들 가운데 연극운동 관계자는 3·1극장의 안정호(안영일), 이영수(이서향의 본명), 조우적(허 달 이라고도 함), 김영희, 김봉원, 이화삼, 김보현이었으며, 프롯트 동경지부 성남 지구의 김석준과 일본 신축지극단의 한국인 이인재, 홍대모 등이었다. 이 가운데 김보현과 조우적을 제외한 나머지는 석방되었다.(「1933년도 프롯트 동경지부 관계 조선인 검거 상황표」, 김정명 편, 위의 책, p. 411 참조)

58) 임시총회에 참석한 사람은 총 16명으로 이는 다음과 같다.
이철연, 김봉종(전일검), 김보현(김파우), 김우협(김일영), 안정호(앙영일), 이화삼, 이홍종, 최병한, 오철영, 조우적(허 달), 김수만, 김미사(여), 최영자(여), 홍태모, 고병준, 김 홍.

정부 이홍종, 서기국 조우적 등을 조직의 간부로 확정하였다. 또한 김미사, 김우현, 최영자, 이 현, 한창환, 김 홍, 고병준 등은 3·1극장을 위하여 노력하였음을 인정하고 정식 극장원으로 승인하였지만, 이서향은 최근 극장원으로서 어떠한 활동이 없으므로 그 행동을 위원들이 조사할 것을 의결했다. 이와 함께 동년 12월 20일 소식지를 발행할 것을 결의 한 후, 동년 12월 6일, 7일 양일에 개최했던 '범태평양 혁명연극 교환주간 기념공연'에 대한 비판을 통하여, 앞으로 공연을 준비할 때는 연출 계획의 정비·레퍼토리의 선정·기술가의 양성·연기연습 등을 연구하여, 공연의 질적 수준을 향상할 필요성이 있음을 비판 가운데 수용하였다.59)

그런데 1933년 12월 13일 임시총회를 통해 의결된 조직의 개편정에서 주목되는 것은 김보현이 위원장과 집행위원장을 겸직하고 있다는 것과, 좌익극장의 제3기 연구생 출신으로 신축지극단에서 활동 중이던 안정호(안영일)가 간부로 피선되었다는 사실이다. 또한 이 총회 참가자로 보아 이 임시총회를 계기로 각 극단에 흩어져 있던 재동경 한국인 연극인들이 3·1극장으로 대부분 통합되었음을 알 수 있다.

이후 3·1극장은 1934년 7월 15일 상급단체인 프롯트의 해산과 조직 내부의 문제, 일본 신연극협회 참가 등의 문제로, 동년 10월 '고려극단'으로 개칭함으로써, 3·1극장 극단으로서는 활동을 중지하게 된다.

다음으로 3·1극장의 공연 활동을 구체적으로 살펴보면, 총 8회의 공연과 16회의 지구 공연, 수백 회의 이동 공연이라는 경이적 기록을 남긴 바 있다고 한다.60) 그러나 여기서는 자료에서 확인할 수 있는 공연 활동만 살펴보면 다음과 같다.

1932년 9월 20일부터 25일까지 축지소극장에서 열린 국제노동자

---

59) 박경식 편, 위의 책, p. 859.
60) 전일검, 「조선 신극운동의 당면 문제 4-재동경 조선극단」, 『조선일보』, 1936.5.15.

연극올림피아드 파견 송별 프롯트 공동공연에 참여하였다.61)

1933년에 들어서는 2월 23일, 24일 양일간 축지소극장에서 열린 '노동자 소인연극 대회'에 참가하였으며, 2월 25일, 26일 양일간 열린 '극동 민족 연극의 밤'에 〈금음날〉(1막)과 〈국경〉(3막 7장)을 상연하였다.62) 또한 동년 12월 6일, 7일 양일간 동경축지소극장에서 '범태평양 혁명연극 교환주간기념공연'의 목적으로, 일본 극단 신축지 및 좌익극장의 도움을 받아, '조선 연극의 밤'을 개최, 〈강남제비〉, 〈포함 고다시에루〉를 상연(입장인원 합계 956명, 조선인 9할)하기도 하였다.63)

1934년에 들어서도 2월 15일 오후 6시부터 지포회관(芝浦會舘)에서 '재 동경 조선인 위안의 밤'을 개최, 〈사돈(飼豚)〉, 〈만경촌(万頃村)〉, 〈부달(父達; 아버지들)〉을 공연하였으며, 이 공연에 대해서 18일에 축지소극장에서 3·1극장원과 일본 메자마시隊員(3명) 등 21명이 모임을 갖고, 공연준비 활동 및 연출, 연기에 관한 비판회를 개최하기도 했다.64) 이어 2월 28일에는 상야자치회관(上野自治會舘)에서의 금석구락부(今昔俱樂部) 주최 '울릉도 설재(雪災)의 밤'에 〈만경촌〉으로 찬조 출연을 하였으며,65) 5월 25일, 26일 양일간 축지소극장에서 유치진 작, 김파우 연출의 〈빈민가〉(1막)와 촌산지의 작,

61) 倉林誠一郎,『新劇年代記(戰前篇)』, 동경, 백수사, 1972, p. 493.
　　　좌익극장, 신축지극단 등과의 합동공연. 김파우는 村山知義 작 〈승리의 기록〉에, 이 화삼과 全一劒假(전일검)은 大欒幹夫 작 〈촌의 공사장〉에 출연하였다.
62) 포서구, 위의 글.
　　　이 행사는 일본, 중국의 극단과 함께 개최하였었다. 〈금음날〉은 조선에서 지주의 횡포로 인하여 간도로 이주한 동포가 그곳에서 중국인과 함께 당지의 지주에 투쟁한다는 내용이었으며, 〈국경〉은 무대를 조선과 중국 사이의 국경으로 설정하고, 지주와 화전민의 싸움을 그리고 있는 작품이었다.
63) 박경식 편,『재일 조선인 관계 자료집성』제2권 2, 동경, 三一書房, 1935, p. 858.
64) 박경식 편,『재일 조선인 관계 자료집성』제3권, 동경, 三一書房, 1935, pp. 223-24.
65) 박경식 편, 위의 책, p. 224.

최병한 연출의 〈아편전쟁〉으로 제7회 공연을 갖기도 하였다.66)

이렇게 볼 때 3·1극장의 공연 활동은 이동 공연 위주가 되었지만, 8회에 걸친 정기 공연을 축지소극장에서 했던 것과 1933년 이후에는 공연 후 비판회를 통하여 자체 역량을 키우고자 노력했던 것으로 보아, 상당한 정도의 공연 역량이 있었던 것으로 판단된다. 다만 레퍼토리에 창작극이 거의 없고, 번역극이라 하더라도 같은 작품을 반복하여 상연하였기 때문에, 우리말로 상연했다는 의의를 제외하면, 그 한계가 많은 것이다. 이는 극단 내에 역량 있는 극작가가 없었기 때문이었을 것이며, 이것이 이들의 활동에 커다란 제약 요소의 하나였던 것이다. 따라서 창작극 〈빈민가〉 상연은 커다란 의미를 갖는 것이다.67) 이러한 극장 공연 외에도 여전히 재일 한국인 노동자를 대상으로 한 이동극장 형태의 지구순회 공연이 정치적 선전 활동을 중심에 놓았던 프로연극운동의 주요 활동방식으로 채택되고 있음을 알 수 있다.

또한 3·1극장의 공연 활동을 시작으로 일본에서의 한국인 연극운동이 본격적이 단계에 접어들었다고 평가할 수 있겠다. 그리고 1931년 동지사 결성에서 3·1극장 초기에 걸쳐 활동에 참여한 바 있는 신고송이 1932년 초 귀국 이후 메가폰, 신건설의 조직을 주도한 데서 그 국내에의 영향 관계를 확인할 수 있다.68)

---

66) 박경식 편, 위의 책, p. 148.
67) 이에 대하여는(김파우, 「우리는 빈민가를 어떻게 상연하엿나」,『예술』1, 1935. 1)를 참조.
68) 신고송은 이상춘과 함께 『연극운동』을 발간하면서 프로연극운동(이동공연, 슈프레히콜 등)을 소개하고, 메가폰, 신건설에서는 연출을 담당하기도 했으며, 동경에서 발행되던 코프 조선협의회 기관지 『우리동무』를 서울에서 배포하다 1932년 8월 구속된 바 있다. 또한 그의 일본에서의 활동경력까지 감안한다면 그의 3·1극장과 국내프로연극운동 사이의 교량 역할을 쉽게 짐작할 수 있다. 이렇게 볼 때 3·1극장의 활동 시기가 이동식 소형극장, 메가폰, 신건설로 이어지는 국내 프로연극운동의 전성 시기와 맞물려 있었다는 점에서, 이 시기를 일제 강점기 프로연극운동의 최전성기로 규정할 수 있겠다.

이상과 같이 3·1극장은 프롯트 가맹 후 그 지도하에서 일본 거주 한국인 유일의 민족연극 개척자로서 상당히 활발한 활동을 전개하였지만, 1934년 7월 15일 프롯트의 해산과 조직 내부의 문제로 인하여, 동년 10월 9일 임시총회에서 '고려극단'으로 개칭함으로써, 3·1 극장이라는 이름으로의 활동은 중지하게 된다. 이리하여 재일본 한국인 연극운동의 역사에서 프롤레타리아 연극운동은 그 표면으로는 퇴조 현상을 보이게 된다.

2) 高麗劇團

1934년은 일본에 있어서 프롤레타리아 문화운동뿐만 아니라 사상 운동 전체가 퇴조한 해이다. 1934년 4월 22일 일본공산당의 외곽단체인 코프(일본프롤레타리아 문화연맹)가 해산되고 뒤이어 6월 19일 프롯트도 「동맹 해산에 관한 결의」를 발표한 후, 마침내 7월 15일 공식 해산한다. 프롯트 동경지부 조선위원회는 프롯트 해산을 계기로 자연 해소가 되고, 3·1극장의 활동도 침체 상태에 빠지게 된다. 이는 3·1극장이 조직상으로 일본 연극운동단체인 프롯트의 지도를 받고 있었기 때문에 오는 당연한 귀결이라 하겠다. 이에 3·1극장은 1934년 10월 1일 「프롯트 해산 후 우리 3·1극장의 새로운 출발에 즈음하여」라는 인사장을 관계 각 방면에 발송하면서 민족연극의 극단으로 변모하게 되는 것이다. 이는 극단 내부에 고문제도와 후원회 조직을 새로이 확립함으로써, 과거 예술성의 빈약과 재정적 곤란의 극복을 도모하고, 그 행동에 있어서는 좌익편중주의적 경향을 청산하고, '순연한 연극예술가집단'으로 새롭게 태어난다는 태도를 표명한 것이었다. 이를 살펴보면 다음과 같다.

고국을 등지고 말과 풍속이 다른 이 일본에 온 우리는, 나날이 받는 생활의 위협과 우울을 호소하여도, 일시적이라도 건전한 정신적 위안을 얻기 어려운 경우에 있습니다. 돌이켜 보면 우리 3·1극장은 지금부터 4년 전 즉 1930년 6월 동경 조선프롤레타리아연극연구회라는 명칭으로 출발하여 제군이 요구하는 위안의 요구를 충족하여, 신생활을 구하는 거울이 되어, 정신의 양식이 될 우리들의 진정한 연극을 창조하기 위해 연구와 실천을 거듭하여, 동년 10월에는 동경조선어극단으로 발전, 제1회 시연을 축지소극장에서 공개했습니다. 이처럼 재일본 조선 민족연극(문화)사업에서 사회적 존재를 확대케 한 우리 극장은, 이 의의 있는 연극사업을 더한층 발전시키기 위해 1932년 2월 8일 일본프롤레타리아연극동맹(프롯트)에 정식 가맹한 이래 금년 7월 15일 프롯트가 해체되기까지 만 3년 이상 프롯트의 기치 아래 재일본 조선 민족연극의 수립을 위해 헌신적 노력을 해 왔습니다.

이 프롯트가 해체되기에 이른 이유는 이미 아시리라 믿지만, 이를 간단히 말하면 현재의 객관적 사회상황이 극히 곤란하게 되었기 때문입니다. 이 해체로 인해 각 극단은 잠시 분립 상태에 있었으나, 최근에 와서는 다시 전(全) 일본의 신극운동이 경신을 지표로 하고, 대동단결의 새로운 새로운 기운 아래 전진하고 있습니다.

우리 3.1극장도 이 프롯트 해체 이후 오랫동안 장래의 활동 방침과 태도 결정에 대해 신중하게 고려를 거듭한 결과 재일본 조선 민족연극의 독자성과 장래의 발전 방향을 확정하고, 드디어 우리 3·1극장은 순연한 연극예술가집단으로 경신, 내부적 충실을 기하기 위해서는 새로이 고문제도와 후원회 조직을 확립함과 동시에, 연극의 내용에서도 과거 가장 결점이었던 예술성의 빈약과, 활동에서 가장 약점이었던 재정적 곤란을 극복하려고 적극 노력함으로써, 일본에 있는 조선 민족연극의 선두 부대가 될 것을 기약코자 합니다. 과거 우리 3·1극장을 깊이 사랑하시고 다대한 응원을 아끼지 않았던 제군! 우리의 새로운 출발을 기념하기 위해 근자(금년 11월 중)에 기념공연을 공개하고자 합니다. 동시에 극단 명칭도 개명하고자 합니다. 우리 민족연극을 사랑하는 제군은 우리를 둘러싸는 내외적 어려운 정세를 깊이 양해하시고 금후에도 이전보다 일층 우리 극단을 위해 정신적 물질적 지원을 해주실 것을 깊이 바라는 바입니다.

1934년 10월 1일
3·1극장69)

---

69) 박경식 편, 위의 책 3권, pp. 148-49.

3·1극장의 이러한 변화는 좌익운동의 퇴조라는 객관적 정세의 변화에 따라 모든 면에서(특히 재정적인 측면에서) 극단 스스로 자생력을 갖추어야 하는 상황에 처했기 때문에 그에 맞는 활동 형태를 추구하게 된 것이다. 따라서 3·1극장은 1934년 10월 9일 임시총회에서 극단 이름을 고려극단으로 개칭하고, 조직개선 및 새로운 규약의 제정 등을 통하여 소위 새로운 출발에 대한 구체적인 방침을 결정했다.

이 규약에 의하면 고려극단은 "조선 민족연극(문화) 유산의 새로운 탐구와 진보적 민족연극예술의 창조적 수립"(규약 제3조)을 목적으로 하고, 결의 기관으로 총회 및 간사회를 두고 사업 실행을 위해 경영과 기술의 2부를 두고, 경영부에 사무계 및 기획반·선전반을, 기술부에 연출반, 연기반, 조명반, 의상반, 미술반, 음효반으로 배속시켰다. 이를 통하여 3·1극장은 해소되고 순수한 극단 체제를 갖춘 고려극단이 출발했던 것이다. 출발 당시 고려극단의 진용은 다음과 같다.

고문·찬조원
총회
간사회 최병한, 한홍규, 김파우, 이화삼, 유 철
경영부 유 철(책임자)
사무국 유 철(책임자) 윤북양
기획선전계 허 달(책임자) 이화삼, 김일영
기술부 최병한(책임자)
연기반 전일검(책임자) 석동암, 유 철, 박 학, 윤북양, 허 달, 한례환,
　　　　　　　　　　이화삼, 한홍규, 오식민, 남해단
연출반 이서향(책임자) 이홍종, 김파우, 최병한, 박민천, 오진민, 황명순
문예반 석동암(책임자) 전일검, 남해단, 이서향, 김파우, 최병한, 오진민,
　　　　　　　　　　박민천
조명반 윤 창(책임자)
의 상 김일영(책임자)
미 술 김일영(책임자)
음 효 이서향(책임자)

※ 비고 : 음효반은 연출반에, 의상반은 미술반에 당분간 합병함70)

이로써 보면, 고려극단은 그 구성원에 있어서 3·1극장의 맴버가 그대로 이어진 것임을 알 수 있다. 그러면서도 고려극단은 과거(3·1 극장이 프롯트의 지도하에서 활동하던 때)와는 달리 독립된 전문 극단으로서의 자립력을 강화하고자 한 것으로 보인다. 즉 재정적 곤란을 극복하기 위하여 고문과 찬조원 조직을 새로 편성하고 있으며, 전문 극단으로의 변화를 모색하기 위해 기술부의 체계화를 시도하고 있는 것이다. 그러나 이러한 조직의 변화에도 불구하고, 실제 구성원의 의식은 물론 공연 활동에서도 여전히 3·1극장의 형태를 벗어나지 못하고 있었다.

때문에 고려극단은 1935년 1월 13일 총회에서 1) 여전히 좌익편 중주의적 경향이 청산되지 못한 점 2) 경제적 근거가 없는 동시에 장래도 전혀 없음 3) 극단 활동에서 가장 중요한 지도적 문학자(극작가)가 없음 4) 기술자의 부족, 특히 여배우가 한 사람도 없음 등을 이유로 창립 3개월만에 자진 해산을 결의하고 말았다.71)

이처럼 고려극단은 프롯트 해산 이후 변화된 정세 속에서 극단 성격을 새롭게 변화시키고자 하는 시도에서 탄생한 극단이었지만, 실제 활동에 있어서는 3·1극장의 연장선에 놓여 있었기 때문에, 결국 아무런 활동도 없이 자진 해산을 하고 말았던 것이다. 그 결과 고려극단이 추구하였던 전문 극단으로서의 활동은 조선예술좌에 의해서 이루어진다.

고려극단이 해산되자, 구성원의 일부는 "신연극의 창조 수립"을 목적으로 '동경신연극연구회'를, 일부는 "기술자 중심의 순연한 흥행극단"을 표방하고 '조선예술좌'를 결성한다.

---

70) 박경식 편, 위의 책, p. 151. 「고려극단 현세도」 참조.
71) 박경식 편, 위의 책, pp. 335-36.

3) 朝鮮藝術座

해산된 고려극단은 최병한을 중심으로 한 '동경신연극연구회'와 김
보현, 김두용을 중심으로 한 '조선예술좌'로 나누어진다. 두 극단이 공
존하다가 1936년 이들이 통합하여 다시 '조선예술좌'가 되었다. 이
시기는 일본 연극계에서도 프로연극이 퇴조하고 신협극단과 신축지극
단에 의한 신극운동의 전성기였으며, 국내에서도 카프 및 신건설이
해산되고 극예술연구회 중심의 신극운동만 존재하던 시기였다. 따라
서 조선예술좌의 활동도 정치성은 약화되고, 신극운동 담당체로서의
역할이 중시되게 된다. 이른바 인민전선운동의 신전술에 입각한 합법
운동 지향이 그 구체적 방법론으로 나타난다.

① 동경신연극연구회

고려극단이 해산을 결의하자 곧바로 최병한, 김선홍 등은 고려극단
의 일부 옛 멤버를 규합하여, 1935년 2월 25일 창립총회를 열고 '동
경신연극연구회'를 창립한다. 이들은 창립총회 개최 이전 각계에 보낸
창립 취지서를 통해 "지금까지 일본에서의 우리 연극운동은 정치주의
적 편중, 희곡에 대한 이데올로기의 과중평가 등으로 예술적 가치를
말살시켜 왔다"고 비판하고, "민족 고전예술의 국제적 소개와 신연극
운동의 올바른 이론적 연구"를 그 임무로 하고 있음을 밝히고 있는데
이는 다음과 같다.

우리는 이번에 동경신연극연구회를 조직하게 되었습니다. 일본에서 조선
민족의 연극운동은 갖가지 불리한 조건 때문에 다대한 곤란과 신고가 예상
됩니다만, 우리는 단지 민족고전연극예술의 국제적 소개와 신연극운동의
올바른 이론적 연구를 그 임무로 하는 것입니다. 지금까지 일본에 있어 우
리 연극운동은 정치주의 편중, 희곡에 대한 이데올로기의 과중평가, 거기

에서 발생하는 희곡의 고정화(固定化)는 그 예술적 가치를 멸살(滅殺)하여 신연극의 매력을 상실시킨 경향이 있었습니다. 우리는 그런 비예술적(?)인 태도를 탈피해 올바른 예술의 영야(嶺野)를 걸어서 조선 민족 고유문화를 재연구해 신연극의 확고한 수립을 기하고자 하는 것입니다. 따라서 연극연구자 및 그것에 관심 있는 제현의 보편적 지도를 기대하는 바입니다.

1935년 2월[72]

동경신연극연구회는 창립총회에서 의결된 조직 및 규약의 제정 등을 통하여 활동을 시작했다. 이 규약에 의하면 동경신연극연구회는 "과거 조선 민족문화(연극)의 재검토와 신연극 예술창조 수립"(규약 제3조)을 목적으로 하고, 결의기관으로 정기총회, 임시총회, 상임위원회를 두고, 사업 실행을 위해 경영부, 문예부, 교육부, 기술부 4부를 두고, 경영부에 서무반, 재정반, 선전반을, 기술부에 연출반, 연기반, 장치반, 조명반, 의상반, 효과반을 배속시켰다.

출발 당시 동경신연극연구회의 진용은 다음과 같다.

경영부 김선홍(부장), 임 평, 權藤 明
문예부 최병한(부장), 고영기, 임 평, 김선홍, 이억섭, 권등명, 권일수
교육부 임신삼(부장), 이한룡,
기술부 고영기(부장), 함 영, 신영춘[73]

이러한 체제를 토대로 활동을 시작했지만, 연극기술의 부족으로 인해, 두 번의 지구순회 공연을 하는데 만족하여야 했다. 이들의 공연 활동을 살펴보면, 1935년 3월 16, 17 양일간 오후 7시부터 본소 공회당(本所公會堂)에서 〈뇌옥(牢屋)의 춘향〉, 〈회사원 각하〉(1막), 〈가을밤〉(1막)을 상연했고(입장자 양일 통해 약 1,250명), 이어 동년 4월 27, 28일 양일간에는 목흑회관(目黑會館)에서 '음악 무용의 밤'

---

72) 박경식 편, 『재일 조선인 관계 자료집성』 제3권, 동경, 三一書房, 1935, pp. 336.
73) 박경식 편, 위의 책, p. 422.

(입장자 양일 통해 약 500명)을 개최하였을 뿐이었다.74)

② 조선예술좌

한편 이보다 조금 나중에 동경신연극연구회에 가입하지 않은 김보현과 김두용 등을 중심으로 "프롯트의 영향에서 벗어난 예술적인 기술자 중심의 순연한 흥행극단"을 표방하고, 새로운 극단을 조직하고자 활동을 시작한다. 즉 1935년 3월 3일, 4일 양일간 제1회 극단 창립준비 공연을 시작으로, 5회에 걸친 준비 공연을 통해 극단 창립에 노력하였다.

그 결과 1935년 5월 3일 김보현(김파우)과 김두용을 중심으로 한 11명의 출석 하에 창립총회를 열고 "우리 민족의 고전적 예술(연극)을 올바르게 계승하고 널리 일본의 인사에게 소개하고, 나아가 조선민족연극예술의 향상 발전을 위해 힘을 다함으로써, 독자성 있는 새로운 스타일"을 목표로 '조선예술좌'를 결성했다. 개회 벽두 준비위원 김보현으로부터 간단한 경과보고가 있은 후, 의장에 한홍규를 추대하여 좌원의 자격심사, 위원선거, 규약 및 초청장 등 각종 의안을 차례로 상정하여 이를 가결하였고, 이때 선출된 위원 및 좌원과 연구생은 다음과 같다.

> 위　원 : 김우현, 이화삼, 김일영, 안정호, 오철영.
> 　　　　(위원장은 제1회 위원회에서 결정하기로 함)
> 서　기 : 박태흠
> 좌　원 : 김파우(김보현), 안영일(안정호) 전일검(김봉종), 박한구(박
> 　　　　학 또는 동영부(東英夫), 박민천(박태흠), 오정민(오철영),
> 　　　　윤북양(윤해덕), 장주원(장숙녀), 김일영, 한홍규, 동명순(董
> 　　　　明淳), 이화삼

---

74) 박경식 편, 위의 책, p. 326.

연구생 : 하옥희(하영주), 손육보(허 원), 로리오(안기석), 황 소(황성
택)75)

이들 역시 창립총회를 통해 그들의 활동 방향과 목표를 밝히고 있
는데, 그 내용은 다음과 같다

좋은 예술은 무릇 어느 민족에게도 친하며, 인류생활의 커다란 정신적
양식이 될 것이라고 생각합니다. 옛날 우리들의 조상들은 훌륭한 예술품을
남기고 있었습니다. 특히 공예미술에서, 그리고 현란한 반도 문화는 고대
일본 문화의 모체이기조차 한 것같이 생각됩니다. 그러나 불행하게도 그것
이 왕왕 역사상에서 배제되고 왜곡되고 있다는 것은 실은 아주 유감이라 하
는 바입니다.
그래서 우리 조선예술좌는 우리 민족의 고전적 예술(연극)을 올바르게
계승하고, 널리 일본의 조야(朝野) 인사에게 소개하고, 스스로 조선 민족연
극예술의 향상 발전을 위해 힘을 다함으로써, 독자성 있는 새로운 스타일을
목표로 하여 걸어나가고자 합니다.
과거 수년 동안 우리의 활동은 허다한 곤란 속에서도 벌써 빛나는 기념
할 만한 자취도 남겼습니다만, 그러나 그것은 언제나 편중되고 소격(疏隔)
된 일면적인 역사에 지나지 않았습니다. 그런 상태는 우리들의 활동에 고립
을 초래했으며, 따라서 진실로 좋지 않은 결과로 나타났습니다.
우리 극단은 시대의 추이와 더불어 걷는 진보적 방향을 확보하면서, 그
리고 우리 민족의 오랜 연극적 전통을 계승하면서 새로운 연극의 창조를 포
부로 삼고 있습니다.
따라서 우리는 아직 짧은 역사의 사이에 일천한 경험과 미숙한 기술밖에
가지고 있지 않습니다만, 오직 젊은 정열과 조박(粗朴)한 진면목한 태도로
노력할 마음입니다.
과거에 있어서 우리를 사랑하고 돌보아 주시고, 언제나 다대한 성원을
아끼지 않았던 강호의 여러분, 우리는 이 새로운 시도를 기념하기 위하여
가을의 계절에는 일대 공연을 하고자 지금부터 그 준비에 들어갔습니다.
부디 우리 민족연극을 사랑하는 여러분은 금후부터 이상의 이 젊은 조선
예술좌를 어애고(御愛顧), 어원조(御援助)하여 주시길 부탁드립니다.76)

---

75) 박경식 편, 위의 책, pp. 422-23.

창립 취지는 앞의 동경신연극연구회와 대동소이하나, 동경신연극연
구회가 정치 편향에서 탈피를 강도 높게 지향한 데 비해 조선예술좌
는 프로연극 퇴조 후의 진보적 민족연극을 지향하면서 3·1극장으로
부터 이어지는 정통성을 강조하는 경향이 강했다. 특히 1935년 12월
김보현 대신 김두용이 위원장이 됨으로써 조선예술좌의 이러한 경향
은 더욱 강화되었다. 또한 조선예술좌는 동경신연극연구회에 비해 예
술적 기량이 우수한 구성원을 주축으로 되어 있었다는 점에서도 차이
를 보였는데, 그것은 조선예술좌가 5월 창립 이전에 이미 총 5회에
걸친 창립준비 공연을 거쳤다는 사실에서도 쉽게 알 수 있다.(조선예
술좌에는 안영일, 전일검, 이화삼, 김일영 등의 장래성이 풍부한 기술
자들이 많았다.)77) 이때 좌원은 김파우, 박민천, 동명순, 한홍규, 오
정민, 김일영, 장두쾌, 차응세, 안영일, 이화삼, 전일검, 차영리, 윤북
양, 손육보, 로리오, 황 소, 장계원, 하영주 등이었다.78)

　5회에 걸친 창립준비 공연을 비롯한 조선예술좌의 1935년도 공연
활동은 다음과 같다. 초기 준비 공연의 연출은 김파우가, 장치는 김일
영이 담당하였었다.79)

　◇ 3월 3일, 4일 오후 7시부터 극단 창립준비 공연으로 지포회관에서
허 원 작 〈울릉도〉(2장), 〈조정재판(調停裁判)〉, 촌산지의 작·오정민 안
〈보통학교선생〉(2장) 을 상연, 입장자 양일을 통해 620명.

76) 박경식 편, 위의 책, pp. 339-40.
77) 유치진, 「동경 문단·극단 견문초(6) 동경에 잇는 조선인 연극단체의 동향」, 『동아
　　일보』, 1935.5.18.
78) 「재동경 조선 劇人 조선예술좌 창립 금추에 창립 기념 공연 개최」, 『조선일보』,
　　1936.5.4.
79) "조선예술좌 조직…신극과 가무기극(歌舞伎劇)의 조류속에서 풍속과 습관이 다른 우
　　리의 생활을 그려낸 향토극을 보이기 위하야 동경에 극단이 조직되엿다는데 단원의
　　대부분은 고려극단에 잇든 분들이라 하며 준비 소공연을 두세 곳에 햇다 한다. 연출
　　김파우 장치 김일영, 연기 전일검 외 15인"(「극단 소식」, 『예술』 1호, 1935.7, p.
　　124)

◇ 3월 18일 오후 6시 30분부터 신내천현(神奈川縣) 하고진정(下高津町) 이자 소재(二子所在) 고진관(高津館)에서 옥천소비조합(玉川消費組合) 총회의 여흥을 겸해 제2회 준비 공연으로 〈울릉도〉, 〈선술집(居酒屋)〉, 〈보통학교 선생〉을 상연, 입장자 500명.

◇ 3월 23일, 24일 오후 7시부터 왕자구(王子區) 소재 궁중구락부(宮仲俱樂部)에서 제3회 준비 공연으로 〈빈민가〉, 〈선술(立飮)〉, 〈보통학교 선생〉을 상연, 입장자 양일을 통해 200명.

◇ 4월 26일 오후 6시부터 삽곡공회당(澁谷公會堂)에서 조선인 단체 '친목회'의 가족 위안을 겸해 제4회 준비 공연으로 〈서울의 지붕 밑(京城の屋根の 下)〉 외 2막을 상연, 입장자 약 600 명.

◇ 5월 4일 오후 7시 30분부터 중야구(中野區) 소재 재위회관(在圍會館)에서 조선인 단체 '중야친목회' 후원 아래 "대만 진재 구조의 밤"에 출연하여 〈빈민가〉외 2막을 상연, 입장자 약400명.

◇ 5월 21일 창립 취지를 선명(宣明)한 '인사장' 인쇄물 약 500부를 작성, 이본 및 조선 소재의 각 신흥극단, 신문사, 잡지사 등 관계 방면에 배포.

◇ 6월 21일 오후 1시부터 코리아 축음기회사 에디손 레코드 취입소에서 '레코드 드라마' 김영수(金永壽) 작 〈인생행로〉 취입.

◇ 11월 25일, 26일 축지소극장에서 추계공연 이기영 원작의 〈서화(鼠火)〉, 한태천의 〈토성낭〉 상연, 입장자 양일을 통해 약 700명.

이처럼 조선예술좌는 공연 활동에 있어서 상당한 성과를 얻고 있었다. 그 가운데에서도 특히 1935년 11월 25일, 26일 양일간 축지소극장에서 제1회 공연으로 상연했던 이기영 원작 한홍규 각색 〈서화〉(3막 7장)와 한태천의 〈토성낭〉(1막)은 상당한 호평을 받았으며, 이 공연의 무대장치는 김일영이 담당하였다.[80]

조선예술좌의 제1회 공연 작품이었던 이기영 원작의 〈서화〉는 이

---

80) 이에 대하여는 다음을 참조하였음.
　　「동경 조선예술좌 공연」, 『동아일보』, 1935.11.22.
　　김두용, 「일본 문단 극단의 동향(9)」, 『동아일보』, 1936.3.8.
　　전일검, 「재동경 조선 극단」, 『조선일보』, 1936.5.15.

홍종이, 한태천 작 〈토성낭〉(1935년 동아일보 신춘문예 당선작)은 안영일이 각각 연출을 담당하였으며, 안영일은 신축지극단 출신으로 연기에 전념하다가, 이 공연을 계기로 연출가로서 본격적인 수업을 쌓게 되는 것이었다.81)

이 공연에 연출을 담당하였던 안영일은 그 성과를 다음과 같이 정리하고 있다.

그러나 우리는 이러한 활동을 보기 전에 1935년 11월에 가진 조선예술좌 창립 결성 공연 이기영 작 한홍규 각색 〈서화〉 한태천 작 〈토성낭〉의 성과를 잠간 소개하지 아니하면 아니 되겠다.

조선예술좌의 광범한 층을 망라한 예술가집단으로의 처녀 활동인 창립 제1회 공연은 이째까지의 조선신극운동이 도달치 못한 미간영역(未墾領域)의 일부를 경작하엿다고 볼 수 잇다.

연기에 잇서서 경험주의적 상징주의(象徵主義) 연기의 기양(棄揚)과 연출에 잇서서 리알리즘의 침투를 위한 노력, 자연주의적인 재래의 평면적 장치에 대한 비판 등々의 기술적 방면의 다작화(多作化)를 볼 수 잇스며 이기영 씨의 걸작인〈서화〉의 각색 상연 등々 진실로 수만흔 성과를 들 수 잇겟다.82)

그런데 조선예술좌의 제1회 공연이 극단 창립으로부터 6개월 이상이 경과된 이유는, 그 사이 재정 문제로 인한 내분이 일어나, 창립 책임자였던 김보현을 제명(1935년 9월 3일)하고 김두용이 대신 위원장이 되는 등 내부적 진통 때문이었다. 이때 새로 개편된 간부와 회원은 다음과 같다.

---

81) 황동식, 「조선예술좌의 제1회 공연을 압두고」, 『조선일보』, 1935.11.25.
82) 안영일,「신극운동의 제경향(5)-『신협극단』을 중심으로」, 『매일신보』, 1936.7.9.
이 공연에 대한 또 다른 비평은 (김두용, 「일본 문단 극단의 동향(9)」, 『동아일보』, 1936.3.8, 전일검, 「재동경 조선 극단」, 『조선일보』, 1936.5.15)에도 다루어 지고 있다.

위원장 김두용
경영부 김우현
문예부 한원래
기술부 안정호
좌 원 박한구, 오대미, 오철영, 윤해덕, 장숙녀, 동명순, 포성구, 석동
　　암, 조우적, 한례환, 박선길, 하영주, 차웅세, 황동식, 허 원, 안
　　기석, 황성택83)

이 구성에서 특징적인 것은 과거 연극동맹이 아닌 코프 과학동맹에
소속되어 있던 김두용이 다시 연극운동(조선예술좌)에 결합되어 그
주도권을 가지고 있다는 사실이다. 이로써 알 수 있는 것은, 조선예술
좌는 구 3·1극장 멤버를 중심으로 조직된 연극운동단체였지만, 그
이면으로는 코프 조선협의회 해산 이후 재일본 한국인 문화운동의 구
심점 역할을 하는 조직이라고 하겠다.

③ 통합 조선예술좌

1935년 7월 일본 연극잡지 『떼아트르』사의 촌산지의(村山知義)의
권유를 계기로 동경신연극연구회와 통합 문제가 제기되게 되었다. 이
에 1936년 1월 5일 '조선예술좌' 임시총회에 '동경신연극연구회'에서
최병한 외 8명이 참가함으로서, 두 단체의 통합이 실현되었다. 두 단
체는 위의 총회를 통하여, 조직 및 규약의 제정 등을 의결함으로써 통
합 조선예술좌로서의 활동을 시작하게 된 것이었다. 조선예술좌는,
규약을 통해 그들의 목적을 "재일본 조선 민족의 연극운동을 수행하
여, 일본에 있는 조선인의 문화(연극)적 욕구를 충족시키는 동시에
조선의 진보적 연극의 수립을 기함"이라고 표명함과 동시에, 기관으
로 총회 및 위원회를 설치하고, 위원회 산하에 서무부, 문예부, 기술

---

83) 김정명 편, 『조선독립운동 4 - 공산주의운동 편』, pp. 1049-50.

부, 교육부, 기획부를 배속시키고, 새로이 규약을 정하는 등, 동경신
연극연구회를 해소하고 조선예술좌의 진용을 확대 개편했다. 이 확대
개편된 조선예술좌의 부서 및 임원은 다음과 같다.

> 위원장 김두용
> 위　원 한홍규, 오정민, 김일영, 안영일, 윤북양, 최병한
> 서무부 책임자 윤북양,
> 　　　부　원 하영주, 안기석
> 문예부 책임자 한홍규
> 　　　부　원 오정민, 한례환, 홍경운, 김두용, 김자화(김삼규), 석동
> 　　　　　환, 김선홍
> 기술부 연출반 오정민(책임자), 김두용, 안영일, 허야호, 동명순, 최병한
> 연기반 안영일(책임자), 이화삼, 윤북양, 한례환, 고영기, 허 달, 안기석,
> 　　　허 원, 김택영, 하영주, 장주원, 윤소엽, 최민희, 박달모
> 미술반 김일영(책임자), 오 일, 김일수, 김억섭
> 효과·조명 박의달(책임자) 신기영
> 의상 윤소엽[84]

　여전히 김두용이 위원장을 맡고 있는 데서 나타나듯, 조선예술좌는
그 이전 조선예술좌의 인적 구성과 활동 노선을 그대로 이어받고 있
다. 따라서 이는 두 단체의 통합이라기보다는 동경신연극연구회가 조
선예술좌에 흡수 통합된 것이라 할 수 있다.

　이들의 통합으로 명실 공히 3·1극장의 재현이 이루어지게 된 것
이었으며, 이들 가운데 구 무산자사 김두용, 김봉원, 김삼규 등 중심
인물들은 3·1극장의 혁명적 전통의 계승과 일본공산당의 대중화를
목표로 1) 연극활동을 통한 조선의 미조직 대중의 계몽과 전선통일의
역할을 담당할 것(김두용), 2) 현재의 객관적 정세는 비합법적 활동
에 의한 피압박계급의 해방은 불가능하므로 합법적 범위 내에서 민족

연극을 통하여 민족적 계급적 의식의 앙양에 노력하는 동시에 전선통일을 도모하여 조선인 해방운동의 목적을 달성하기 위한 역할을 담당하고(문예부원 金鳳元) 3) 공산주의사상을 기조로한 진보적 민족연극을 통하여 재일본 조선 민중을 비판적 정신으로써 지도하여 자본주의에 의한 착취와 억압을 여실히 이해시켜 그들을 해방 전선으로 유도한다(재정부장 김삼규)는 인식하에 제반 활동을 활발히 전개하였으며, 한원래, 안정호, 박찬봉, 이홍종 등이 극단의 중심이 되어 그 활동을 전개해 나갔다.85)

합동 후 이들은 1936년 1월 28일 가마다를 비롯하여, 29일 쓰루미, 30일에는 다마가와, 2월 3일에는 시바 등지로, 한태천 작 〈토성낭〉 및 유치진 작, 김두용 연출 〈소〉(3막)를 가지고 지구순회 공연을 하였다.86) 이어 2월 초순 총회 결정에 의해 문예부원들이 제2회 중앙 공연 각본의 작성에 착수하여, 4월 중순 최병한 작 〈춘향전〉(5막)·〈아리랑 고개〉(5막), 김두용 작 〈농촌의 봄〉에 대한 비판회를 개최하고 토의를 갖지만, 모두 내용이 부적당하다는 이유로 상연을 중지하였다.

이들 작품이 모두 상연 부적합의 판정을 받아 공연이 중지되자 김두용, 김삼규 등은 각 구성원에게 계급적 민족적 연극 활동가로서의 의식을 체득시키기 위하여 1936년 6월 중순부터 9월 초순에 이르기까지 16·7회에 걸쳐 연구회를 개최했다. 연구회는 문예와 연기의 두 부문으로 나누어 문예부에서는 작가의 작품을 중심으로 연극의 이론적 연구를 주로 하고(매월 수요일), 연기부에서는 작품 낭독, 메이크업, 발성법 등 연극 기술의 향상을 목적으로 했다.

그런데 동년 8월 중순 이후 김두용, 김삼규, 김봉원 등의 주요 간부가 검거되고, 다시 10월 28일 일제 검거로 인해 한원래, 안정호,

85) 박경식 편, 위의 책, pp. 529-30.
86) 「『조선예술좌』의 지구순회 공연」, 『대중신문』, 1936.3.1.

박찬봉, 이홍종, 김상복, 동명순, 허창환, 박달모, 안기석, 김룡제, 김시창 등이 검거됨에 따라 조선예술좌는 결국 와해되고 말았다.87)

조선예술좌 해체 이후, 1937년 4월에는 일본 극단인 新協극단 연구소에 연구생으로 가입한 신현섭, 황정구 등이 공산주의 지하조직에 가입, 일본인의 지도 아래 누차 회합을 갖고 프롤레타리아 연극에 대하여 연구·토의를 거쳐, 그 모체라 할 수 있는 근로 대중을 목표로 연극 활동을 통한 공산주의 선전선동을 꾀하다가 검거되기도 하였다.88)

이상에서 살핀 바와 같이 조선예술좌가 중심이 되어 활동했던, 이 시기 연극운동은 그 조직 위상에 있어서 문화운동의 하부 조직 기관에서 벗어나 독립된 극단으로서 활동을 전개했다는 것과 표면적으로는 정치 지향성이 퇴조하였지만 이면으로는 '합법적 극단' 형태를 이용한 인민전선운동의 전술적 일환이었다는 점에 그 의의를 둘 수 있겠다. 또한 조선예술좌의 해체로 인해 일본에서 거주하는 한국인에 의한 프롤레타리아 연극운동도 거의 자취를 감추게 된다.

4) 形象座

조선예술좌의 해체 이후 일본 동경에서의 한국인 연극운동은 1934년에 창립된 '동경학생예술좌'의 활동89) 및 일본의 신극단에 가입된

87) 박경식 편, 위의 책, pp. 531-32.
88) 김정명 편, 위의 책, p. 1047.
89) 3·1극장 존립 당시 이에 영향을 받아 재동경 한국인 학생들을 중심으로 '재일본 향토예술가협의회'의 조직이 준비되고 있었다. 그러나 3·1극장이 해산되자, 이들은 1934년 6월 "조선에 진정한 극예술의 수립을 기하고, 회원 상호간의 종합적 예술연구와 조선 향토예술을 소개하기 위하여"라는 목표로 '동경학생예술좌'를 조직한다. 주영섭, 박동근 등 16명의 회원으로 창립하였으며, 1935년 6월 4일 축지소극장에서 창립공연으로 유치진 작 〈소〉, 주영섭작 〈나루〉를 상연하였으며, 1937년 6월 제2회 공연으로 유치진 각색 〈춘향전〉을 상연하였다. 또한 1938년 6월에 제3회 공연으로 유진 오닐의 〈지평선〉, 주영섭 작 〈벌판〉등을 상연하였으며, 기관지 『幕』 제1집(19

연극인들의 활동으로 급속하게 위축되었다.

이후 1939년 7월 일대(日大) 예술과 서만일, 허 집 등 10여 명이 동년 7월 3일 '프로연극연구회'를 조직하자는 데 의견의 일치를 보고, 이에 따라 9월 동교 강당에서 20여 명이 모여 그 조직의 구체화에 대한 협의를 한 결과 극단 '예술과 제2부'를 결성하였다가, 다시 동년 10월 3일에 그것을 '형상좌'로 개칭하였다. 이들은 동좌 결성이래 다방, 혹은 일대(日大) 교내 등에서 30여 회의 회합을 가지면서, 프로 연극의 연출을 연구하였지만, 1940년 5월 이후 관계자 7명이 검거되고, 그 결과 동년 12월 14일 모두 치안유지법 위반 혐의로 동경형사 지방재판소검사국으로 넘겨지고 말았다.90)

이 형상좌의 활동을 마지막으로 일제 강점기 재일 한국인 프롤레타리아 연극운동은 막을 내리게 된다.

이상으로 1920년대 중반에서 1930년대 후반에 일본에서 거주하한국인들에 의한 프로문화운동의 성장과 발전에 병행하여 활발하게 진행되었던 재일 한국인 프롤레타리아 연극운동의 전개 과정을 살펴 보았다. 재일 한국인 프로연극운동은 일제 강점기 일본이라는 지역적 특성과 일제의 탄압에도 굴하지 않고, 식민지 현실을 반영하고 사회 변혁의 주체인 민중을 실천적인 힘으로 이끌어 내기 위해 노력한 운

36년 12월), 제2집(1938년 3월), 제3집(1939년 6월)을 발간하는 등 활동을 하였으나, 1939년 8월 '연극을 통한 좌익사상 고취'라는 명목 아래 일본 경찰에 의해 동경학생예술좌 관계자들이 검거되었고, 1940년 12월 해산되었다. 이 단체는 프로연 극운동단체가 아닌 유학생으로 구성된 학생극 단체였으므로, 본고의 논의 대상에서 제외하였다. 그러나 비록 유학생으로 구성된 학생극 단체였음에도 불구하고 카프동 경지부 연극부에서 조선예술좌에 이르는 프로연극이 퇴조한 이후 재일 한국인 연극 운동의 마지막 보루가 되었다는 점, 그리고 그들의 귀국 후 활동과 관련하여 볼 때 크게는 신극운동의 새로운 담당층을 양산하는 연극인 양성기관으로서 커다란 역할을 했다는 점을 들 수 있겠다.

90) 박경식 편, 『재일본 조선인 관계 자료집성』 제4권, 동경, 三一書房, 1976, p. 1168-69.

동으로서 그 의의가 크다 하겠다. 특히 카프 동경지부 연극부의 이동
공연 활동을 시작으로 전개된 일본에서의 프로연극운동이, 이후 국내
의 프롤레타리아 연극운동에 직·간접적으로 영향을 끼침으로 해서
국내의 프로연극운동의 방향과 방법을 제시하고 있었다는 점에서 재
일 한국인 프로연극운동은 국내 프로연극운동의 경험적 전사로서 작
용하고 있었음을 살필 수 있었다.

그러나 일본의 프로연극운동과 문화운동의 영향 아래 발생·발전·
소멸함으로 인해서 독자적인 프로연극운동을 형성시키지 못하였다는
결함 또한 지니고 있었다.

V. 해방 직후의 프롤레타리아 연극운동

해방 직후1)는 우리 역사의 커다란 과도기로서 식민잔재의 청산과 사상의 대립·분열의 혼란기였다.2) 주지하다시피 일제 강점기에 있어서의 민족해방 투쟁 세력은 (1) 북만주 중심의 김일성의 무력투쟁 (2) 태항산 중심의 조선독립동맹의 무장투쟁 (3) 임시정부 (4) 국내에서의 건국동맹 등 네 가지로 파악되고 있는데, 8·15 이후 해방 직후의 시기에서는 이러한 민족해방투쟁의 중심 세력들은 그 정당한 힘의 중심을 잃고, 새로운 상황 앞에 힘의 재편성을 꾀하지 않으면 안 되었다. 그러한 힘의 재편성 과정이 곧 혼란이라 할 수 있으며, 그 혼란의 기간이 이른바 해방 직후 3년에 걸쳐 있는 것이다. 따라서 상해 임시정부(김구), 임정 주미위원회(이승만), 조선독립동맹(최창익), 조선공산당(김재봉)이 해방을 맞았을 때 임시정부의 귀국(1945.11)과

---

1) 이 시기를 8·15 직후부터 남한 단독정부 수립 시기인 1948년 8월 15일까지로 부는 해방 3년사외 8·15 직후부터 6·25 발발 직전까지를 다루려는 해방 5년사가 있다. 여기에 8·15 직후부터 1953년 휴전협정 체결까지를 한 시기로 다루는 해방 8년사가 덧붙여지는 경우도 있다. 본고에서는 1948년 단독정부 수립을 전후해서 좌익연극인들이 월북하거나 전향함으로써 프로연극이 소멸되었음을 감안하여, 8·15 직후부터 1948년 남한 단독정부 수립 시기인 1945년 8월 15일부터 1948년 8월 15일까지의 해방 3년사를 '해방 직후의 시기'로 설정하여 고찰하고자 한다.

2) 유민영, 「좌우익연극의 분열과 갈등」, 『한국연극영화무용사』, 한국예술사 총서Ⅳ, 대한민국 예술원, 1985. p. 206.

더불어 독립촉성중앙위원회(이승만), 건국준비위원회(여운형), 재건 공산당(박헌영), 조선독립연맹(백남운)으로 정립되었으며, 1946년 엔 한국독립당(김구), 대한독립촉성국민회(이승만), 사회노동당(여운형·백남운), 남로당(박헌영) 등으로 조성되는 한편 좌우 합작 노선인 김규식의 남조선 과도 입법의원(12.12)이 만들어졌고, 1947년엔 남조선 과도정부, 한민당, 한독당, 남로당 등으로 재정비되었다가 마침내 1948년 남조선 단독정부 수립(제헌 국회의원 선거, 5.10)에까지 이르게 된다.

때문에 해방 직후는 개혁을 향한 많은 사람들의 열망에도 불구하고 사회적 제 모순이 다시금 심화되기 시작하는 직접적 출발점이라는 점에서, 그리고 무엇보다 분단의 확정 과정이 된다는 점에서 우리 현대사의 의미심장한 전환기다.

해방 후 분단과 미군정하에서의 당시 현실은 모든 문화예술이 예술보다도 정치에 더욱 몰두하지 않을 수 없는 상황이었다. 따라서 연극도 좌·우익 이데올로기의 대립 양상에 맞추어 전개해 나갔으며, 정부 수립을 전후해서 좌익연극인들이 월북하거나 전향함으로써 프로연극이 소멸했던 것이다.

따라서 해방 직후의 연극단체들의 재편 양상은 문학단체들의 경우와 크게 어긋나지 않는다. 다만 다른 점이 있다면 문학의 경우보다도 상대적으로 우익측의 목소리가 미미했다는 점, 그리하여 좌익계의 연극 외에는 신파극의 활동밖에는 거의 없었다는 점과, 그 논의의 수준이 창작 방법의 미학 논의에는 이르지 못한 채 대중화의 방법론에 주로 집중되었다는 점이라고 할 수 있다.[3]

해방 직후 시기의 조선의 정세를 박헌영이 '8월 테제'에서 말한 것처럼 민족적 완전독립과 토지 문제가 해결되지 않은 부르조아 민주주

---

3) 양승국, 「해방 직후의 진보적 연극운동」, 『계간 창작과 비평』, 창작과 비평사, 1989. 12. p. 191.

의혁명단계라고 파악할 수 있다. 이와 같은 현실 인식4)과 객관적인
정세에 의해 연극인들은 정치와 무관하게 연극 활동을 할 수 없었으
며, 문학인들과 마찬가지로 조직체를 결성하여 당의 외곽단체로서의
활동을 수행하게 된다.5)

따라서 부르조아 민주주의혁명단계의 역사적 과제를 수행하기 위해
전 인민의 통일전선전술을 채택하고 있었던 만큼 문화의 기초를 인민
속에 두기 위한 대중화론이 제기되었고 1947년 말기까지 활발한 활
동을 펴간다. 또한 이 시기에는 1930년대의 볼세비키적 대중화론에
따른 실천 경험으로 인해 보다 조직적으로 연극 대중화를 실천하게
된다. 그것은 소인극의 활성화를 위한 조직적 방안으로 동호인 집단
인 연극써클의 광범한 조직화와 문화공작대를 통한 이동적 공연으로
전개되며, 이는 도시편중주의적인 연극 활동에 대한 비판의 결과였
다. 또한 민족연극의 토대를 소인극에 두었던 바 전통과 일제 강점기
하의 연극유산을 비판적으로 계승함으로써 대중적 형식, 즉 민족 형
식의 수립을 꾀하게 된다. 이는 일제 강점기하의 프로연극론이 흥행
극과 신극을 전면 부정하면서 출발한 데 비하여 보다 진전된 것으로
평가할 수 있다. 따라서 해방 직후 시기의 프로연극 운동은 '조선연극
동맹'을 중심으로 전개되며, '조선연극동맹'의 활동은 흥행극계를 비판
하면서 연극의 대중화론을 활발하게 전개하는데 이는 1930년대 '카
프'의 연극활동의 연장이며 보다 구체적인 모습이라 할 수 있다.

이에 본 연구에서는 한국 연극의 크나 큰 전환기로서 중요성을 지

---

4) 이러한 현실 인식은 일제 강점기 카프 제1차 방향 전환 때(1927년 9월 1일) 무산계급
   예술운동에 대한 논강(본부 초안)에도 부르조아 민주주의 정치노선의 획득을 목표로 하
   고 있음과 일치한다. 즉 일제 강점기와 해방 직후 시기의 현실이 발전적으로 진보되었
   다기보다는 공백의 상태로 그 골만을 깊게 드리우고 있었음을 보여 주는 것이다.
5) 그 결과 이 시기 당면 사업으로는 일본 잔재의 청산과 신파극적 유제의 영향인 조선
   연극 내부의 봉건적 잔재의 청소가 급선무였으며, 민족적 고정점 획득을 위하여 민족
   문학론 및 민족연극론이 제창되게 된다.(김태진, 「연극의 위기」, 『대조』, 1946.7, p.
   160)

니고 있는 해방직후의 프로연극 운동을 연구하기 위한 예비적 고찰로
해방 직후 프로연극운동의 주도세력이었던 '조선연극동맹'의 결성 과
정과 공연 활동을 중심으로 살펴보고자 한다.

1. '조선연극동맹'의 조직

  해방이 가져온 흥분과 감격이 물결치는 파도 속에서 문화예술인들
은 정치, 사회단체 못지 않게 재빨리 간판을 내걸고 활동을 재개하였
다.6) 이러한 가운데 연극인들은 일제 시대에 있었던 극단의 구성은
완전히 무시된 채 각자의 친분과 취향에 맞는 인원들을 규합하여 우
후죽순 격으로 극단들을 재조직한다. 그러나 이러한 극단들의 조직보
다도 먼저 연극운동 단체가 결성되었는데 그것이 바로 '조선연극건설
본부'이다

  '조선연극건설본부'(이하 '연건')는 1945년 8월 16일7), 송 영, 김
태진, 이서향, 함세덕, 박영호, 김승구, 나 웅, 안영일 등이 중심이 되
어 "제국주의 일본의 황민화를 위한 노예적 지배하에 있었던 연극인
들이 해방과 함께 일본의 문화말살정책으로 인하여 입었던 상처를 채
수습할 겨를도 없이 조직"된 단체였다. 이 단체는 '조선 연극의 해방',
'조선 연극의 건설', '연극전선의 통일' 등을 구호로 내걸고, 인민을 위
한 인민을 기초로 하는 연극창조와 새 세대를 장식할 찬란한 민족연
극의 토대를 마련하고자 하였다.8)

---

6) 1945년 8월 16일 임화가 주동이 되어 '조선문학건설본부'가 서울 한청빌딩에서 결성
   되었고, 같은 날 '조선연극건설본부'와 '조선미술건설본부', '조선영화건설본부', '조선음
   악건설본부'가 결성되었다.(김 욱, 「연극시평」, 『예술운동』창간호, 1945.12, p. 32)
7) '조선연극건설본부'의 결성 일자는 다음을 참조하였음.
   김 욱, 위의 글. p. 32.
   「문화일반」, 『조선해방연보』, 민주주의 민족전선 편, 문우인서관, 1946.10, p. 357.

이어 1945년 8월 18일 서울 한청빌딩에서 이기영, 김남천, 이원조, 김주경, 박태원, 임 화 등이 모여, '건설본부'들의 통합체인 '조선문화건설중앙협의회'(이하 협의회)를 결성했다. '협의회'는 "장래에 설립될 우리 정부의 예술정책이 설 때까지" '신조선 문화(新朝鮮文化)' 건설의 임무를 다하고자 조직된 협의기관(協議機關)으로서, '조선 문화의 해방', '조선 문화의 건설', '문화전선의 통일'의 행동 강령을 내걸고 결성되었다. 결성 당시 '협의회'의 '부서위원'은 다음과 같다.

    의 장 임 화
    서기장 김남천
    의 원 문학건설본부 김남천, 박태원, 이기영, 이원조, 이태준, 임 화
          미술건설본부 고의동, 길진섭, 김주경, 노수현
          음악건설본부 김성태, 박경호, 안기영, 안병소, 채동선, 함화진
          연극건설본부 김승구, 서항석, 송 영, 안영일
          영화건설본부 김정혁, 박기채, 윤상열, 이병일, 이재명[9]

'건설본부'들의 협의기관으로 탄생한 '조선문화건설중앙협의회'의 사명과 사업계획에 대하여 결성 당시 동회 서기장이었던 김남천은 다음과 같이 언급하였다.

    우리는 일본 제국주의에 의한 야만적이고 기만적인 一체의 문화정책의 잔재를 근저로부터 소탕하고 봉건적 문화, 특권 계급적 문화, 반민주적 개방주의적 문화 등의 一체의 반동적 문화를 깨끗이 청산하기 위하여 가장 가차없는 투쟁을 전개하는 동시에 민족문화의 계발과 앙양을 위하여 필요한 건설사업을 설계하고 문화전선에 있어서의 인민적 협동을 완성하기 위하여 강력한 문화통일전선을 조직하고저 합니다. 그리고 직속출판소를 두어 우리 협의회 소속의 각 기관지는 물론, 소년잡지, 부녀잡지 등 계몽적인 출판물을 계획 중인데 지금 계획대로 착착 진행되고 있습니다.[10]

---

8) 안영일, 「연극계」, 『1947년 예술연감』, 예술문화사, 1947.5, p. 48.
9) 「반동적 문화 청산 文化統一線의 건설」, 『신조선보』, 1945.10.8.

'협의회'는 '반동적 문화 청산'과 '문화통일전선 건설'이라는 목적을 위하여, 1945년 8월 31일 4개항의 '문화운동의 기본적 일반 방침'11)을 산하 각 건설본부에 제시하게 되며, '연건'은 '조선문화건설중앙협의회'의 '문화 운동의 기본적 일반 방침'에 따라 조선 연극의 기본 방향을 위한 4개 항의 지침을 마련하였는데(이는 '문화'를 '연극'으로 바꾸었을 뿐이다) 이는 다음과 같다.

첫째로 일본 제국주의에 의한 일체의 야만적이고 기만적인 문화정책의 잔재를 소탕하고 이에 침윤된 문화 반동에 가차없는 투쟁을 전개할 것.
둘째로 연극에 있어서의 철저적인 인민적 기초를 완성하기 위하여 일체의 봉건적 요소와 잔재, 특권 계급적 요소와 반민주주의적 지방주의적 요소와 잔재의 청산을 위하여 활발한 투쟁을 전개할 것.
셋째로 세계연극의 일환으로서의 민족연극의 계발과 앙양을 위하여 필요한 모-든 건설사업을 설계할 것.
넷째로 문화전선에 있어서의 인민적 협동의 완성을 기하여 강력한 문화의 통일 전선을 조직할 것.12)

이러한 기본 방침 아래 '연건'은 일제 시대 통제기관이든 '조선연극문화협회'의 재산을 인계하는 동시에 연합군 입성 환영 공연을 준비하는 한편 남녀 배우를 동원하여 이재민 구연금을 가두에서 모집하고

---

10) 「반동적 문화청산 文化統一線의 건설」, 『신조선보』, 1945.10.8.
11) 조선문화건설중앙협의회에서 산하 각 건설본부에 제시한 '문화운동의 기본적 일반 방침'은 다음과 같다.
　　"1. 일제의 야만적 기만적 문화정책의 잔재 소탕과 문화 반동에 대한 투쟁의 전개
　　2. 문화의 철저적인 인민적 기초의 완성을 기하야 봉건적, 특권계급적, 반민주적 지방주의적 문화의 요소와 잔재의 청산을 위한 투쟁의 전개
　　3. 세계문화의 일환으로서의 민족문화의 계발과 앙양을 위한 건설사업의 설계
　　4. 문화전선의 인민적 협동의 완성을 기한 문화통일전선의 조직."(「문화일반」, 『조선해방연보』, 민주주의 민족전선 편, 문우인서관, 1946. 10, p. 358)
12) 안영일, 위의 글, p. 356.

일제 검열에 대신할 추진기관으로서의 각본 심의실의 설치와 연극 용
어의 창안 등의 활동 방침을 결정했다.13) 또한 조직을 구체화하였는
데 이는 다음과 같다.

```
중앙위원장  송  영
서기장      안영일
집행위원    극작부 서항석, 조명암
            연출부 이서향, 나  웅
            연기부 배  용, 서일성, 윤부길
            무대미술부 김일영
            무대음악무용부 김해송, 송희선
            극단경영부  박  구, 박민천
심의실      김승구, 김태진, 박영호, 유치진, 서항석, 함세덕14)
```

이상의 구성원으로 보아 알 수 있듯이 '연건'이 좌익연극인들만의
단체는 아니었고 실제로 처음에는 프로극의 기치도 내걸지 않은 일제
강점기의 '조선연극문화협회'의 재판이라 할 수 있었다. 그렇지만 '연
건'의 조직으로 연극계는 어떤 판도를 조금씩 그려갔고, 색깔도 나타
나기 시작했다.15) 그러나 '연건'이 해방된 흥분 상태에서 결성되었기
때문에 구체적인 연극운동과 실천을 통해서 조직되지 못한 근본적 결
함과 좌·우익 연극인의 혼성으로 동상이몽의 이질적 구성으로 처음
부터 흔들렸다.

그 결과 '연건'의 조직에 참여하였던 서항석, 유치진은 '연건'을 탈
퇴, 1945년 9월 11일 "분학예술 각 부문의 총역량을 집중하야 국가
에 공헌하고 자유조선의 신문화를 건설"하려는 목적으로 '대한문예협

---

13) 「연예의 1년」, 『조선해방연보』, 문우인서관, 1946.10, pp. 356-66.
14) 「각 단체」, 『조선의 장래를 결정하는 각 정당 각 단체 해설』, 여론사 출판부, 1945.
    10, p. 6.
15) 유민영, 위의 책, p. 203.

회'를 박종화, 김동인, 양주동, 이은상, 이하윤 등과 함께 창립한
다.16) 이러한 분열의 현상은 비단 '연건'의 사정만은 아니었다. 조선
문화건설중앙협의회 산하 각 건설본부들도 마찬가지였다. 이들의 분
열은 "좌익적 일탈을 방지하지 못하는 한편 계급문화 수립을 기본적
임무로 한다는 극좌적 이론과 편향을 극복하지 못한"17)데서 온 필연
적 결과라 할 수 있을 것이다.

이러한 상황하에서 1945년 9월 17일 구(舊) 카프 동인을 중심으
로 한 작가들이 문학건설본부의 미온성과 모호성을 규탄하고 '조선푸
로레타리문학동맹'을 조직(여기에 송 영, 김승구, 신고송이 중앙집행
위원으로, 이들과 함께 박영호가 희곡시나리오부에 참여하였다)하여
색채를 뚜렷이 하자, 동년 9월 22일에 '프로음악동맹', '프로미술동맹'
등이 결성된다.

한편 위에서 살핀 바와 같이 '연건'은 일제 강점기 당시 '조선연극문
화협회' 이사들이 중심이 되어 조직했고, '조선연극문화협회'를 본받아
배우들을 주도적 위치에서 제외했다는 점에서 비판을 받는다. 그리하
여 '조선문학건설본부'와의 혁명노선의 차이에 따른 '조선푸로레타리
아문학동맹'의 조직과 발맞추어, '연건'에서 이탈한 나 웅, 강 호, 신고
송, 김승구, 김 욱 등을 중심으로, 1945년 9월 27일 '연건' 회의실에
서 연극인 100여 명이 모여 '조선푸로레타리아연극동맹'(이하 '연맹')
을 결성하였다. '연맹'의 강령을 보면 다음과 같다.

　一. 우리는 「푸로레타리아」연극의 건설과 그 예술적 완성을 기한다
　一. 우리는 일체의 반동연극과 쌓운다
　一. 우리는 연극 활동이 노동자 농민의 생활력과 투쟁력의 원천이 되기
　　　를 기한다18)

---

16) 「대한문예협회 발회」, 『일간 조선통신』제9호, 조선통신사. 1945.9.12.
17) 「연예의 1년」, 『조선해방연보』, 문우인서관, 1946.10, p. 358.
18) 「十年 만에 광명의 재생 조선「프로」연극동맹 결성」, 『조선통신』 제25호, 조선통신

'연맹'은 위와 같은 3개항의 강령과 함께 조직부, 선전부, 출판부, 조사부, 교육부 등으로 조직을 구성하였는데 이는 다음과 같다.

중앙위원장   나 웅
서기장   강 호
중앙집행위원 박영호, 김 욱, 박 학, 박창환, 나 웅, 이화삼, 김일영,
           배 용, 이재현, 박상진, 신고송, 태을민, 박춘명, 이동호,
           이백산, 김태진, 김승구, 이강복, 한 효, 윤세중, 강 호,
           송 영, 조영출, 석일량, 이서향, 추 민, 김 건, 한로단,
           진우촌, 김단미, 한일송
상임위원   조직부 강 호, 김단미, 박창환
           선전부 신고송, 박 학, 김 욱
           출판부 윤세중, 김승구, 박영호
           조사부 박춘명, 이재현, 한 효
           교육부 김태진, 이강복19)

'연맹'이 결성되기까지에는 프로연극인들의 '연건'에 대한 비판과 함께 프로연극동맹 조직론자(조선공산당의 외곽 단체로서 하루빨리 프로연극동맹을 조직하자는 것)와 조직무용론자(이는 다시 두 가지로 나눌 수 있는데 하나는 극단 활동이 성숙한 다음에 비로소 연극동맹을 조직하자는 것과 다른 하나는 현 정세로는 프로레타리아 연극동맹의 조직은 위험하니 우선 각종 각색의 연극단체를 총망라한 협의기관을 가지고 그 안에서 지도해야 한다는 것), 그리고 인민연극동맹 조직론자(중간적 조직으로 인민연극동맹이 있었다가 적당한 시기가 되면 연극동맹으로 재편하사는 것)로 분열·대립했다.20) 이에 대한 김욱의 언급은 주목을 요한다. 이는 곧 '연건' 조직 당시의 내부적인 문

사, 1945.9.29, pp. 13-14.
19) 「十年 만에 광명의 재생 조선「프로」연극동맹 결성」, 『조선통신』 제25호, 조선통신
    사, 1945.9.29, p. 15.
20) 이에 관한 사항은 신고송의 「연극운동과 그 조직」, (『인민』창간호, 1945. 12) 참조.

제점과 '연맹'의 탄생 과정을 살펴볼 수 있기 때문이다.

그래서 가장 파벌적이고 뱃장이 맞는 멧멧 연극인에게 식혀서 朝鮮演劇建設本部란 것을 만드럿든 것이다 그 성격은 신정권이 수립될 때까지 연극인은 一絲不亂의 태세로 건국에 이바지하자는 것으로 잠정적 無色透明한 모힘이라 규정하였으나 其實은 연극이 國營으로 된다면 회전의자를 차지하자는 야심이 있었을지도 몰른다. 이리하야 「연극」이라는 것은 회색적 연극인을 배출하게 되엿고 비진보적 기운이 창일해졌다. 우선 그 중요한 부서만 보더라도 조선연극문화협회의 특권계급이든 그 인물 그대로가 占席을 하고 그 외에도 모든 형태가 前轍을 답습햇슬 쑨, 秋毫 다름이 없고 잠정적인 조직이라 하면서 一方으론 편집부를 둔다 교육부를 둔다 移動演劇部를 둔다 끗끝내 영속적 성격으로 변경하야 자기네들의 세력을 付植하려고 가진 수단으로써 암중 활약을 하엿든 것이다. 그것이 발로될사록 범연극인의 총의와 유리되고 신뢰를 일코 위신이 떠러지기 시작하였으니 일부에서는 연극을 다시 桎梏化하는 것이라고 규탄하고 罵聲까지 나왔다. 만일 그들 자신의 일에 대한 아량이 잇섯다면 인선에 있어서도 신중히 생각하야 참신한 인물을 전면에 세우고 자기네들은 근신하는 뜻으로 후방에서 조력하엿든덜 이런 창피한 패배는 하지 안엇슬지도 모른다.

이 사태를 염려하는 양심적이고 진보적인 연극인 間에는 연극운동의 올바른 노선으로 프로레타리아 연극동맹 결성의 必要必然說이 대두되였다 或人(연극 중요 멤버)은 卽今은 뿌르조아 민주주의혁명단계이니만치 그 명칭이 통일전선에 背馳된다는 등 대중을 광범히 포섭하는데 거리낀다는 등 창작방법이 엇덧타는 등 심지어 우리들의 정당한 이론을 좌익소아병이라 하고 진실한 동무들을 지칭하야 가로대 기술적으로 저조한 자들이 정치적으로 득세한 꼴은 볼 수 업다고 비진보적인 花形연출가 모 군은 말하엿다하니 파렴치의 口吻이 안일 수 업다 그야말로 사회개량주의나 우경적 기회주의의 모략과 책동 갓튼 언사를 弄하는 것은 개탄할 바엿다 얼마간 복잡다단한 시간이 흐른 다음 급기야 혁명적 연극인의 과감한 투쟁이 모든 장애를 박차고 찬연히 조선푸로레타리아연극동맹은 巨步를 내듸덧스니 결성 후 월여에 벌서 전 연극인의 구할 이상을 戰取햇고 그 산하에 팔 개 극단이 집결하게 되엿고 연극건설본부는 자연 해소의 길로 떠러저 버리게 되엿다 이것이 곳 우리들의 이데올로기—적 승리가 안이면 무엇이냐21)

이렇게 볼 때 문학단체의 조직과는 달리 연극단체의 경우는 애초에 '연건'에 '연맹'측의 연극인들도 참가했었다가 이탈하여 '연맹'을 조직한 것이고 그 세력이 '연건'보다 훨씬 컸다는 점을 알 수 있다. 또한 '연맹'의 강령은 '연건'보다 계급성에 입각한 당대 현실을 좀더 직설적으로 반영한 형태라고 할 수 있다. 그 조직에 있어서 '연건'이 배우들을 주요 위치에서 제외시킨 데 비해 '연맹'은 배우들을 중요하게 다룸으로써 오히려 문학 측과는 달리 결성 후 한 달여 만에 전 연극인의 9할 이상을 전취하게 된 것이었다.

'연맹'의 결성은 "경향극단 염군(焰群) 출현 이래 1934년까지 유일하게 남아 있었던 좌익극단 신건설(新建設)이 일제에 의해 해체 당한 후 만 11년 만에 프로연극진영이 재건된 역사적 의미를 갖는 것"[22]이었다.

'연맹'의 결성으로 동맹 결성을 대략 완료한 프로예술진영은 일제시대의 '조선푸로레타리아예술동맹'의 재건과 예술을 통하여 노동자 농민을 지도하겠다는 목표로 1945년 9월 30일 연극건설본부 회의실에서 50여 명이 합동 '조선푸로레타리아예술연맹'(이하 '예맹')을 결성한다.[23] '예맹'에 가맹한 '연맹'은 1945년 10월 18일 혁명운동자

21) 김 욱, 「연극시감」, 『예술운동』창간호, 1945.12, pp. 32-33.
22) 유민영, 위의 책, p. 210.
23) '조선푸로레타리아예술연맹'의 조직은 다음과 같다
  "의 장 한설야
  서기장 윤기정
  협위원 문학 이기영, 한설야, 김두용, 권 환, 박세영, 박아지, 한 효, 박석정, 윤기정, 홍 구, 엄흥섭
    연극 나 웅, 김승구, 김 욱, 신고송, 박춘명, 송 영, 강 호, 박 학, 박창환, 박영호, 윤세중
    미술 이주홍, 김일영, 박진명, 이춘남, 채남인
    음악 신 막, 이범준, 김순남, 정종길, 강장일
  상임위원 문학동맹 권 환, 한 효, 박석정, 홍 구, 엄흥섭
    미술동맹 이주홍, 박진명, 추 민, 이춘남

를 구호하고자 '구원예술의 밤' 등을 개최하였다.24) 또한 극단 청포
도, 서울예술극장, 해방극장, 일오(一五)극장, 배우극장, 조선예술극
장, 자유극장, 혁명극장 등 8개의 극단을 가맹극단으로 하여 활동을
시작하였다.25)

'예맹'의 결성으로 극계(劇界)는 '연건'과 '연맹'으로, 문화예술계는
'조선문화건설중앙협의회'와 '조선푸로레타리아예술연맹'으로 양분되게
된다. (그 후 양 단체는 조선의 민주주의국가 건설단계에 있어서의 급
진적인 예술혁명의 오류를 자기비판하고 혁명적 노선에 순응된 민족문
화 수립 발전을 목표로 1946년 2월 24일 결성된 '조선문화단체총연
맹' 결성대회 석상에서 양 단체 공동해체성명서를 발표하고 동 단체에

　　　음악동맹 신　막, 이범준, 김순남, 정종길, 강장일
　　　연극동맹 나　웅, 송　영, 박창환, 박영호, 신고송"(『조선통신』, 1945.
　　　10.1)
24) "푸로예맹 예술의 밤…조선푸로레타리아예술연맹(藝術聯盟)에서는 조국의 해방을 위
　　하야 끊임없이 싸워 온 혁명운동자를 구호하고저, 아래와 같이 구원예술의 밤을 열게
　　되엇다 한다.
　　　장소 대륙극장
　　　시일 18일 오후 6시
　　　「푸로그람」
　　　一.「鐵道」는 끊어젓다 슈프래꼴
　　　二. 송영 작 「황혼」, 一幕(푸로劇동맹원 출연)
　　　三. 洋琴 三重奏(윤기선 정희석 이강희)
　　　四. 독창 합창(푸로음악동맹원 중)
　　　이에 뒤이어 강연이 있는데 연재 연사는 여좌하다
　　　(ㄱ) 무산계급과 문학　　송영
　　　(ㄴ) 현 정세와 예술운동 권환
　　　(ㄷ) 정치와 문화　　　　한효
　　　(ㄹ) 시 낭독　　　　　　푸로문학동맹원"(『신조선보』, 1945.10.18)
25) 가맹 극단의 창립 공연과 진용에 대하여는 다음을 참조.
　　　「신극운동의 방향」, 『인민예술』, 1945.12.
　　　「각 극단·그 인물들」, 『예술신보』, 1946.1.
　　　매원, 「해방 후 조선 극단 순례기」, 『예술신보』, 1946.1.

합류하게 된다.)26)

이러한 상황하에서 "연맹 측의 연극인들 사이에 극좌적인 공식주의적 연극이론에 대한 성실한 자기비판과 민주주의적인 민족연극 기본방향 설정을 위한 프로레타리아 연극동맹과 연극건설본부 사이의 진지하고 열성적인 이론투쟁의 전개를 보아"27), 1945년 12월 20일 '조선연극동맹'(이하 '연극동맹')을 조직하게 된다.28)

해방 이후 프로연극인의 통일기관으로 조직된 '연극동맹'은 5개 항의 강령29)을 내걸고 활동을 시작하게 된다. 그 후 1946년 5월 25일 중앙상임위원회를 열고, 중앙상임위원으로 안영일, 김태진, 박춘

---

26) 「文化中協과 藝術聯盟 發展 解體」, 『중앙신문』, 1946.2.25.
27) 안영일, 「연극계」, 『1947년 예술연감』, 예술문화사, 1947.5, p. 50.
　　'연건'측과 '연맹'측의 논전은 다음을 참조.
　　안영일, 「조선 연극의 역사적 단계」, 『신문예』, 1945.12.
　　신고송, 「연극운동과 그 조직」, 『인민』 창간호, 1945.12.
28) 연극동맹의 결성 일자는 「문화기록」(『문화통신』제2권 1호, 1946.1.20, p. 146)과 「금일의 역사」(『일간예술통신』, 1946.12.20)에 의거한 것임. 참고로 「문화기록」의 내용을 소개하면 다음과 같다.
　　"연극동맹 결성…문화전선 통일노선에 따라 연건과 푸로연맹은 해소되었는데 연극계 주요 동지 백여 명은 去 12월 20일 오후 2시부터 7시간에 걸쳐 조선영화제작소에서 전국 연극인 대회를 개최하고 조선연극동맹을 결성하였다. 동맹의 위원은 다음과 같다. 위원장 송석하, 부위원장 나 웅, 조영출, 서기장 김승구"
29) 조선연극동맹은 1945년 12월 20일 결성 대회를 통하여 인민공화국이 제출한 합작안을 거부한 임정 요인들에게 건의서를 제출할 것을 결의하고, 신탁 문제에 있어선 英府삼상회의를 절대 지지하고 임시정부 수립을 촉진케 할 것을 가결하였다. 또한 조직과 구성에 있어서 종래 연극문화협회의 이사를 역임한 사람들과 군속으로 있던 사람들의 잠정적 제1선 퇴진을 요구하고 위원장에 송석하, 부위원장에 나 웅, 조영출, 서기장에 김승구(1946년 6월 부터는 윤세중)가 추대되었다.
　　결성 대회에서 채택한 5개 항의 강령은 다음과 같다.
　　一. 우리는 일제 잔재를 소탕하자.
　　一. 우리는 봉건적 유재(遺滓)를 청산하자.
　　一. 우리는 국수주의를 배격하자.
　　一. 우리는 진보적인 조선의 민족연극을 수립하자.
　　一. 우리는 진보적인 국제연극과 제휴하자.(『조선해방연보』(1946), p. 366)

명, 김동혁, 서항석 등을 보선하는 등30) 거의 모든 연극인을 동맹 산
하에 집결시킨다. 그러나 결성 1년도 못되어 객관적인 정세(동맹을
좌익이라 규정하고 경원하는 단체들의 문제, 섹트적이라 비판받는 인
적 구성 문제, 현 위원 중 북조선을 여행하는 사람들이 있어 사무상의
문제)는 동맹의 구성에 변경을 필연적으로 요구하게 되었다.

이에 따라 '연극동맹'은 문호를 개방하여 좌우익을 포섭하기 위하여
1946년 7월 5일에 '조선 연극인 대회'를 개최, 상임부위원장으로 변
기종, 박제행, 조영출, 함세덕을 선임하고(상임위원장은 서항석을 추
천하였으나 본인의 거부로 추후 결정하기로 함), 서기장에 이강복을
선임하였다.31)

조선 연극인 대회를 통하여 조직을 개편한 '연극동맹'은 1946년
12월 17일 중앙집행위원회를 개최하여 중앙집행위원 및 상임위원을
보선하게 되는데, 이때 정순모, 임선규, 채남인, 김일환, 유경애, 진
낭 등이 중앙집행위원으로, 유 현, 정순모, 임선규를 상임위원으로 선
임하였다.32) 중앙집행위원 및 상임위원의 보선을 마친 '연극동맹'은
'연극동맹 서울시지부'를 1946년 12월 내에 결성할 것을 결의하고,
박고송 외 11인으로 준비위원회를 결성, 동년 12월 24일 종로 YM
CA강당에서 '연극동맹 서울시지부'가 결성되었다.33) 이러한 과정을
통하여 조직의 완성을 보게 된 '조선연극동맹'은 '전국연극예술협회'가
조직(1947. 10. 29)된 1947년 10월까지 당시 연극계의 주도적인
세력을 형성하게 된다.

---

30) 『독립신보』, 1946.5.31.
31) 「조선 연극인 대회 성황」, 『현대일보』, 1946.7.6.
32) 「연맹·위원회 경과」, 『일간 예술통신』, 1946.12.19.
33) 「연동 서울지부 결성 근일 개최 준비」, 『일간 예술통신』, 1946.12.19.
　　「映同 演同 서울지부 24일 양처에서 결성」, 『일간 예술통신』, 1946.12.26.

2. 조선연극동맹의 활동

해방 직후 만 2년 동안 프로연극운동의 주도적인 역할을 수행한 '연극동맹'의 활동은 3단계로 나누어 볼 수 있다.[34) 이는 8·15 직후부터 1946년 3월까지가 제1의 단계로 이 기간은 '조선연극동맹'의 조직과 더불어 3·1기념공연 활동까지로서 프로연극운동의 태동기라고 할 수 있다. 1947년 8월까지가 제2의 단계로 이 기간은 '수해구제 야외 연예대회'·'희곡의 밤' 개최(1946년 7월), '전국문화단체총연맹' 주최 제1회 종합예술제에 참가(1947년 1월)하고, 제2회 3·1운동 기념 공연(1947년 2월 26일 ~ 3.30)과 제1회 자립극 경연대회(1947년 7월 29일 ~ 8월 3일)를 개최함과 더불어 동년 6월 30일부터 8월 6일까지 약 40여일간 '조선문화단체총연맹' 주최 제1차 '문화공작단'의 지방 파견 등 연극 대중화의 실천기로서 프로연극운동의 절정기였다. 다음은 1947년 8월부터 1948년 8월에 이르는 제3의 단계로 동맹 산하 7개 극단이 4개 극단으로 정리·재편성(1947년 8월)되는 등 활동이 위축된 가운데, 대부분의 연극인이 월북함으로 인해서 프로연극운동은 침체기에 빠지게 된다.

(1) 8·15 직후부터 1946년 3월

전술한 바 있듯이 이 기간은 '연극동맹'의 조직에서 '제1회 3·1기념공연' 활동까지로 프로극이 태동기라 할 수 있을 것이다. '연극동맹'

---

34) 해방 직후 프로연극운동을 이재현은 「해방 후 연극계 동향, 수난의 민족연극」(『민성』, 1948, 8)이라는 글을 통하여 태동기, 성장기, 침체기의 세 단계로 나누고 있다. 즉 8·15 직후부터 1946년 3월까지가 제1의 단계로 이 기간은 민족연극운동의 태동기 발아기 성장의 단초기로, 1947년 8월까지가 제2의 단계로 이 기간은 성장기로, 동년 9월부터 1948년 8월까지가 제3의 단계로 민족연극운동의 침체기로 구분하고 있다.

은 "민족분열 책동자 철저 분쇄와 신탁통치 절대 반대 운동"을 전개하
는 동시에 1946년 1월 2일부터 3일까지 인민공화국과 임시정부의
자진적인 합작 문제와 민족통일전선 문제를 중심으로 '민족통일전선
촉성 연극인 대회'를 중앙극장에서 1,500명의 연극인이 모여 개최하
였다.35) 김승구의 사회와 나 웅의 개회사로 시작된 이 대회에서 '연
극동맹'은 '반팟쇼투쟁위원회'에 참가할 것을 결의한 동시에 인공과 임
정은 자진적으로 합작하여 시급히 민족통일전선을 결성하라는 내용의
임시정부에 대한 권고문과 연극인 자신의 반성을 촉구하는 결의문을
채택하였다. '연극동맹'의 결의문을 보면 다음과 같다.

결의문
8 · 15 이후 우리는 진보적 민주주의국가 건설을 향해 일로매진하였다.
실로 3천만 인민은 민족 통일을 希求하며 하로밧비 자주독립의 날이 오기
를 고대하였다. 허나 민족의 완전 통일은 구현되였든가 이것은 우리 자신이
猛省할 바이었다.
작금 託治 撤廢 云云을 계기로 君臨的인 자기 세력의 扶植을 도모하는
팟쇼분자가 있고 민족 분열을 一蹴해야 할 이 위기에 독선적인 頑冥한 생각
을 벌이지 못하는 일부 지도자가 있다는 것은 통탄할 바이다. 대외적인 항
쟁에 앞서 먼저 人共, 臨政의 완전 합작을 비롯한 전선 통일이 급하지 안었
든가? 허나 인공의 협조 합작의 제의를 임정은 팟쇼 그대로 일축하였다. 그
러면 민족 분열의 준엄한 책임은 누가 저야 할 것인가?
이에 우리 연극인은 임정 측에 진보적인 猛省을 요구하는 동시에 전선통
일을 요구한다.
연극은 예술이오 문화다 향락적인 오락과 混同視될 것은 안이다 이런 頑
迷한 생각이 있다면 이것을 우리는 단연 배격하며 이것을 대외에 천명하는
동시에 대내로 연극인 자신의 淸肅을 베풀기로 한다.
연극예술이 가진 민중계몽과 진보적 사상의 지도 사명을 완전한 예술로
써 형상화해야 할 것이다. 편승적이오 비예술적인 작품을 배격하자 비양심

35) 「오늘 연극인 총궐기대회」, 『자유신문』, 1946.1.2.
　　「민족통일전선 촉성 연극인 대회」, 『문화통신』2권 1호, 1946.1, p. 11.

적 謀利의 흥행과 연극인으로써 성실성을 망각한 모든 행위를 거부하자!!
　전국의 연극인은 일제 잔재와 봉건주의 잔재의 소탕과 반팟쇼 반국수주
의의 투쟁을 무대 우에서 전개하라.
　그래서 진보적 조선 연극을 수립하자

1946년 1월 3일
조선연극동맹36)

　'연극동맹'은 위와 같은 결의문을 발표하면서 좌익단체의 한 단체로
서의 활동을 전개하기 시작하였다.('연극동맹'은 1946년 2월 24일에
결성된 남로당의 외곽기구인 '조선문화단체총연맹'에 가맹한다.)
　곧이어 '연극동맹'은 첫 번째 종합적 행사로 해방 후 처음으로 맞이
하는 3·1운동기념일을 기념하기 위하여 동맹 산하에 참가한 각 극
단을 총동원하여 제1회 3·1기념 연극 대회를 준비한다.37) '연극동
맹'의 박영호는 3·1기념공연을 준비함에 있어 주의해야 할 점을 다
음과 같이 말하고 있다.

　　그뿐만 아니라 이 행사를 통하여 자칫 잘못하면 봉건사상으로의 外延,
팟시즘의 고취가 될 것이며 고취까지는 안이라 할지라도 우리들의 연극노
선을 방황식히기도 쉽다.
　　그러므로 잘하면 비약이요 못하면 예상 이상의 사상적 상실이 잇슬 것이
다 오로지 이것을 해결할 수 잇는 길은 3월 1일에 대한 역사성과 다시 그
것에 대한 현실적인 再理解에 잇고 돌연히 史實에만 사로잡히여 전체보다
부분에 도취해서는 안 될 것이니 그것은 史實보다 똑바른 구상을 통한 작품
만이 위대할 수 있기 때문이다.38)

<hr>

36) 「민족통일전선 촉성 연극인대회」, 『문화통신』 2권 1호, 1946.1, pp. 11-12.
37) 이 공연에 참가할 예정이었던 극단과 작품은 '조선예술극장'의 〈三一운동〉(3월 1일부
　　터 중앙극장), 서울예술극장의 〈독립군〉(2월 26일부터 동양극장), 자유극장의 〈三一
　　운동과 滿洲영감〉(2월 28일부터 수도극장), 혁명극장의 〈님〉(3월 3일부터 국제극
　　장), 해방극장의 〈꽃과 三一운동〉(3월 13일부터 단성사), 낙랑극회의 〈기미년〉(일
　　자, 장소 미정) 등이었다.(「연극동맹의 다채한 행사」, 『중앙신문』, 1946.2.18)
38) 「연극과 三一운동(下)」, 『중앙신문』, 1946.2.20.

3·1기념공연은 애초 6개 극단이 참가할 예정이었으나 실제로는 조선예술극장, 자유극장, 백화, 혁명극장, 서울예술극장 등 5개 극단 (해방극장과 낙랑극회는 불참. 극단 백화 새로 추가)이 창작극을 가지고 참가하였다. '연극동맹'과 서울신문사 주최, '전국문화단체총연맹' 후원(혁명극장의 공연은 3·1기념 전국준비위원회가 후원)으로 1946년 2월 26일부터 3월 15일에 걸쳐 이루어진 이 공연에 참가한 극단과 작품은 다음과 같다.

「서울예술극장」 : 조영출 작 나 웅 연출, 강 호 장치, 〈독립군〉(3막 5장) ; 동양극장에서 2월 26일 ~ 3월 3일.
「자유극장」 : 박로아 작, 이서향 연출, 채남인 장치, 〈三一운동과 만주 (滿洲)영감〉(3막 4장) ; 수도극장에서 2월 28일 ~ 3월 6일(조명 임 빈, 음악 박영근)
「조선예술극장」 : 김남천 작, 안영일 연출, 김일영 장치, 〈三一운동〉(3 막 8장) ; 중앙극장에서 3월 1일 ~ 7일.
「혁명극장」 : 박영호 작, 박춘명 연출, 채남인 장치, 〈님〉(4막) ; 국제 극장에서 3월 4일 ~ 15일(조명 이한종, 음악 김순남)
「백화」 : 이운방 작, 양산백 연출. 원우전 장치, 〈나라와 백성〉(4막) ; 동양극장에서 3월 4일 ~ 10일(효과 백종열)39)

위와 같이 5개 극단이 참여하여 개최한 3·1기념공연의 의의와 결과에 대하여 자유극장의 3·1기념공연 참가작 〈三一운동과 만주영감〉 의 연출을 맡았던 이서향은 다음과 같이 밝히고 있다.

연극동맹의 三一기념공연에는 다음의 의의가 잇섯다고 생각합니다. 첫재는 정치적으로 복잡한 현 정세하에 잇서서 이번 캄파를 통하야 三一운동을 정당히 비판함으로 민중과 더부러 자기비판을 하고 또 예술적 창조로 정치를 도웁자는 것이엿고 둘제는 해방 후 연극계가 매우 성황을 이루엇스나 무

---

39) 이 공연에 참가한 극단과 작품은 당시 『동아일보』, 『중앙신문』, 『자유신문』의 기사와 광고를 참조하여 작성한 것임.

질서하고 혼란한 것이 사실임에 대하야 劇團들을 동맹 산하에서 연계성을 가지게 하기 위하야 동일한 목표로 보조를 갓치 하자는 것 셋째는 일제 시대의 잔재를 완전히 버리고 우리 민족의 생활과 체험을 토대로 출발해야겟다는 것 그리고 국제적으로 민족문화를 수립해야 할 것 이러한 것을 강행하는데 추진력이 되도록 하려는 것입니다.

그 결과는 조왓다고 생각합니다. 작품들의 내용이 오른 정치노선을 발브려한 그 사상성이 조왓고 劇團의 통일 보조에도 효과가 잇섯다고 봅니다 작품도 일제 시대의 것보다 우수해서 민족문화가 발화할 날이 멀지 안헛다는 것을 느끼게 햇습니다.[40)]

일제 강점기의 독립운동만을 다룬 작품들만 참가한 이 공연에 대해서 김영수는 "극단의 하나의 盛典이었고 장대한 기획이었다. 그러나 그것은 우선 동일한 史實的인 소재를 가지고 서로가 여하히 형성하느냐 하는 바 최대의 관심과 주목이 앞섰기 때문이다. 다섯 극단의 다섯 작품이 모두 비슷한 소재를 다룬 것으로 역사를 회고케 함에 그치고 말았다"[41)]라고 평가하고 있다.

이러한 3·1운동에 대한 관심은 '민족연극의 수립'이라는 '조선연극동맹'의 강령에 부합될 수 있었다는 것과 해방 직후 남한의 문학, 예술인들에게는 도덕성 회복에 큰 영향을 미쳤을 것이다.

(2) 1946년 4월부터 1947년 8월

이 시기는 '연극동맹' 주최로 연극의 대중화를 위한 실천기로서 가장 많은 활동을 한 시기이다. 또한 이 시기에는 미소공위가 결렬되고 미군정의 탄압이 좌익 전반에 걸쳐 이루어지면서 좌익 측의 대응 역시 그 이전 시기와는 달리 강경해진다. 1946년 5월 4일에서 5일에 걸쳐 이루어진 '정판사위폐사건'을 계기로 조선공산당은 미군정에 대

---

40) 좌담회, 「三一紀念公演과 演劇의 緊急問題」, 『신세대』 2호, 1946.5, p. 65.
41) 「3·1 연극 대회의 성과」, 『매일신보』, 1946.4.1.

한 우호적 관계를 청산하고 적극적인 대응으로 나오면서 '신전술'(1946년 7월)을 채택하게 된다.42)

제1회 3·1기념공연 이후 '연극동맹'은 1946년 5월 25일 중앙상임위원회를 열고 7월 20일에 동맹 산하 각 극단을 총동원하여 '국도극장'에서 제1회 조선연극제를 개최하기로 결정하고 동년 5월 29일 연극동맹서기국에서는 동행사의 진용을 결정하는데 이는 다음과 같다.

▲ 작품 – 홍명희 작 「林巨正」
▲ 각색 – 함세덕, 박영호, 김태진, 김이식, 김승구, 송 영, 김 건, 조영출
▲ 연출 – 안영일, 이서향, 나 웅, 박춘명, 김 욱, 서항석, 신고송, 박상진
▲ 장치 – 김일영, 김정환, 원우전, 김운선, 정순모, 채남인, 강 호
▲ 조명 – 최 진, 임 빈, 박종열, 이은남
▲ 음악 – 음악동맹43)

이와 함께 8·15 1주년 기념행사로 소인극콩쿨 기념공연과 기념연극전람회 등을 개최하고자 하였으며,44) 8·15기념 연극 공연 대회를 조선예술극장(김남천 작·연출, 〈八·一五〉), 서울예술극장(작품미정), 혁명극장(박영호 작, 〈날개〉), 자유극장(작품 미정), 청포도(이상백 작, 〈무궁화〉), 해방극장(작품 미정), 녹성(작품 미정), 낙랑극회(작품 미정) 등 8개 극단의 참가로 개최45)할 예정이었으나 실행하지는 못하였다.

동년 7월 7일에는 '연극동맹' 주최, 조선가극협회의 후원으로 '수해구제 야외 연예대회'를 파고다공원에서 개최46)하였으며, 동년 7월

42) 서중석, 『한국 현대 민족운동 연구』, 역사비평사, 1991. p. 419.
43) 「연극동맹 각 행사위원 결정」, 『독립신보』, 1946.5.31.
    「문화단신」, 『중외신보』, 1946.6.14.
44) 「연극계 소식」, 『중외신보』, 1946.6.2.
45) 「문화 소식」, 『중외신보』, 1946.6.17.
46) 「수해구제 야외 연예대회 7월 7일 파고다공원」, 『현대일보』, 1946.7.7.(광고)

25일에는 희곡빈곤을 타개하고자 '희곡의 밤'을 종로 기독청년회관 강당에서 개최, 김태진, 박영호, 안영일, 이서향 등의 강연과 체홉 작 〈백조의 노래〉, 싱 작 〈바다로 간 기수(騎手)〉, 함세덕 작 〈감자와 족제비와 여교원〉의 희곡 낭독회를 열었다.47) 또한 동년 11월에는 동맹 산하 각 극단의 극본난을 제거시켜 정확 건실한 연극운동을 추진할 수 있도록 작품·연출·미술을 제공하고, 신인 양성을 위하여 동맹 내에 '작가연출구락부'를 신설하기도 하였다.48)

이상에서 살펴본 바와 같이 '연극동맹'은 제1회 3·1기념공연 이후 1946년 말까지는 '희곡의 밤'과 '수해구제 야외 연예대회' 이외에는 별다른 활동을 갖지 못한다. 이러한 '연극동맹'의 활동 부진에 대한 원인으로 허 집은 "내부의 정세는 3·1기념 연극 이후에 최악의 외부적 악조건 밑에 정상적인 발전을 못하고 있다. 국립극장운동, 소극장운동이 실현을 못보고 일부 북조선행과 물자 빈곤, 물가 폭등, 巡廻不圓滑, 洋畵 범람과 최저생활보호에도 급급한 상태에 떠러짐"49) 등을 들고 있다. (신고송, 한 효는 이동규, 윤규섭, 박세영 등과 함께 1946년 3월 말과 4월 초에 월북하였으며, 송 영, 김승구, 박영호 등은 1946년 11월 이전에 이미 월북을 하였다.)50)

1947년에 들어서 '연극동맹'은 외부적인 악조건을 이겨내고, "조선연극의 재생과 인민의 연극으로서의 민족연극의 건설"을 위하여 동년 1월 20일 제7회 중앙집행위원회를 열고 새로운 정세와 다른 분야의 문화운동에 비하여 현저히 낙후되어 있는 동맹 활동에 대한 자기비판을 하는 동시에 연극운동의 낙후성을 극복하고자 '연극동맹'의 운동방침과 활동의 분야를 근본적으로 전환하는 "연극대중화운동결정서"

47) 「문화」, 『중외신보』, 1946.7.20.
48) 「"작가연출구락부" 등을 설치 연극동맹 새 氣勢 올날 듯!」, 『일간 예술통신』, 1946.11.27.
49) 「연극운동의 편린」, 『경향신문』, 1946.12.24.
50) 정영진, 「월북·입북·납북·재북 문인 행적기」, 『다리』, 1989. 10.

(이의 全文은 일간 예술통신, 1947년 2월 3, 4, 6, 7일자에 게재되어 있다)를 채택 발표하는데 이 가운데 연극 대중화운동의 구체적인 실천 방침과 관련된 사항을 살펴보면 다음과 같다.51)

1. 동맹 諸 劇團의 구체성을 충분히 고려하여 우선 가능한 극단으로부터 大劇團 공연 중심주의로부터 소규모 이동 공연으로 전환식히고 점차로 全 劇團에 이 방침을 확대하여 연극운동 대중화의 방침을 수립할 것

2. 직장, 농촌, 학교 등에서 대두하고 잇는 자립적 연극 활동을 지도 원조하기 위하여 기술적 조직적인 諸 方針을 급속히 수립하고 연극운동 대중화의 거점이 될 서울시 及 지방지부의 건설과 그 기초가 될 연극 「써-클」활동을 전개하기 위하여 특수기관을 설치할 것

3. 비속주의의 만연과 투쟁하고 그것을 선도하기 위하여 비평활동을 강화하고 희곡부의 활동을 왕성히 하여 이러한 경향의 소탕을 위하여 적극적인 방책을 강구할 것

4. 의식 야튼 대중에게 영합하여 그들에게 심대한 악영향을 끼치고 잇는 가극의 올흔 지도를 위하여 가극에 대한 조직적 대책과 아울러 각 분야의 기술가들이 가극단과의 협동을 강화하여 그들의 활동을 시정하기에 노력하는 한편 유해한 영향에 대하여는 용인 업는 투쟁을 전개할 것

5. 동맹중앙기관의 일부 及 약간의 극단에 잠재하여 있는 예술주의를 철저히 비판하고 더욱이 그러한 경향이 학생극운동 등에 미치고 잇는 악영향을 충분히 경계하여 그들을 올은 연극 창작 노선으로 지도할 것

6. 대중화의 사업과 더부러 새로운 연극 건설의 주요한 양식이 될 창조적 수준의 향상을 위하여 각 전문부의 운영을 활발히 하고 정기간행물의 발행과 총서 등을 발간하여 연구적 사업을 왕성히 하는 한편 대중의 자주적 연극 활동의 원조와 지도를 위하여 전 출판물을 활용할 것52)

---

51) 연극동맹의 '연극대중화운동결정서'가 발표되기 전에도 이러한 주장을 펼친 글들은 있었다. 이에 대하여는 다음을 참조.
  나웅, 「연극의 대중화 문제에 대하야」, 『영화시대』 1호, 1946.4.
  안영일, 「연극운동의 대중화 문제」, 『독립신보』, 1946.9.15-10.6.
52) 「연극대중화운동결정서(3-4)」, 『일간예술통신』, 1947.2.7-8.

이상과 같은 '연극대중화운동결정서'가 발표되면서 연극운동에 있어서의 대중화 문제가 실질적으로 대두되었다. 이를 토대로 '연극동맹'은 1947년에 '조선문화단체예술총연맹' 주최의 제1회 종합예술제의 참가, 제2회 3·1기념 연극 대회의 개최, 제1회 자립극 경연 대회, 문화공작대의 활동 등을 펼치게 되는데 이는 연극대중화운동의 구체적 실천을 위한 방안으로 전개되었다고 볼 수 있다.

1) 제1회 종합예술제

'전국문화단체총연맹'에서는 1947년 1월 8일부터 14일까지 일주일을 전재동포 구제 기금 모집 종합예술 주간으로 설정하고 서울의 중앙극장에서 산하 연극·영화·음악·문학 등 단체를 망라하야 제1회 종합예술제를 개최하기로 하였다.[53] "민주자주독립의 새로운 결의를 한 무대 위에 쏘다 놓아 진보적 예술 활동의 통일적 보조를 강화하며 민주예술 수준의 향상과 예술가의 새로운 정열을 고양"시킬 목적으로 자유신문·독립신보·일간 예술통신사의 후원으로 '모든 예술을 노동인민에게'라는 구호 아래 개최된 '제1회 종합예술제'는 예술의 대중화를 위하여 근로자권을 발행하기도 하였다.

'연극동맹 서울시지부'에서는 '제1회 종합예술제'에 함세덕 작 〈하곡(夏穀)〉(1막, 이 작품의 원제는 「감자와 족제비와 여교원」으로 이는 1946년 7월 종로 기독교청년회관에서 개최된 '희곡의 밤'에서 낭독되었다)을 이서향·안영일 공동연출, 김일영·정순모 공동장치로 1947년 1월 8일부터 14일까지 주야 2회의 공연 예정으로 참가하였다.[54]

---

53) 「戰災동포를 위하야 예술인 총궐기 주간 新正 8일부터 中劇에서」, 『일간 예술통신』 1946.12.26.

54) 「藝術史上 초유의 盛事 기대되는 종합예술제 본사 주최」, 『독립신보』, 1947.1.7.
「'文聯' 산하 각 단체 총동원 제1회 종합예술제 개최 8일·14일 中劇에서 향연!! 시민에게 예술을!」, 『일간 예술통신』, 1947.1.7.

조선영화동맹, 조선연극동맹, 조선음악동맹, 조선무용예술협회, 조선문학가동맹, 국악원의 참가로 개최된 '제1회 종합예술제'는 1월 8일 정오 개막을 하였다. 그러나 공연 초일(8일)에는 야간공연 시 무대에 수류탄 투척 사건이 발생하여 공연 작품인 〈하곡〉대신 희극 1막을 상연하였으며, 9일에는 오후 3시경 또 한차례의 발연탄 투척 사건으로 관객 중에 부상자가 생기게 되어 동일 오후 5시 공연을 중지하라는 경찰청의 명령에 의하여 주간 공연으로 예술제는 일단 중지하게 되었다.55) 이에 11일과 14일 예술제 관계자들이 군정청을 방문, 합의하여 예술제는 장소를 중앙극장에서 제일극장으로 옮기어 15일 야간부터 19일까지 속개하게 된다.56) 제1회 종합예술제 관극 인원은 7일간 (중앙극장 공연 포함) 총 20,519명이었다.(일간예술통신, 1947. 1. 11, 13, 18, 21, 23. 극장 동원표 참조)57)

2) 제2회 3·1기념 연극제

연극대중화운동의 전개와 아울러 연극동맹은 3·1절을 맞이하여 '제2회 3·1기념연극제'를 개최한다. 제1회 때의 개별적인 기념공연과는 달리 제2회 때에는 낙랑극회, 민중극장, 혁명극장, 예술극장, 자유극장, 문화극장 등 6개 극단과 무대예술연구회가 합동으로 참여하여 1부와 2부로 나누어 공연하였다.

---

55) 「종합예술제 手榴彈 實演」, 『한성일보』, 1947.1.10.
　　「종합예술제 중지 二次의 「테로」사건으로」, 『독립신보』, 1947.1.11.
　　「예술제는 일단 중지 악질분자의 모략 방해로」, 『일간 예술통신』, 1947.1.11.
　　「예술제 휴연 명령」, 『대동신문』, 1947.1.11.
56) 「종합예술제 續開 初夜 노동인민들 환호리에 열연」, 『일간 예술통신』, 1947.1.17.
57) '제1회 종합예술제' 공연의 의의 및 성과에 대하여는 아래의 글들을 참조.
　　채정근, 「『하곡』의 의의 - 종합예술제 소견」, 『일간 예술통신』, 1947.1.13.
　　Ｊ 生, 「『하곡』예찬」, 『일간 예술통신』, 1947.1.17.
　　ＰＫ生, 「意念의 자랑」, 『일간 예술통신』, 1947.1.18.

제1부는 1947년 2월 26일부터 3월 4일까지 함세덕 작 〈태백산맥〉 (5막 6장)을 이서향 연출, 김일영 장치로 낙랑극회, 자유극장, 혁명 극장, 무대예술연구회를 중심으로 합동공연으로, 제2부는 조영출 작 〈위대한 사랑〉(5막)을 동년 3월 5일부터 11일까지 안영일 연출, 채 남인 장치로 문화극장, 민중극장, 예술극장을 중심으로 합동공연으로 개최하고자 문교부 예술과에 상연 대본 승인 신청을 하여, 2월 17일 정식으로 인가를 받은 '연극동맹'은 맹연습에 들어간다.58)

'제2회 3·1연극제'는 문교부 예술과, 자유신문사, 예술통신사의 후원과 조선연극동맹, 조선문화단체예술총연맹 주최로 동년 2월 26 일 제1부의 막을 열게 되었다. 그러나 공연 첫날인 26일 정오 "작품 의 내용에 다소 치안유지에 지장을 일으킬 위험성이 있다"하여 경찰 청으로부터 공연중지명령이 내려 부득이 공연을 중지하게 된다. 따라 서 〈태백산맥〉의 작가 함세덕과 경찰 관계자가 협의하여 대본의 일부 를 삭제하고, 2월 27일부터 공연을 재개키로 하였다.59) 이에 따라 2 월 27일 오전 11시 공연을 속개할 예정이었으나 대본수정관계로 시 간이 늦어져 오후 2시에야 공연이 속개되어 오전 공연을 마치었다. 그러나 오전 공연 후 경찰청에서는 4막 마지막 장면이 검열 대본과 상반된다 하여 야간 공연부터의 상연중지명령이 내려지고 작자 함세 덕과 연출자 이서향을 불구속으로 취조하였다.60) 이에 함세덕과 이 강복(연극동맹 서기장)이 다시 당국을 방문하여 협의한 결과 2월 28 일 야간 공연부터 속개하여 3월 6일까지 공연하였다.61) 제1부 〈태

---

58) 『경향신문』, 1947.2.20.
　　「3·1기념 연극제 본사 후원 26일부터 國都에서」, 『자유신문』, 1947.2.21.
59) 삭제당한 내용은 "일제시 주재소 경관이 쌀 공출을 심히 간섭하여 농민을 고문하는 장면과 이에 분개한 농민들이 주재소를 습격하는 장면"이었는데 이것은 영남사건을 방불케 하는 동시에 현 경찰에 대하여 일반을 자극할 우려가 있다는 것이라 한다.("일 부분을 삭제코 "태백산맥" 예정대로 공연」, 『중외신보』, 1947.2.26)
60) 「연극제에 다시 波瀾 28일 주간부터 재공연」, 『일간 예술통신』, 1947.3.2.
61) 「3·1연극제 제2부로 7일부터 『위대한 사랑』상연」, 『자유신문』, 1947.3.5.

백산맥〉의 공연을 마친 '연극동맹'은 2회에 걸친 상연중지명령으로 일
정이 변경되어, 제2부 공연은 동년 3월 7일부터 13일까지 〈위대한
사랑〉을 역시 국도극장에서 상연하였다.62)

국도극장 공연을 마친 '연극동맹'은 장소를 제일극장으로 옮기어 단
독주최로 '제2회 3·1연극제'를 이어 나갔다. 함세덕 작 〈태백산맥〉
으로 동년 3월 16일부터 22일까지 제일극장 공연을 마친 '연극동맹'
은 3월 23일부터는 장소를 다시 성남극장으로 옮겨 공연을 계속하였
다.63) 그러나 3월 25일 오전 동 작품에 출연 중이던 민중극장 소속
의 심 영의 검속으로 인해 3월 25일 공연부터 중지하였다.64) 그러나
조영출 작 『위대한 사랑』은 제일극장에서 3월 23일부터 29일까지 공
연을 계속하였다.65)

1947년 2월 26일부터 3월 30일까지 공연된 '제2회 3·1연극제'66)
의 제1부 〈태백산맥〉의 관극 인원은 제일극장 공연 시 13,345명(국
도극장 공연과 제일극장 첫날 공연 관극 인원 제외)이었으며,67) 제2
부 〈위대한 사랑〉의 국도극장 공연시 관극 인원은 공연 초일과 다음
날을 제외한 20,151명이었으며, 제일극장 공연 시의 관극 인원은 첫
날과 마지막 날의 관극 인원이 4,516명으로 총 24,667명이었다.68)

이처럼 약 40여 일간 약 4만여 명의 관객을 동원한 제2회 3·1연

---

62) 「3·1연극제 제2부로 7일부터 『위대한 사랑』상연」, 『자유신문』, 1947.3.5.
63) 『한성일보』, 1947.3.22-24.(광고)
64) 『경향신문』, 1947.3.26.
65) 『중외신보』, 1947.3.26.(광고)
　　『문화일보』, 1947.3.30.(극장동원표)
66) '제2회 3·1연극제'의 의의 및 성과에 대하여는 아래의 글들을 참조.
　　「三一공연의 회고」, 『문화일보』, 1947.3.12.(사설)
　　이문형, 「조선 연극의 금후 방향 - 三一극 『위대한 사랑』을 보고」, 『중외신보』,
　　　　1947. 3.12.
　　Ｊ生, 「三一연극제 『위대한 사랑』」, 『문화일보』, 1947.3.12.
67) 이는 『문화일보』, 1947.3.19-22. 극장 동원표를 참조하였음.
68) 이는 『문화일보』, 1947.3.11-15. 25. 30. 극장 동원표를 참조하였음.

극제에 참가한 작품 중 〈위대한 사랑〉은 고전극 〈춘향전〉의 무대를 '동학난'으로 옮기어 목가적이며, 가극적이면서도 신파조로 엮어 놓은 것이었다. 또한 〈태백산맥〉은 전4막(제1막 萬乭의 집, 제2막 同 前, 제3막 주재소, 제4막 山峽)으로 구성되어 있었으며, 시대적 배경은 "일제가 최후의 발악을 하던 그러나 이미 대세는 괴멸로 결정된 1945 年 봄, 태백산맥에 둘러싸인 강원도의 어느 산촌에서 이러난 이야기" 로서 이 작품의 줄거리는 다음과 같다.

일제가 최후의 발악을 하던 그러나 이미 大勢는 괴멸로 결정된 1945年 ― 태백산맥에 圍요된 강원도 어느 산촌에서 이러난 이야기 ―
꼭 두저지움을 연상케 하는 게딱지 갓흔 움집들이 山谷을 끼고 뜨문뜨문 흐터저 잇는 대나제도 여우가 울고 승냥이가 짓는 山峽! 나고야『名古屋』로 강제징용을 나간 萬乭이가 도망을 왓다 집에는 자식을 빼앗고 땅마저 빼앗 긴 노파 한 홀어머니 그러나 악독한 왜경의 손은 어머니와 함께 산맥을 타 고 북간도로 떠나려든 만돌의 꿈은 산산히 흐터지고 불행히 타살을 당하고 만다
              ×   ×
서투른 농사꾼 배추 밧혜 오줌 주둣 이 산촌에도 징용狀이 쏘다저 나왓 다 마을엔 늘근이와 병신과 부녀자만 남고 젊문이란 젊문이는 모조리 잡혀 나가야만 한다 이리하야 동리는 란리가 낫다 그 무서운 징용을 빼준다는 바 람에 만돌의 시체를 저다 버린 牛三의 뼈압흔 고백으로 말미암아 실로 오래 동안 억압되엇던 빈궁과 착취와 압제의 쇠사슬의 억매인 그러나 한업시 선 량한 마을 사람들은 봉기하엿다 벌의 집을 쑤셔 논 것처럼 벌떼처럼 이러낫 다 강도 일본제국주의 타도 강제징용 반대 강제공출 반대 피로서 물둘인 기 치를 들고 수마흔 인민이 봉기하엿다 만돌이 어머ㅣ도 강포수도 성국이도 그리고 탄실이도 ……69)

서울에서의 3 · 1연극제 공연과 함께 인천에서는 '인천연극동맹' 주 최로 3월 16일, 17일 양일간 인천 문화관에서 '인천 3 · 1기념 종합

---

69) 『일간 예술통신』, 1947.2.26.

예술제'를 함세덕 작 〈하곡〉을 가지고 개최(17일 낮 공연부터 중지)
하였으며,70) 부산에서도 부산 민주중보 주최로 3월 15일, 16일 부
산 대생극장에서 3·1기념 제1회 부산예술제를 개최하기로 하여 '연
극동맹'에서 안영일, 박상진, 황 철, 박효은, 김양춘, 태을민, 박 학
외 수명의 연극인을 파견하였다.71) 그러나 제1회 부산예술제는 사정
에 의하여 무기 연기되어 열리지 못했다.

3) 제1회 자립극 경연 대회

해방 직후 프로연극인들이 가장 관심을 기울였던 문화대중화운동은
제1회 '자립극 경연 대회'를 통하여 그 결과가 나타났다고 볼 수 있다.
해방 이후 연극의 정치적 특성에 기초한 연극 대중화에 대한 관심으
로 소극장운동의 필요성이 대두되었으며, 이 소극장운동은 자연스럽
게 '자립연극'의 방향으로 귀결되게 된다. '자립연극'은 '소인극'과 같은
개념으로 이에 대한 논의는 이미 '연맹'에서부터 시작된 바 있으며,72)

---

70) 『대중일보』, 1947.3.15.
71) 『민주중보』, 1947.3.16.
72) '조선푸로레타리아연극동맹' 시기 한 효는 예술의 당파성과 계급성을 강조하며 연극
     운동의 구체적인 방안을 다음과 같이 기술하였다..
     "연극동맹은 직업연극에만 그 활동의 중점을 둘 것이 아니라 하로바삐 지방 소도시
     급 농촌에 잇어서의 자립극단의 촉성 지도를 위한 구체적 방침을 수립해야 할 것이
     다. 각 지방에서 속출하는 자립극단을 동맹의 영향하에 두는 것은 동맹의 사업을 전
     조선적 규모에 있어서 전개함에 불가결의 조건이다. 또 한편에 있어서 공장연극써-
     클, 농민연극써-클을 결성하야 연극운동에 대한 대중적 지지를 확보하는 동시 각 대
     학·전문학교·중등학교에 연극 연구기관을 설치케 하야 학생극운동을 조장하기 위
     한 적극적인 지도 육성을 꾀하여야 한다.
     그 다음 연극의 우수한 기술자의 양성을 위한 연구교습기관 — 즉 연극학교·배우양
     성소 등을 만드는 것도 동맹의 중요한 사업의 하나이며 一方 고전연극·농민연극·
     아동연극 등 각 분야의 연구회를 조직하야 이를 동맹의 영향하에 두는 것도 등한시
     할 수 없는 사업들이다"(「예술운동의 전망 당면문제와 기본방침」, 『예술운동』창간호,
     1945.12. p. 9)

이러한 논의는 마침내 '연극동맹'에서 2회에 걸친 소인극 강좌73)에 이어 자립극 경연 대회라는 구체적 결실을 거두게 되는 것이다.

1947년 1월 20일의 '연극대중화운동결정서'에 따라 그 구체적 실천 방법의 하나로 "민주주의 민족연극과 자립극운동의 발전을 꾀하고자" 개최된 8 · 15기념 제1회 자립극 경연 대회는 '민족연극을 수립하자 · 모든 예술을 인민에게'라는 구호아래 연극동맹 서울시지부 주최, 문화단체총연맹 서울시연맹, 독립신문사, 문화일보사, 노력인민사 후원으로 1947년 7월 29일부터 8월 3일까지 제일극장에서 열리었다.74)

이 대회의 참가 자격은 '서울 시내에 주소를 둔 자립극단'에 한하였고, 연극 내용은 '민주주의 조선 건설에 이바지할 수 있는 반봉건적 반제국주의적 반국수주의적 연극'이어야 했다. 또한 경연 방법은 '1일 출연 극단 수는 3개 극단으로 주야 2회 공연'으로 작품, 연출, 의상, 장치 등의 일체 준비는 출연 극단의 부담으로 하고 조명 및 극장은 주최자 측 부담으로 하였다.75)

총 23개 단체에 400명(노동자예술가 300명과 과학자 20명, 시인 20명, 가두예술가 60명)이 참가76)한 이 대회의 수상 내역은 다음과 같다(최종일에 상연하고자 했던 문학가동맹의 〈父子〉는 경찰 당국의 상연 불허가로 공연하지 못함)

▲ 단체상 - 토건노조 문화부 〈시구문〉
　　　　　고려문화사 자립극회 〈불꽃〉

---

73) 제1회 소인극 강좌는 1947년 3월 12일 국립도서관에서 개최하였으며, 제2회 소인극 강좌는 6월 21일부터 11일간 부대예술연구회관에서 개최하였다. 소인극 강좌의 내용은 다음을 참조.
　　「소인극 강좌 연극동맹 주최」, 『문화일보』, 1947.3.12.
　　「제2회 소인극 강좌 연극동맹 서울시지부 주최」, 『문화일보』, 1947.6.15.
74) 「자립극 대회 제1일 성황」, 『조선중앙일보』, 1947.7.30.
75) 「자립극 경연 대회 신청은 오는 15일까지」, 『문화일보』, 1947.7.4.
76) 『독립신문』, 1947.8.6.

경전전차과 연극부 〈朝鮮의 어머니〉

民愛靑 서울시위원회 연극부 〈우뢰〉

▲ 작품상 - 이상백 작 〈시구문〉

유신열 작 〈百萬人의 선두에〉

윤태순 작 〈오막사리〉

김학봉 작 〈우뢰〉

▲ 연기상 - 유재만, 김창영, 변상옥, 이종애, 차복희, 김태인, 박룡순,

김소희, 이경우, 박경우, 김정애, 김희환, 박명숙, 최원교

▲ 특수상 - 조선인형극회, 과학동맹 연극부[77]

이러한 제1회 자립극 경연 대회의 의의에 대하여 안영일은 "三相 결정을 반대하고 조국의 자주독립을 보장하는 미소공위를 확보하려는 일절의 반동계열에 대한 인민의 엄숙한 반대이어야 할 것"을 전제하면서 "연극을 통하여 노동자, 농민에게 민주주의적인 자각을 제시하는 동시에 노동자 농민 속에서 장래하는 민족연극의 새로운 연극 창조자를 길러내는데"[78] 있음을 지적하고 있다.

한편 농촌 문제를 중심으로 다룬 '소인극 극본집' 『變遷』(1946. 5, 신농민사 문화부)이 1946년 정범수에 의해 창작되었는데, 그 내용이 토지 문제의 해결, 민주정부의 건설 등의 교화적 내용이 중심인 것으로 보아 '연극동맹'의 영향을 어느 정도 짐작해 볼 수 있다. 이 외에도 소인극 지원 방책의 일환으로 신고송은 『소인극 하는 법』(1946.8, 신농민사)을 해방기념으로 출판하였고, 연극동맹에서는 『소인극 교정』(1948.11)을 출판하였다. 이러한 출판물들은 "비전문적인 연극 활동을 옳은 노선으로 지도하기 위하여 그 자료를 제공하고 원조를 아끼지 아니하며 그 발전에 노력"[79]한 하나의 성과물들이라 볼 수 있으며, 소인극을 위한 실질적인 활동이 다방면으로 활성화되어 있었음

---

77) 『독립신보』, 1947.8.12.

78) 안영일, 「제1회 자립극 경연 대회의 의의」, 『독립신보』, 1947.7.23.

79) 신고송, 『소인극 하는 법』, 신농민사, 1946.8, p. 1.

을 알 수 있다. 또한 자립극 경연 대회에서 나타난 소인극의 발전된 모습은 연극 대중화의 실천을 위한 연극써클 등의 조직으로 운동의 거점을 광범위하게 확보한 데서도 찾아볼 수 있지만 '대중 취향'에 대한 검토와 대중적 형식에 대한 고민과 노력의 결과라고 볼 수 있다.

한편 '연극동맹'은 자립극 발전의 일환으로 학생극에도 직·간접적으로 간여하여 고려대학의 〈아Q 정전〉, 세의대의 〈생의 제단〉, 여의대의 〈백의의 사람들〉, 성균관대학의 〈아름다운 청춘〉, 연희대학 연극부(研劇部)의 〈지평선 저 건너〉 등을 지도하기도 하였다.[80]

4) 문화공작대

조선연극동맹의 문화대중화사업은 대극장 중심의 연극에서 탈피하여 각급의 민중 속으로 뛰어들자는 연극공작사업과 관련되는데 이는 문화공작대의 활동으로 귀결된다.

제2회 3·1연극제를 마친 '연극동맹'은 1947년 6월 미소공동위원회의 재개를 기념하고 연극대중화운동의 일환으로 '공위에 선물 보내자'는 구호아래 문학가동맹과 공동주최로 희곡 모집을 하며 이와 동시에 '공위 축하 공연'을 개최한다. 이 공위 축하 공연은 '연극동맹' 주최로 동년 6월 13일부터 19일까지 민중극장과 혁명극장이 합하여 임선규 작, 박춘명 연출, 김일영 장치로 〈정절성〉(전3막 6장)을 중앙극장에서,[81] 6월 16일부터 1주일간 음악동맹과 공동주최로 극단 예술극장이 박노아 작, 이서향 연출 〈녹두장군〉(진2막)·〈긴급농의〉와 조영출 작, 안영일 연출 〈미스터 方〉(전2막)을 제일극장에서 공연하였으며, 20일부터 1주일간 극단 창조극장이 김태진 작 〈시집가는 날〉을

---

80) 이 시기의 학생극 운동에 대하여는 이 책의 제2부에 수록된 졸고, 「해방기 학생극운동」을 참조.
81) 「공위 축하 공연 혁명 민중 합동대공연」, 『문화일보』, 1947.6.13.(광고)

단성사에서 공연하였다.82)

미소공위 축하 공연을 마친 연극동맹은 조선문화단체총연맹(이하 문련)에서 문화운동의 진전에 따라 인민의 문화적 욕구가 날로 높아가고 있음에 비추어 '인민을 위한 문화·문화를 인민에게' 라는 구호 아래 '문련' 산하 단체의 문화인과 예술인를 총동원하여 문화공작대를 조직 남한 일대에 파견할 것을 결의하자 여기에 적극 참여한다. 김남천은 문화공작대의 과제와 임무에 대하여 다음과 같이 언급하고 있다.

> 이러한 새로운 사태에 대처하야 문화운동은 무엇을 하여야 할 것이냐 첫째로 10만 문화공작자를 實地로 움직이게 할 것, 둘째로 지방문화운동의 수준을 향상 시키기 위하야 기술적 학문적 계몽적인 출판물과 조직적 협조를 강화할 것, 셋째로 문화 수준의 지표와 문화공작의 모범을 보일 것, 넷째로 중앙의 전문적 예술가 과학자를 「문화와 예술과 과학」을 □□로 손에 들고 몸소 인민대중의 가운데 들어가게 할 것, 다섯째로 중앙 지방을 통하야 전 문화인 예술가를 인민의 앞에 복무케 하는 지대지존의 사명을 가지고 훈련할 것 등등 ……
> 이 공작단 지방 파견의 구체적 임무로서는 다음과 같은 것을 스스로 부과하고 있다. 첫째 지방문화운동을 적극적으로 원조하고 추진시키는 임무, 둘째 지방문화조직의 체계를 강화 확립하는 임무, 셋째 민전 산하 각 정당 사회단체의 확대 강화를 추진 원조하는 임무83)

따라서 '제1회 자립극 경연 대회'가 서울에서의 연극대중화운동이라면 각 지방에 문화공작대를 파견하여 '종합예술제'를 실시하는 것은 전국적인 의미의 연극대중화운동이라고 할 수 있다.

'문련' 산하의 연극·음악·무용·영화·미술·사진·문학 등 각 동맹원들의 적극적인 참가로 조직된 제1차 문화공작단은 총 4대로 편

---

82) 「연극동맹 산하서 공위 축하 공연」, 『대중신보』, 1947.6.11.
　　「예술극장 공위 축하 공연」, 『문화일보』, 1947.6.15.(광고)
83) 김남천, 「제1차 문화공작단 지방 파견의 의의」, 『노력인민』, 1947.7.2.

성, 제1대는 6월 30일 경남으로, 제2대는 7월 21일 충남·북으로, 제3대는 제2대보다 앞서 7월 15일 강원도로, 제4대는 7월 21일 경북으로 각각 동원되어 종합예술제를 비롯한 이동미술전, 사진전, 강연회 등 다채로운 활동을 하였다.

전후 약 40여 일에 걸쳐 30여 지역에서 80여 회의 공연으로 10만여 명의 관객을 동원한 문화공작대의 활동 또한 투탄, 투석, 폭행 등의 테러로 인하여 적지 않은 방해를 받았었다. 예를 들면, 제1대의 부산극장 공연중지명령(7월 5일. 연극 〈위대한 사랑〉의 제3막 중 심학선이 "죽창을 주시오"하는 대사는 10월 항쟁을 연상시킨다 하여 "칼을 주시오"로 바꾸어 공연하기로 허가)과 투탄 사건(7월 6일)과 제3대의 춘천공회당 투석 사건(7월 18일), 제4대 대장 심 영의 피습 사건(7월 22일)으로 인한 공연중지명령(7월 24일) 등이었다.

1947년 6월 30일 제1대의 출발로 시작하여 1947년 8월 6일까지 계속된 제1차 문화공작단의 작품과 공연 일정은 다음과 같다.[84]

> 제1대(대장 유 현) : 조영출 작 〈위대한 사랑〉(2막) ; 47년 7월 1일부터 25일까지, 경남 일대(6월 30일 출발, 7월 28일 귀경)
> 제2대(대장 서일성) : 함세덕 작 〈태백산맥〉(2막)·〈쪽제비〉(1막), 조영출 작 〈미스터 方〉(1막), 박상진 작 〈덕수궁 수술장〉(가극) ; 7월 21일부터 8월 7일까지, 충남·북 일대(7월 15일 출발, 8월 7일 귀경)
> 제3대(대장 황 철) : 함세덕 작 〈쪽제비〉(1막) 외 1편 ; 7월 15일부터 8월 5일까지, 강원도 일대(7월 15일 출발)
> 제4대(대장 심 영) : 함세덕 작 〈태백산맥〉(2막), 조영출 작 〈위대한 사랑〉(2막) ; 7월 21일부터 8월 6일까지, 경북 일대 (7월 21일 출발)

---

84) 이는 당시 『문화일보』, 『독립신보』, 『동아일보』, 『광명일보』, 『자유신문』, 『대구시보』, 『우리신문』, 『조선중앙일보』, 『중앙신문』 등의 기사와 광고를 참조하였음.

(3) 1947년 8월 이후

이 시기는 1947년 8월부터 단독정부 수립 시기까지로 미군정의 탄압(1947년 5월 17일에는 미군정청 각 부처의 장이 한국인으로 교체되면서 미국인들은 고문관으로 물러나고, 미군정청 한국인 기관을 '남조선 과도정부'로 개칭하게 된다. 이어 1947년 8월에는 '민주주의 민족전선' 중앙위원회와 전평 중앙위원회의 사무소를 폐쇄하고 좌익계열 1,000여 명의 검거가 행해지고, 마침내 1947년 8월 13일에는 '문학가동맹'이 폐쇄된다.)85)과 대부분의 좌익연극인들의 월북으로 인해서 조선연극동맹의 활동은 침체기를 맞게 된다. 또한 전술한 바 있는 '연극동맹'의 연극대중화운동이 벌어지는 과정에서도 미군정의 탄압은 계속되었다. 1947년 2월 13일 '남조선 문화 옹호 문화예술가 총궐기대회'86) 개최 후, 동년 3월 22일에는 파업선동 혐의로 대대적인 좌익간부의 검거와 함께 '문련'의 이서향, 김남천이 검속되며,87) 3월 30일에는 민중극단의 심 영, 낙랑극회의 황 철, 예술극장의 박 학 등이 피검되었다.88)

이러한 좌익단체 및 연극운동에 대한 탄압이 이루어지는 가운데 '연극동맹'은 1947년 8월 15일을 기하여 보다 더 강력한 연극운동을 전개하고자 동맹 산하 7개 극단을 4개 극단으로 정리·재편성하기로 한다. 그 결과 남한 각지를 순회하였던 문화공작대를 중심으로 제1대를 인민극장으로, 제2대를 민주극장으로, 제3대를 민족극장으로, 제4대를 대중극장으로 재편·결성함과 동시에 재편된 4개 극단을 동원하여 1947년 8월 17일부터 30일까지 제일극장과 중앙극장에서

---

85) 김광식, 「해방 직후 한국 사회와 미군정의 성격」, 『역사비평』1집, 역사비평사, 1987, p. 56)
86) 「문화예술가 총궐기대회! 금일·오전 11시 於侍天敎堂」, 『일간 예술통신』, 1947.
87) 「좌익간부 계속 검거 이서향 씨 피검」, 『한성일보』, 1947.3.29.
88) 「문인, 극인에 검거 선풍 파업 관계 발표 작품 관계?」, 『민보』, 1947.3.30.

'8·15해방 기념공연'을 개최하고자 할 것을 결정하였는데, 그 일정과 내용은 다음과 같다.

제일극장 ▲ 17일부터 1주일간 「대중극장」: 함세덕 작 〈혹〉, 이강복 연출, 김일영 장치.
　　　　 ▲ 24일부터 1주일간 「인민극장」: 박노아 작 〈헐거부락〉, 안영일 연출, 채남인 장치.
중앙극장 ▲ 17일부터 1주일간 「민족극장」: 조영출 작 〈朝鮮의 어머니〉, 박춘명 연출, 윤상열 장치.
　　　　 ▲ 24일부터 1주일간 「민주극장」: 이서향 작 〈日月敎主 行狀記〉, 이서향 연출, 김정환 장치.89)

　그러나 이 공연은 좌익간부 총검거에 의하여 8월 12일 아침 문련회관에서 안영일, 이서향, 박 학, 서일성 등 20여 동맹원의 검거로 무산되고 말았다.90) 연극동맹원의 검거와 8·15해방 기념공연의 중단 등으로 전반적인 연극운동이 침체기에 접어들게 되었으며, 이에 따라 '연극동맹'도 별다른 활동을 보이지 못한 채 1948년을 맞이하게 된다.
　1948년을 맞아 '연극동맹'은 오랜 침묵을 깨트리고 4월 재기 공연을 준비하게 된다. 동맹 산하 극단 자유극장이 4월 20일 공연 예정으로 김이식 작 〈달밤〉을 한일송, 박고송, 김선초, 진 랑 등의 참가로 준비하였으며, 극단 예술극장은 5월 초순 공연 예정으로 '연극동맹' 희곡 모집 당선 희곡 〈진동〉(이 민 작, 이서향·안영일 공동연출)을 박 학, 태을민, 김양춘 등의 출연과 서일성, 황 철, 심 영 등의 찬조 출연으로 준비하였으나 공연을 하지 못했다.91)

---

89) 「民主劇壇의 힘을 뭉처 4개 劇團 새 발족」, 『우리신문』, 1947.8.10.
90) 「연극동맹원들 석방」, 『경향신문』, 1947.8.21.
91) 「연극동맹 재기? 팬들에게 센세이슌」, 『세계일보』, 1948.4.17.
　　「"震動" 오랜 침묵 깨트리고 "演盟" "달밤" 등을 상연」, 『우리신문』, 1948.4.17.

이어 '연극동맹'은 1948년 4월 30일 종로 기독청년회관에서 서울 시지부와 공동으로 '반일 민족문화옹호 연극인의 밤'을 전 연극인이 총집결하여 동맹 극작부 구성의 〈슈프레히콜〉 외 수 막의 작품을 가지고 개최키로 하였으나 당국의 해산으로 시행하지 못하였다.92)

1947년 8월 이후 약 1년여 동안 침체의 늪에서 헤어나지 못하고 있던 '연극동맹'은 1948년 7월 19일부터 25일까지 극단 혁명극장과 자유극장의 합동공연으로 김이식 편극 〈달밤〉(전4막, 안영일·박춘명 공동연출, 채남인 장치)을 제일극장에서 공연하였으며,93) 동년 7월 26일부터 1주일간 극단 예술극장이 하웁트만 원작 박노아 편안의 〈외로운 사람들〉(전3막 4장, 이서향 연출, 김일영 장치)을 역시 제일극장에서 공연94)하는 등 재기를 시도하였으나, 이를 마지막으로 대부분의 연극인들이 월북하거나 전향하여 '연극동맹'의 공연 활동은 더 이상 찾아볼 수 없게 된다.95)

이상으로 해방 직후의 프로연극운동을 고찰하고자 하는 일차적인 단계로 조선연극동맹의 결성 과정과 공연 활동을 중심으로 자료 정리에 우선점을 두어 살펴보았다.

먼저 조선연극동맹의 결성 과정은 1945년 8월 16일 결성된 '조선연극건설본부'에서 이탈한 나 웅, 강 호, 신고송, 김승구, 김 욱 등이

---

92) 「민족문화옹호 "연극인의 밤"」, 『우리新聞』, 1948.4.30.
　　「연극의 밤 해산 연맹서 유감 성명」, 『세계일보』, 1948.5.5.
93) 「극단 혁명극장·극단 자유극장 합동대공연」, 『자유신문』, 1948.7.19.(광고)
94) 「演藝」, 『자유신문』, 1948.7.21.
95) 전술한 바 있는 신고송, 한 효, 송 영, 박영호 등에 이어 함세덕은 1947년 가을이 되면서 월북을 하였고, 그 외의 극작가 김태진 조영출, 한태천, 연출가 안영일, 나 웅, 주영섭, 배우 황 철, 심 영, 지경순, 김소영, 이론가 이재현 등의 좌익연극인들도 남한의 객관적인 정세가 좌익계열에 불리하게 작용하자 하나둘씩 월북의 길을 택하게 된다. 이렇게 월북한 좌익연극인들은 이후 북한 연극의 핵심적인 인물로 활동하면서 6·25 이전까지 북한 연극계를 주도해 나가게 된다.(유민영, 「북한 연극의 분석과 비판」, 『통일정책』 5권 4호, 1979. 12)

1945년 9월 27일 '조선푸로레타리아연극동맹'을 결성하게 된다. '연건'과 '연맹'의 두 단체로 양분된 당시 연극계는 "연맹측의 연극인들 사이에 극좌적인 공식주의적 연극 이론에 대한 성실한 자기비판과 민주주의적인 민족연극 기본방향 설정을 위한 프로레타리아 연극동맹과 연극건설본부 사이의 진지하고 열성적인 이론투쟁의 전개를 보아" 1945년 12월 20일 '조선연극동맹'을 조직하게 된다. 그 후 세 차례 (1946년 5월 25일 중앙상임위위원회의 중앙상임위원의 보선, 1946년 7월 5일 조선 연극인 대회를 통한 임원 변경, 1946년 12월 17일 중앙상임위위원회를 통한 상임위원 및 중앙집행위원 보선)의 임원 변경과 1946년 12월 24일 조선연극동맹 서울시지부의 결성으로 조직의 완성을 보게 된다.

조선연극동맹의 공연 활동은 1947년 1월 20일 결정된 '연극대중화운동결정서'에 따라 제1회 三一기념 연극 공연(1946년 2월 26일부터 3월 10일)과 전국문화단체총연맹 주최의 제1회 종합예술제 (1947년 1월 8일부터 19일)의 참가 공연, 제2회 三一연극제(1947년 2월 26일부터 3월 13일)와 제1회 자립극 경연 대회(1947년 7월 29일부터 8월 3일) 등의 개최와 1948년 7월 19일부터 31일까지의 연극동맹 재기 공연으로 정리될 수 있다.

이렇게 볼 때 조선연극동맹은 1945년 12월부터 1948년 7월까지 약 2년의 기간에 노동자·농민이 주체가 되는 연극 대중화운동에 주력하였으며, 그 결과가 자립극 경연 대회와 문화공작대의 활동으로 귀결되었다고 할 수 있을 것이다.

그러나 이상의 논의들은 일차적인 자료 정리에 의거한 해방 직후 프로연극운동의 단편적인 수준에 불과하여 계속적인 보완을 필요로 한다. 해방 직후의 프로연극운동의 올바른 평가를 위해서는 연극운동론과 희곡작품, 그리고 프로극단들의 공연 활동 및 북한에서의 연극 활동과 당시 우익 측의 연극 활동 등도 고찰되어야 할 것이다.

Ⅵ. 결 론

　이상으로 1920년부터 해방 직후 시기(1948년 8월 남한 단독정부 수립 이전)까지의 프롤레타리아 연극의 변천 과정을 공연활동을 중심으로 고찰하여 보았다. 그 결과 1920년대 전반 발생하여 1920년대 중반 이후 대중운동의 고양 속에서 발전되어 온 프로연극적 소인극운동과 카프 소속의 혹은 그 외의 전문 연극인들에 의해서 추진되어 온 프로연극운동은 해방 직후 조선연극동맹의 활동으로 귀결되었음을 알수 있었다. 결국 이 기간의 한국 프롤레타리아 연극은 민중의 창의성을 발휘하도록 하여 궁극적으로 민중 자신이 연극을 창조하기 위한 것으로서 연극 대중화의 실천으로 이루어질 수 있었으며, 그 실현은 소인극운동으로 귀결되었다.

　프로연극적 소인극운동은 일제 강점기라는 상황과 대중운동의 성장 속에서 발생하고 전개되었음을 알 수 있었다. 따라서 1920년대 전반기 소인극은 계몽운동적 성격을 지닌 일반적인 소인극과 대중운동단체의 사싱직 변화에 따라 불합리한 사회제도로 인하여 고통받는 노동계급의 비참한 생활 상태나 농민계급의 현실을 통하여, 당시의 식민지적 현실을 반영하고자 하는 프로연극적 소인극으로 양분되기 시작하였으며, 이 결과 미약하나마 사회주의를 고취하는 소인극이 1922년 말부터 등장하기 시작하였음을 알 수 있었다.

1922년 말에 발생한 프로연극적 소인극은 1925년 중반 이후에는 초기 마르크스사상의 한 측면을 내보이던 미온성을 버리고, 청년단체를 중심으로 사회주의사상을 고취하는 일종의 정치극적 성격으로 변모하다가, 1930년 초기부터 선진운동가들의 영향하에서 공산주의사상을 주입시키려는 목적의 소인극운동이 나타나기 시작하였다. 또한 이처럼 광범하게 진행되었던 프로연극적 소인극 활동은 1930년대 전반기에 이동식 소형극장을 지향하면서 활동하고자 했던 각 지역 프로극단들의 인적 토대로 연결되었음을 알 수 있었다.

소인극은 생활공동체에서 이루어지므로 공동의 현실 인식을 획득할 수 있으며 문제의 해결 방법을 구성원들이 스스로 마련할 수 있다는 점에서 사회적 의의를 찾을 수 있으며, 일제 강점기하의 프로연극적 소인극운동은 1920~30년대의 프로연극을 촉발시키는 계기로 작용하였다 점에서 연극사적 의의를 찾을 수 있겠다.

일제 강점기 전문적이고 조직적인 프롤레타리아 연극운동은 1930년의 카프 재조직을 계기로 카프 소속의 프로극단의 연극운동과 카프와는 별개로 발생되어 1930년대에 들어서 점차 카프와의 조직적인 관련을 모색해 나가고 있었던 지방 프로연극단의 활동으로 나타나고 있음을 알 수 있었다.

1925년 카프가 창립된 이래 카프의 활동은 카프의 활동은 시와 소설을 중심으로 한 기록문학에 국한되어 이루어졌으며, 문학 외적인 활동은 1927년 '불개미극단'의 조직과 카프 동경지부의 연극 활동이 유일한 것이었다. 결성 직후의 카프는 동맹원들의 사상적 결합도 이루지 못하고 통일적으로 조직적인 운동을 전개한 것도 아니었다. 조직의 일정한 방침에 의한 체계적인 운동이 아닌 개개인의 개별적 운동과 같은 것이었다. 이처럼 1920년대 프롤레타리아 연극단체의 활동이 미미했던 이유는 첫째는 역시 시대 상황에 있었다. 즉 극우적인 일본 군국주의가 프롤레타리아 예술을 금지시켰고, 두 번째는 프롤레타리아극을 제대로 할 만한 훈련된 연극인이 없었으며, 세 번째는 재정, 극장 등 작품을 만들어 내는 데 필수불가결한 것이 갖추어져 있지 못한 데 있었던 것이다.

1930년대의 프로연극은 1930년 4월 카프 연극부가 설립되는 것을 전후하여 서울과 지방에서 여러 프로극단들이 창립되면서 그 활동이 전개되었다. 대부분의 프로극단이 동경의 무산자극장과 카프 연극부의 영향 또는 지도 아래 조직되었다. 카프 연극부의 직계에 속하는 극단으로 청복극장과 우리들극장이 있고, 그 방계극단으로 가두극장과 대중극장, 마치극장 등이 있음을 보았다.

1930년 4월 프로연극의 통일적 지도를 염두에 두고 출범했던 카프 연극부의 목표는 1932년 극단 메가폰을 분기점으로 하여 '연극동맹'의 형태로 발전해 갈 수 있었다고 할 수 있겠다. 따라서 당시의 프롤레타리아 연극운동이 '연극동맹'을 목표로 하는 전국적 통일 과정이라는 일정한 흐름을 지니고 전개되었음을 알 수 있었다.

결국 예술운동의 볼셰비키화에 따라 예술단체로의 성격을 명확히 한 카프의 재조직 운동은 그 자체가 지닌 현장성, 대중성으로 인해 다른 부문보다도 활발한 움직임을 보인다. 그러나 공연을 본위로 하는 극단의 목적은 내외적 원인으로 인해 쉽게 이루어질 수 없었다.

그러나 극단들의 재조직에도 불구하고 조직과 동시에 아무런 활동 없이 해산되거나 1·2회의 공연에 그친 것은 각본의 검열과 경영난 등의 객관적 조건에만 그 이유가 있는 것이 아니라 자체 조직의 운영 불활발, 활동 방침의 근본적 오류 등의 조건적 역량 문제에서도 그 원인을 찾을 수 있다.

다음으로 1920년대 중반에서 1930년대 후반의 프로문화운동의 성장과 발전에 병행하여 활발하게 진행되었던 재일 한국인 프롤레타리아 연극운동의 전개 과정을 살펴보았다. 재일 한국인 프로연극운동은 일제 강점기 일본이라는 지역적 특성과 일제의 탄압에도 굴하지 않고, 식민지 현실을 반영하고 사회 변혁의 주체인 민중을 실천적인 힘으로 이끌어 내기 위해 노력한 운동으로서 그 의의가 크다 하겠다. 특히 카프 동경지부 연극부의 이동공연 활동을 시작으로 전개된 일본에서의 프로연극운동이, 이후 국내의 프롤레타리아 연극운동에 직·간접적으로 영향을 끼침으로 해서 국내의 프로연극운동의 방향과 방법을 제시하고 있었다는 점에서 재일 한국인 프로연극운동은 국내 프로연극운동의 경험적 전사로서 작용하고 있었음을 살필 수 있었다.

그러나 일본의 프로연극운동과 문화운동의 영향 아래 발생·발전·소멸함으로 인해서 독자적인 프로연극운동을 형성시키지 못하였다는 결함 또한 지니고 있었다. 일제 강점기라는 시대적 상황에서 연극(문화)운동 담당자들이 일본에서의 연극운동의 성과 및 의의를 간략하게 정리해 보면, 카프 동경지부 연극부의 이동 공연 활동이 프로레타리아 연극운동의 효시가 되며, 이후 재일 한국인 프롤레타리아 연극운동의 발전 과정이 국내의 프롤레타리아 연극운동에 직·간접적으로 영향을 끼쳤다는 것과 일본에서 3·1극장이 활동하던 1930년대 전반기가 프롤레타리아 연극운동의 최전성기였다는 점, 그리고 재일 한국인 연극운동이 1930년대 말 이후 국내 연극운동의 새로운 담당 주체를 대량으로 배출했다는 점 등을 들 수 있다.

이상의 논의는 실증적인 자료의 불충분으로 인해 비합법적으로 이루어진 활동의 성과를 밝힐 수밖에 없는 한계를 지닌다.

마지막으로 해방 직후의 프로연극운동을 고찰하고자 하는 일차적인 단계로 조선연극동맹의 결성 과정과 공연 활동을 중심으로 자료 정리에 우선점을 두어 살펴보았다.

먼저 조선연극동맹의 결성 과정은 1945년 8월 16일 결성된 '조선연극건설본부'에서 이탈한 나 웅, 강 호, 신고송, 김승구, 김 욱 등이 1945년 9월 27일 '조선푸로레타리아연극동맹'을 결성하게 된다. '연건'과 '연맹'의 두 단체로 양분된 당시 연극계는 "연맹측의 연극인들

사이에 극좌적인 공식주의적연극이론에 대한 성실한 자기비판과 민주주의적인 민족연극 기본방향 설정을 위한 프로레타리아 연극동맹과 연극건설본부 사이의 진지하고 열성적인 이론투쟁의 전개를 보아", 1945년 12월 20일 '조선연극동맹'을 조직하게 된다. 그 후 세 차례 (1946년 5월 25일 중앙상임위원회의 중앙상임위원의 보선, 1946년 7월 5일 조선 연극인 대회를 통한 임원 변경, 1946년 12월 17일 중앙상임위위원회를 통한 상임위원 및 중앙집행위원 보선)의 임원 변경과 1946년 12월 24일 조선연극동맹 서울시지부의 결성으로 조직의 완성을 보게 된다.

조선연극동맹의 공연 활동은 1947년 1월 20일 결정된 '연극대중화운동결정서'에 따라 제1회 3·1기념 연극 공연(1946년 2월 26일부터 3월 10일)과 전국문화단체총연맹 주최의 제1회 종합예술제(1947년 1월 8일부터 19일)의 참가 공연, 제2회 3·1연극제(1947년 2월 26일부터 3월 13일)와 제1회 자립극 경연 대회(1947년 7월 29일부터 8월 3일) 등의 개최와 1948년 7월 19일부터 31일까지의 연극동맹 재기 공연으로 정리될 수 있다.

이렇게 볼 때 조선연극동맹은 1945년 12월부터 1948년 7월까지 약 2년의 기간에 노동자·농민이 주체가 되는 연극대중화운동에 주력하였으며, 그 결과가 자립극 경연 대회와 문화공작대의 활동으로 귀결되었다고 할 수 있을 것이다. 그러나 이는 일차적인 자료 정리에 의거한 해방 직후 프로연극운동의 단편적인 수준에 불과하여 계속적인 보완을 필요로 한다. 해방 직후의 프로연극운동의 올바른 평가를 위해서는 연극운동론과 회곡작품, 그리고 프로극단들의 공연 활동 및 북한에서의 연극 활동과 당시 우익 측의 연극 활동 등도 고찰되어야 할 것이다.

이상의 논의는 실증적인 자료의 검토를 토대로 한국 근대연극사의 한 축으로서의 프롤레타리아 연극에 대하여 공연 활동을 중심으로 살펴본 것이다. 그러나, 연구 과제의 범위와 대상이 비교적 넓은 탓으로, 개별적인 연극운동에 대한 깊이 있는 탐구는 여전히 과제로 남는다. 이의 극복을 위해서는 이후 일제 강점기 이후 해방 직후까지의 소인극 대본의 확보와 아울러 기존 작가의 소인극을 위한 희곡작품의 분석, 그리고 프로연극에 대한 희곡 창작과 아우르는, 각 연극운동론에 대한 분석이 함께 이루어졌을 때 보다 명확한 평가가 이루어질 수 있을 것이다.

참고문헌

1. 기본 자료(신문 잡지 연감 자료집)

1) 일제 강점기

『대한매일신보』1904. 7. 18~1910. 8. 28.

『대한민보』, 1910. 4. 5.

『매일신보』, 1910. 8. 30~1940. 12. 30(경인문화사. 1989. 영인).

『조선신보』, 1913. 12. 27.

『동아일보』마이크로 필름.

『동아일보색인』1~7 1920-1940, 동아일보사, 1970~1980.

『조선일보』1920~1922.

『조선일보 학예기사 색인』, 1920-1940, 조선일보사, 1989.

『조선일보(學藝面) 抄』, 1923. 1. 1~1940. 8. 9(한국학자료원, 1985, 영인축쇄판).

『조선일보(特刊) 抄』, 1933. 8. 29~1934. 8. 12(한국학자료원, 1985, 영인
　　　축쇄판).

『시대일보』1924. 10. 3~1926. 6. 29(『시대일보 총집』1~3, 한국학연구원,
　　　1985. 영인 축쇄판, 이하 『총집』으로 약칭).

『중외일보』1926. 7. 2~1930. 6. 19(『총집』4~11).

『중앙일보』1931. 11. 27~1933. 3. 6(『총집』12~13).

『조선중앙일보』1933. 3. 7~1936. 9.4(『총집』14~28).

『조선중앙일보 보편』1933. 8. 26~1936. 7. 26(『총집』29).

『개벽』42호, 개벽사, 1923. 12.

『무산자』제3권 1호, 1929. 5(도서출판 서광, 1990, 영인).

『사상월보』, 1932. 10.

『시대공론』1호, 시대공론사, 1932. 1.

『신동아』6권 5호, 1936. 5(보고사, 1991. 영인).

『신흥』6호, 1932. 12(태학사, 1985, 영인).

『예술』1권 1호, 1934. 12(도서출판 서광, 1990, 영인).

『예술운동』창간호, 1945. 12(도서출판 서광, 1990, 영인).

『조선지광』74호, 조선지광사, 1927. 12.

『역사학보』제109집, 역사학회. 1986. 3.
임규찬·한기영 편, 『카프비평자료총서』1~8, 태학사, 1989.
김재용 엮음, 『카프비평의 이해』, 풀빛, 1989.

2) 해방 직후

『해방일보』1945. 9. 19~1946. 5. 18(김남식·이정식·한홍구 편, 『한국현대사자
　　료 총서』5권, 돌베개, 1986. 이하『총서』로 약칭).
『민주중보』1945. 9. 20~1946. 12. 31.
『신조선보』1945. 10. 5~1946. 1. 20(『해방공간신문자료집성』, 선인문화사, 1996,
　　이하『집성』으로 약칭).
『자유신문(1)』1945. 10. 5~1946. 6. 30(『집성』).
『자유신문(2)』1946. 7. 1~1947. 4. 30(『집성』).
『자유신문(3)』1947. 5. 1~1948. 1. 30(『집성』).
『자유신문(4)』1948. 2. 1~1948. 10. 31(『집성』).
『중앙신문(1)』 1945. 11. 1~1946. 2. 28(『집성』).
『중앙신문(2)』 1946. 3. 3~1947. 6. 29(『집성』).
『중앙신문(3)』 1947. 7. 1~1948. 4. 7(『집성』).
『대동신문(1)』1945. 11. 25~1946. 7. 31(『집성』).
『대동신문(2)』1946. 8. 1~1947. 4. 30(『집성』).
『대동신문(3)』1947. 5. 1~1948. 1. 31(『집성』).
『대동신문(4)』1948. 2. 1~1948. 12. 31(『집성』).
『서울신문』1946. 1. 25~1949. 12. 29(『한국현대문학자료총서』16권, 거름, 987,
　　이하『자료총서』로 약칭).
『조선일보』1946. 2. 9~1947. 11. 23(『자료총서』16권).
『한성일보』1946. 2. 26~1947. 12. 31(『총서』1~2).
『조선인민보』1946. 3. 11~1946. 8. 30(『자료총서』17권).
『현대일보(1)』1946. 3. 26~1947. 3. 30(『집성』).
『현대일보(2)』1947. 4. 1~1947. 12. 31(『집성』).
『현대일보(3)』1948. 1. 1~1948. 10. 24(『집성』).
『중외신보』1946. 4. 19~1947. 6. 27(『집성』).
『독립신보』1946. 5. 1~1947. 12. 30(『총서』3권).
『민주일보』1946. 6. 10~1946. 12. 1(『자료총서』16권).

『동아일보』1946. 10. 5~1948. 12. 26(『자료총서』16권).

『경향신문』1946. 10. 6~1948. 12. 31(『자료총서』15권).

『일간예술통신』1946. 11. 15~1947. 3. 2(『집성』).

『영남일보』1947. 2. 4~1947. 7. 6(『자료총서』16권).

『민성일보』1947. 2. 5~1947. 7. 27(『자료총서』16권).

『문화일보』1947. 3. 11~1947. 9. 24(『집성』).

『대중신보』1947. 3. 21~1947. 6. 18(『집성』).

『민보』1947. 3. 30~1947. 5. 30(『자료총서』16권).

『광명일보』1947. 5. 1~1947. 8. 14(『집성』).

『우리신문』1947. 5. 17~1948. 5. 26.

『조선중앙일보(1)』1947. 7. 1~1948. 5. 31(『집성』).

『조선중앙일보(2)』1948. 6. 1~1949. 3. 31(『집성』).

『제일신문』1947. 11. 4~1947. 12. 31(『집성』).

『신민일보』1948. 2. 10~1948. 4. 11(『자료총서』17권).

『건설』창간호, 1945. 11(『총서』6).

『문화통신』2권 1호, 1946. 1(『총서』6).

『민성』1948. 5~1949. 11(『총서』5).

『인민』1945. 12~1946. 4(『총서』8).

『조선의 장래를 결정하는 각 정당 각 단체 해설』, 여론사출판부, 1945.

『조선통신(상)』창간호~50호(아세아문화사, 1992, 영인).

『조선통신(하)』51호~76호(아세아문화사, 1992, 영인).

민주주의 민족전선 편, 『조선해방연보』, 문우인서관, 1946. 10(『총서』12).

『1947년 판 예술연감』, 1947. 5(『총서』14).

조선통신사, 『조선연감』1947.

조선통신사, 『조선연감』1948.

신형기 엮음, 『해방 3년의 비평문학』, 도서출판 세계, 1988.

2. 국내논저

1) 일제 강점기

강동진, 『일제의 한국침략정책사』, 한길사, 1980.

강재언, 『일제하 40년사』, 풀빛, 1984.

강재언, 『한국근대사』, 한울, 1990.
김경일, 『일제하 노동운동사』, 창작과 비평사, 1992.
김만수, 「1930년대 연극운동연구」, 석사학위 논문, 서울대학교, 1989.
김성희, 「1930년대 연극론에 대하여」, 『한국연극학』3, 대광출판사, 1989.
김윤식, 『한국근대문예비평사연구』, 일지사, 1980.
김윤식, 『임화연구』, 문학사상사, 1989.
김윤환, 「일제하 한국노동운동의 전개과정」, 『일제하의 민족운동사』, 민중서관, 1971.
김재석, 『일제 강점기 사회극연구』, 태학사, 1995.
김재철, 『조선연극사』, 조선어문학회, 1933.
김준엽·김창순, 『한국공산주의운동사』1권, 고려대학교 아세아문제연구소, 1967.
김준엽·김창순, 『한국공산주의운동사』2권, 고려대학교 아세아문제연구소, 1969.
김준엽·김창순, 『한국공산주의운동사』3권, 고려대학교 아세아문제연구소, 1973.
망원한국사연구실 한국근대민중운동사 서술분과, 『한국근대민중운동사』, 돌베개, 1989.
박성구, 「일제하 프롤레타리아 예술 운동에 관한 연구」, 『일제하 한국의 사회계급
    과 사회변동』, 문학과 지성사, 1988.
박영정, 「카프 연극부의 조직 변천에 관한 연구」, 『한국연극연구』, 국학자료원, 1998.
박충록, 『한국민중문학사』, 도서출판 열사람, 1988.
방인후, 『북한 조선노동당의 형성과 발전』, 고려대학교 아세아문제연구소, 1967.
배성찬 편역, 『식민지시대 사회운동론연구』, 돌베개, 1987.
백 철, 『세계문예사전』, 민중서관, 1955.
並木眞人 외, 『1930년대 민족해방운동』, 도서출판 거름, 1984.
서대숙, 『한국 공산주의 운동사 연구』, 이론과 실천, 1985.
서중석, 『한국현대민족운동연구』, 역사비평사, 1992.
스칼라피노·이정식, 『한국공산주의운동사 1』, 돌베개, 1986.
신아영, 「1930년대 연극과 관객 연구-대중화론을 중심으로」, 석사학위 논문, 이화여
    자대학교, 1989.
양승국, 「1920~30년대 연극운동론 연구」, 박사학위 논문, 서울대학교, 1992.
    역사문제연구소 문학사연구모임, 『카프문학운동연구』, 역사비평사, 1989.
유민영, 「좌우익연극의 분열과 갈등」, 『한국연극영화무용사』, 대한민국예술원 한국예
    술사총서Ⅳ, 대한민국예술원, 1985.
_____, 『한국근대연극사』, 단국대학교출판부, 1996.
이강열, 『한국사회주의연극운동사』, 동문선, 1992.
이균영, 『신간회 연구』, 역사비평사, 1993.

이두현, 『한국연극사』, 민중서관, 1973.
_____, 『한국신극사연구』, 서울대학교 출판부, 1981.
이석만, 「1930년대 프로극단의 공연작품 분석」, 『한국극예술연구』1, 태 동, 1991.
이선영 외, 『한국 근대문학비평사연구』, 도서출판 세계, 1989.
이원경, 「무대미술」, 『문예총감』(개화기~1975), 한국문화예술진흥원, 1976.
_____, 「연출」, 『문예총감』(개화기~1975), 한국문화예술진흥원, 1976.
이정희, 「재소한인 희곡연구」, 석사학위 논문, 단국대학교, 1992.
이종범, 「1920년대, 30년대 진도지방의 농촌사정과 농민조합운동」, 역사학보,
　　　　제109집, 역사학회, 1986. 3.
이효인, 『한국영화역사강의 1』, 이론과 실천, 1992.
임규찬 엮음, 『일본 프로문학과 한국문학』, 도서출판 연구사, 1987.
임영태 편, 『식민지시대 한국사회와 운동』, 사계절, 1985.
장한기, 『한국연극사』, 동국대 출판부, 1986.
정봉석, 『일제강점기 선전극 연구』, 도서출판 월인, 1998.
정세현, 『항일학생민족운동사연구』, 일지사, 1975.
정호순, 「한국 초창기 프롤레타리아 연극 연구」, 석사학위 논문, 단국대학교, 1991.

_____, 「연극대중화론과 소인극운동」, 한국극예술학회 편, 『한국극예술연구』2집,
　　　　태동, 1992.
조동걸, 『일제하 한국농민운동사』, 한길사, 1979.
조동일, 「경향극, 통속극, 친일극의 양상」, 『소설문학』140, 1987. 7.
지수걸, 『일제하 농민조합운동연구』, 역사비평사, 1993.
한국사회사연구회, 『일제하의 사회운동』, 문학과 지성사, 1987.
한국역사연구회 1930년대 연구반, 『일제하 사회주의운동사』, 한길사, 1991. 한국역
　　　　사연구회 근현대청년운동사 연구반, 『한국 근현대 청년운동사』, 풀빛, 1995.
한창수 편, 『한국공산주의운동사』, 지양사, 1984.
한 효, 『조선연극사개요』, 북한 국립출판사, 1956.

2) 해방 직후

강만길, 『한국현대사』, 창작과 비평사, 1984.
김승환, 『해방공간의 현실주의 문학 연구』, 일지사, 1991.
김윤식 편, 『해방공간의 민족문학연구』, 열음사, 1989.

신고송, 『소인극하는법』, 신농민사, 1946.

신형기, 『해방직후의 문학운동론』, 화다, 1988.

역사문제연구소, 『해방 3년사 연구입문』, 까치, 1989.

이석만, 「해방직후의 소인극운동 연구」, 『한국극예술연구』제3집, 태학사 95.

이석만, 『해방기 연극연구』, 태학사, 1996.

이승희, 「해방기 소인극운동 연구」, 『한국극예술연구』제6집, 태학사, 1996.

조선연극동맹 편, 『소인극교정』, 아문각, 1948.

3. 국외 논저

『연극백과대사전』, 평범사, 동경, 1960.

강덕상·梶村秀樹 편, 『現代史資料』29~30, 동경, みすず서방, 1972.

고준석, 『재일조선인혁명운동사』, 동경, 척식서방, 1985.

김정명 편, 『朝鮮獨立運動』(4권), 동경, 원서방, 1966.

毛利三彌·西一祥, 『연극사와 연극이론』, 일본방송출판협회, 1989.

박경식 편, 『朝鮮問題資料叢書』, (동경, アジア문제연구소, 1982.

박경식 편, 『在日朝鮮人關係資料集成』, 동경, 三一書房, 1975.

野間宏 편, 『일본プロレタリア문학대계』, 동경, 三一書房, 1955.

栗原幸夫, 『자료 세계プロレタリア문학운동』(전6권), 동경, 三一書房, 1972.

倉林誠一郎, 『신극연대기』1~2권, 백수사, 1972.

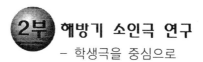

2부 해방기 소인극 연구
– 학생극을 중심으로

Ⅰ. 들어가는 말

어느 나라를 막론하고 연극은 기성연극과 청년연극(대학연극)의 두 구조로 되어 있다. 기성 연극은 물론 기성세대의 연극을 말하는 것으로서 연극사에 이미 이루어진 전통의 연극을 말한다. 청년연극은 크게 둘로 나눌 수 있다. 먼저 대학 졸업자나 청년연극인으로 구성된 연극집단과 대학생들에 의해 이루어지는 대학극이 그것이다.

기성연극은 일정한 틀(전통)속에 사로잡힌 극으로서 새로운 충격을 받아 변형되어 새 전통을 이어 나가야 한다. 이 기성연극의 전통에 시대의 의식구조, 가치관에 따라 변형을 이루어 나가도록 충격을 가하는 역할을 하는 것이 바로 청년연극(대학연극)이다.

우리는 다른 나라들과는 여러 가지 면에서 개화기 이후 격동기를 밟아 왔고 따라서 생동하는 지식인 그룹이었던 대학생들이 정치, 사회, 문화 발전에 기여한 공로는 적지 않다. 특히 학생운동으로 지칭되는 대학생들의 정치, 사회, 문화를 향한 집단적 행동은 그 순수성으로 인해서 더욱 돋보였고 역사 진전에 절대적인 영향을 끼친 것이다. 학생운동은 대체로 정치운동, 사회운동, 문화운동으로 대별되지만 과거에는 이 세 가지 형태가 하나로 묶여져 진행되기도 했다. 가령 식민지 치하에서 대학생들이 벌인 문화운동이야말로 정치, 사회, 윤리 등을 포괄한 것이었다.1)

연극 활동만 하더라도 3·1운동이라는 민족의 독립운동과 연결되어 나타났다. 즉, 1920년 봄 민족의 자주독립운동이 전국적으로 확대되어 가는 시기에 동경유학생들이 조직한 '劇藝術協會'가 처음 깃발을 올리면서 학생극이라는 것이 시작되었던 것이다. 이들의 연극운동은 민족계몽운동 차원에서 전개되었으며, 언론과 종교단체, 각종 사회단체의 전폭적인 후원에 힘입어 민중의 절대적인 지지와 사랑을 받았던 것이다. 연합 내지 혼성의 성격을 띠고 출발한 학생극운동은 1920년대 중·후반에 이르러 점차 학교 별로 학내 활동으로 옮겨갔다. 보성전문·혜화전문·이화여고보·이화여전·연희전문학교 등이 연극부를 두어 공연을 가진 것이다. 이들은 메텔링크의 〈파랑새〉, 버나드·쇼오의 〈聖 쟌다크〉, 체홉의 〈벗꽃동산〉 같은 서구 근대극을 상연하여 1930년대 신극을 예시했다고 하겠다.2)

민족계도와 서양극의 수용을 실험정신을 갖고 시도한 1920년대 학생극운동은 저급한 대중적 신파극이 유행하던 당대의 연극풍토에 지각변동을 일으켰으며, 일제에 억압과 착취에 고통하는 당시의 민중을 위로, 계몽했다. 이와 더불어 연극이 사회개혁과 문화소양에 절대적 역할을 할 수 있다는 것을 가르쳐 주었다고 하겠다. 이러한 학생극 정신은 30년대로 연결되어 학생극이 가장 번창한 시기를 도래하게 하였으며, 이는 '東京學生藝術座'와 같은 본격적 학생극단체를 등장케도 했다.

'동경학생예술좌'가 1940년 일제의 탄압으로 해체되고, 일본 제국주의가 최절정에 달했던 40년대부터 해방될 때까지 조직적 학생극 활동은 없게 되고, 1945년 해방이 되어서야 다시 활발하게 학생극운동이 전개될 수 있었다.

그런데 해방이 되면서 다시 시작된 학생극은 일제하의 학생극운동과 본질에 있어서는 같았지만 지엽적인 데서는 차이가 있었다. 그것

---

1) 柳敏榮 , 「대학극의 의의와 그 전망」, 『韓國演劇』, 1988. 3, p. 14.
2) 李杜鉉, 『韓國 新劇史 硏究』, 서울대 출판부, 1981, pp. 163-64.

은 일제하의 학생극이 일제에 대한 저항을 명제로 삼았던 데 비해서 해방기의 학생극은 적어도 표면적으로는 순수연극운동을 지향한 점에 서 그러하다.

주지하다시피 해방 후 분단과 미군정 하에서의 당시 현실은 모든 문화예술이 예술보다도 정치에 더욱 몰두하지 않을 수 없는 상황이었 다. 따라서 연극도 좌·우익 이데올로기의 대립 양상에 맞추어 전개 해 나갔으며, 정부 수립을 전후해서 좌익 연극인들이 월북하거나 전 향함으로써 프로극이 소멸했던 것이다.

따라서 해방기는 한국의 기성연극인들이 이념대립에 빠져 혼란과 분열의 상태를 벗어나지 못하고, 일반 연극계가 저속한 흥행극 중심 으로 흐르고 있었던 시기였다. 이러한 시기에 학생극은 이에 대항하 여 민족연극수립이라는 목표아래 진지하고도 학구적인 태도로서 서구 근대극을 소개함과 동시에 극예술에 대한 교내적 관심과 대외적 관심 을 환기시켜 우수한 인재를 배출하였으며 이를 통하여 훗날 이 땅의 소극장연극운동에 커다란 기여를 하였다.

이에 필자는 한국 연극의 크나 큰 전환기로서 중요성을 지니고 있 는 해방기의 소인극운동을 연구하기 위한 예비적 고찰로 이 시기 소 인극운동의 중심 세력이었던 학생극에 대하여 공연 활동을 중심으로 일차적인 자료 정리에 의거하여 살펴보고자 한다.

Ⅱ. 해방기의 학생단체 연극운동

해방 후 첫 학생극 활동은 1945년 12월 '朝鮮學兵同盟'(이하 학병동맹) 주최로 학병동맹문화부 編, 金旭 연출, 姜湖 장치, 金聖泰 음악으로 〈피 흘린 記錄〉(5막 6장)을 12월 10일부터 13일까지 4일간 明治座에서 상연하는 것으로 출발했다.1)

학병동맹의 공연은 "재작년 강제 학병사건으로 포학한 억압 束縛 밋헤서 마음 없은 銃을 잡던 진상을 예술로 化하야 세상에 보고할"2) 목적으로 부녀동맹원의 특별출연과 푸로예술동(연)맹, 문화건설중앙협의회, 건국부녀동맹, 조선신문기자회 후원으로 공연이 이루어졌다.3) 입장료는 7원 균일로, 학생에 한하여 할인권을 주어 지참자에게는 5원으로 하였다.4) 또한 수입금은 귀환 학병 중 三八度 이북 학병원호 및 일반 전재동포 구제비로 쓰고자 하였으며, 11일 밤의 공연은 라디오로 중계방송하기로 하였다.5) 이 공연은 각계의 요청에 의하야 14, 15일 이틀을 연장 공연하였다.6)

1) 『新朝鮮報』, 1945.12.10. (廣告)
2) 「學兵同盟의 興行」, 『民衆日報』, 1945.12.9.
3) 「피의 기록 學兵同盟서 上演」, 『新朝鮮報』, 1945.12.7.
   『中央新聞』, 1945. 12. 10.(廣告)
4) 「學兵同盟의 興行」, 『民衆日報』, 1945.12.9.
5) 「學兵同盟의 興行」, 『民衆日報』, 1945.12.9.

1946년에 들어서 4월에 시내 각 학교 학생 50여 명으로 '學生藝術座'를 결성, 〈개〉, 〈밤주막〉, 〈人形의 집〉 등을 연습하였으며,7) 동년 5월 초순에는 "학창 생활의 여가를 이용하여 극예술을 연구하며 劇文化를 실천하자"8)는 목적아래 전문대학생들이 모여 '全國學生演劇總聯盟實踐本部'(略稱 : 全國學生總聯)을 결성하였다. 또한 5월 5일에는 '全國學生文化總聯盟建設本部'에서 "학도들의 순전한 정열로서 극예술을 통해 국민 문화 발전에 이바지"하고자 '學生劇場'을 조직, 〈피를 바침〉(假題)이란 작품을 6월 초순 상연하기로 결정하였다.9)

7월에는 '反託全國學生聯盟'에서 하기행사의 하나로 25일에 '연극과 음악의 밤'을 개최하였으며,10) 8월에는 '朝鮮學生厚生會'에서 하기휴가를 이용, 정회원 학생들과 有志 演技者로 하기 계몽공작대를 조직하고 연극 〈貧者의 설음〉(3막 5장, 徐雄蘇 작·연출)과 음악을 종합하여 8월 중순부터 중앙과 南鮮 일대의 공연을 계획하였다.11) 또한 '全國學生演劇總聯盟實踐本部'에서는 반탁전국학생연맹의 하기 계몽운동의 뒤를 이어 民主日報와 제휴 연극 '브·나로-드운동'에 협력하기 위하여 연극반 13명이 8월 3일부터 崔찬榮, 許民 兩氏의 지도로 연극 〈障壁(三八絞首線)〉과 만담·강연 등을 가지고 전남 일대

---

6) "滿員 謝禮 (다시 2日間 延期)…各界의 要請에 依하야 十四, 十五 兩日間 延期함 各學校는 團體에 限하야 割引券 不必要 피 흘린 記錄 學兵同盟 文化部 編 出演 學兵同盟員 贊助出演 婦女同盟員 15日까지 晝 1時 夜 6時 開演 明治座"(『自由新聞』, 廣告, 1945.12.13)

7) "學生藝術座 誕生…鐘路 一丁目 三門 電光 一八九四에다 사무소를 두□ 시내 각 학교 학생 오십여 명이 학생예술좌를 조직하□ 현재 『개』 밤주막 人形의 집 등을 맹연습 중이라는데 앞으로의 기대가 크다"(『朝鮮人民報』, 1946.4.14)

8) 「全國學生演劇總聯」, 『漢城日報』, 1946.5.6.

9) 「學生劇場 誕生」, 漢城日報, 1946.5.17.

10) 「反託學生聯盟의 多彩한 今夏 行事 啓蒙隊 派遣·音樂의 밤 等」, 『大東新聞』, 1946.7.9.

11) 「朝鮮學生厚生會 夏期啓蒙隊 公演」, 『大東新聞』, 1946.8.2.
    「學生厚生會 啓蒙工作隊 活動」, 『民主日報』, 1946.8.9.

의 순회공연을 갖는다.12) 全南 일대의 공연을 마친 이들은 8월 15일
밤 종로 기독청년회관에서 '음악과 연극의 밤'을 개최하였다.13) 이
공연은 "연기의 능숙함과 각본의 구성 장치 연출 등 학생이라고는 생
각되지 않을 만한 경지에 관중은 자아를 모르고 도취되어 연달아 나
는 박수성은 회관을 무너트릴 듯"14)이 대성황을 이루었다.

12월에는 동년 4월에 결성되어 "대외적 관계를 피하고 순수한 입
장에서 세계 극문화 조류에 대한 노력과 진실한 미의 탐구에 정진"15)
하여 오던 '학생예술좌'에서는 진용을 整制하고 졸업기념으로 입센 작
〈유령〉(전3막)을 공연하기로 하고 연습에 들어갔다.16) 또한 22일에
일본대학 예술과 출신들이 동창회를 개최한 후,17) 29일에 "민족문화
창건을 위한 예술문화의 확립과 구체적 실천"을 목적으로 '藝術科聯盟'
을 결성한다.18) 이들은 이를 위하여 同 연맹 내에 문학, 음악, 무용,
미술, 연극, 영화 등 6부를 설치, 사업으로 잡지 발간과 新技法에 의
한 연극의 제1차 실험 공연을 3월 중순에 가질 것을 결의하였다.19)
당시 '예술과연맹'에 대한 보도를 보면 다음과 같다.

---

12) 「實演隊로 啓蒙活動 學生總聯盟 「障壁」 上演」, 『民主日報』, 1946.8.7.
13) 「音樂과 演劇의 밤 大盛況」, 『大東新聞』, 1946.8.20.
14) 「音樂과 演劇의 밤 大盛況」, 『大東新聞』, 1946.8.20.
15) 「學生藝術座 練習」, 『大東新聞』, 1946.12.7.
16) "學生藝術座 입센 「幽靈」 準備…「學生藝術座」에서는 卒業 記念公演으로 입센 作 「幽
    靈」 全三幕을 發表키로 되엇다는 바 이 때문에 目下 冬期練習에 들어갓다 한다 그리
    고 陳容 整制 뒤의 委員은 아래와 갓나 ▲ 會長 金琦泳(서大 □學部) ▲ 副會長 金
    惠舜(世醫大) ▲ 幹部 李權原(延禧大) 朴泳哲(齒大) 李延文(國專) 姜駿相(世醫大)
    金昌燮(藥大) 金英植(藝大) 張 明(東國大) 金基泳(高麗大) 李權香(師大) 玄源永(商
    大)"(『日刊 藝術通信』, 1946.12.6)
17) 「日大 藝術科 同窓會」, 『中外新報』, 1946.12.19.(廣告)
18) 「藝術科聯盟 結成」, 『獨立新報』, 1947.1.4.
    「藝術科聯盟 結成」, 『大東新聞』, 1947.1.8.
19) 「藝術科聯盟 研究와 實演發表」, 『民主日報』, 1947.1.4.

藝術科聯盟 各 部署 決定……旣報 일본대학 예술□ 각과 출신자들을 중심하야 결성된 예술과연맹에서는 종합예술지로서 「예술과」를 발행코저 준비 중이라 하며 오는 3월 중순에는 新技法에 의한 연극의 제1차 실험공연회를 가질 터이라 한다. 동 연맹의 부서와 위원은 아래와 갓다.

▲ 위원장 金 鴻
▲ 부위원장 鄭東源
▲ 총무부장 李榮錫
▲ 기획부장 李眞淳
▲ 출판부장 李甲斗
▲ 문학부장 尹泰俊
▲ 음악부장 南宮堯悅
▲ 무용부장 朴勇虎
▲ 미술부장 朴古石
▲ 연극부장 李海浪
▲ 영화부장 林連壽
臨時 連絡所 서울 草洞 一街 五 南宮 方[20]

1947년에는 2월 14, 15 양일간 남녀 학생 유지들로 1946년 12월에 발족한 '조선학생예술연구회'에서 종로 중앙기독청년회관(YMCA)에서 음악, 무용, 연극으로 제1회 '학생 예술의 밤'을 개최하였다.[21]

4월에는 전국건설학생연맹에서 民衆日報와 大東新聞, 文敎部의 후원으로 30일 수도극장에서 이승만 박사의 환국 축하를 위한 제1회 '학생종합예술제'를 개최하였다.[22] 제1회 '학생종합예술제'는 음악, 시 낭독, 무용, 연극 등으로 이루어졌으며, 이화여대 음악부, 예술대학, 여자의전, 풍문여중, 상대, 문리대, 이화여대 체육부, 이화여중

---

20) 『日刊 藝術通信』, 1947.1.8.
21) 「朝鮮學生藝研 第一回 發表會」, 『漢城日報』, 1947.2.13.
　　「學生藝術의 밤」, 『自由新聞』, 1947.2.20.
22) 「李博士 還國 祝賀 綜合藝術祭」, 『大東新聞』, 1947.5.1.

무용부, 학생예술좌 등이 참가, 음악은 이화여대 음악부, 풍문여중 합
창단, 여자의대 4중창단이, 무용은 이화여대 체육부와 이화여중 무용
부가 그리고 연극은 전국건설학생연맹의 연극부인 학생예술좌가 담당
하였다.23) 이때 공연된 연극 작품은 골스·와-지 작 〈勝利者〉였으
며,24) 학생종합예술제의 의의에 대하여 당시 전국학련의 한 사람이
던 朴容萬은 다음과 같이 쓰고 있다.

　이박사 환국 축하 학생종합예술제를 가지면서…八一五해방을 마지하자
가장 큰 환희와 행복을 느낀 것은 그 누구보다도 학도들이었다. (中略) 우
리 건설학생연맹에서 학원을 총망라하야 오는 삼십일(晝夜) 수도극장에서
제1회 학생종합예술제를 가지게 된 것은 무엇보다도 기쁜 일인 동시에 또
그 의의와 성과가 자못 적지 안을 것을 확신하야 마지 안는다. 그 의의라
함은 依他的이요 創派的이며 불건전한 조선의 문화 현상을 타개해 보려는
동시에 건전하고 위대한 민족문화를 건설하려고 邁進하는 데 있을 것이니
첫째로 각 연구부문으로 난호어 있는 明日의 민족문화 건설을 위하야 錬磨
하고 있는 재능과 기능을 발휘하며 학원의 전학도가 한자리에 모혀 한가지
분위기 속에서 다-같이 즐길 수 있다는 것이오 둘째로 각각 體得한 재능과
기술을 최대 한도로 발휘하려는 과정으로서 사회적 훈련을 가지자는 것이
오 셋째로 이 예술을 통하야 우리들의 부형들에게 해방 후 학생 생활의 건
설면을 구체적으로 보여 주라는 것이다. 더욱 이번 학생종합예술제에 있어
서는 조선의 비통한 현실을 널리 세계에 호소하야 조국 광복을 촉진하는 데
커다란 성과를 나타내고 환국하신 이승만 박사를 축하하게 된 것은 우리들
로 하여곰 무한한 영광을 느끼게 하는 바이다.25)

　제1회 학생종합예술제를 마친 전국건설학생연맹은 "근로 대중을 위
안 계몽"할 목적으로 인천과 부평에서 6월 7일부터 3일간 동맹원 30
여 명으로 유치진 작 〈장벽〉과 음악, 무용 등 12종목의 프로로 근로

---

23)「學生綜合藝術祭」,『京鄕新聞』, 1947.4.20.
　　「學生綜合藝術祭 開催 李博士 還國을 祝賀코자」,『現代日報』, 1947.4.29.
24)「李博士 還國 祝賀 藝術祭 三十日 本社 後援으로 開催」,『大東新聞』, 1947.4.24.
25) 朴容萬,「李博士 還國 祝賀 學生綜合藝術祭를 가지면서」,『民衆日報』, 1947.4.23.

대중 위안 순회공연을 개최하였다.26) 이를 계기로 이들은 하기 학생
계몽대를 조직 7월 15일부터 8월 30일까지 충청남북도, 경상남북도,
전라남북도, 경기도, 강원도 등 각 지방을 순회 문맹퇴치운동을 전개
하였으며,27) 또한 동년 10월에는 民衆日報의 후원을 얻어 고학생을
후원하는 취지에서 '음악과 연극의 밤'을 18, 19 양일간 경동중학 강
당에서 개최하기도 하였다.28)

전국건설학생연맹이 하기계몽대를 조직 각 지방을 순회 계몽하는
가운데 '민주학생총연맹'에서도 동년 7월에 하기휴가를 이용, 지방계
몽대를 조직 농촌을 순회, 연극을 통하여 민주오락이란 무엇인가를
계몽하였다.29)

12월에는 '이북학생총연맹'에서 23일부터 1948년 2월 중순까지
동기방학을 이용한 연극, 영화, 강연 기타 문맹퇴치반 등으로 문화계
몽대를 조직 남한 각지에 파견하였다.30)

1948년에는 3월에 "발랄한 학생들의 건전한 정서 생활의 발전을
꾀하기 위하여" 발족한 '全 仁川 학생연극연구회'에서 대중일보의 후
원을 얻어 5, 6 양일간 모리엘 작 〈四十年〉이라는 작품을 가지고 藝
劇合同劇會 대공연을 개최하였으며,31) 8월에는 "저급한 상업주의 연
극을 배격하고 새로운 것을 창조"32) 하기 위하여 서울 시내 남녀 대
학 동인들이 모여 '학생극예술연구회'를 조직하였다.33) 11월에는 이

---

26) 「勤勞大衆慰安 巡廻公演」, 『現代日報』, 1947.6.6.
27) 民衆日報, 1947.7.13.
　　自由新聞, 1947.7.28.
28) 「音樂과 演劇의 밤 全學聯 本部 支部서」, 『民衆日報』, 1947.10.16.
29) 「民主學聯 地方啓蒙」, 『自由新聞』, 1947.7.28.
30) 「學生 文化啓蒙隊 南朝鮮 各地 出動 」, 『自由新聞』, 1947.12.18.
31) 「學生演劇會 公會堂에서 開催」, 『大衆日報』, 1948.2.1.
32) 國際新聞, 1948.8.19.
33) 「學生劇研究會 發起…저급한 상업주의 연극을 배격하고 새로운 것을 창조하려고 全 서
　　울 시내 남녀 각 대학 同人을 총망라한 「학생극예술연구회」가 조직되리라는 바 발기
　　인은 高大 金基永 徐明錫 延大 弁倉水 淑大 金玉子 外 諸氏이며 27일 명동 一街 八十

'학생극예술연구회'를 주축으로 "학생극운동을 올바른 각도에서 학구적으로 탐구하며 이를 통합하여 민족문화에 이바지하고저"[34] 전국 남녀 학생을 망라한 '전국학생극예술연맹'이 11월 28일에 국립 서울대학 강당에서 결성되었다.[35] 결성 당시 진용은 다음과 같다.

전국학생극예술연맹을 결성…(前略) 문교장관을 名譽會長으로 고문에 安哲永 徐恒錫 李啓元 徐廷柱 諸氏며 위원은 다음과 같다.
  ▲ 위원장 金基永(高大)
  ▲ 부위원장 李秀一(法大) 金東純(世醫大)
  ▲ 事務局長 徐 熙(師大)
  ▲ 總務 張鎭□(東大)
  ▲ 기획 姜貞愛(檀大)
  ▲ 선전 金玉子(淑大)
  ▲ 출판 金庸熙(成大)[36]

1949년에는 전국건설학생연맹 남평지구당에서 창립 1주년을 기념하는 행사로 당지 중등교생들의 계몽연극 〈민족의 갈 길〉이라는 작품을 1월 5일부터 남평 공회당에서 공연하였다.[37]

1950년에는 전국건설학생연맹 영천지구연맹에서 〈朝鮮血〉(1막 2장)이라는 작품으로 1월 6, 7 양일간 영천극장에서 '군경 위안의 밤'을 개최하였다.[38]

二番地의 高大新聞 連絡處에서 發起人會를 열었다 한다"(『國際新聞』, 1948.8.19)
34) 「全國學生劇藝術聯盟을 結成」, 『國際新聞』, 1948.12.11.
35) 「學生劇藝術 結成」, 『民主日報』, 1948.12.14.
36) 『國際新聞』, 1948.12.11.
37) 「啓蒙演劇 南平」, 『東光新聞』, 1949.1.11.
38) 「軍警慰安 演劇 上演」, 『南鮮經濟新聞』, 1950.1.10.

Ⅲ. 학교극의 공연 활동

1. 대학 연극부의 공연 활동

해방기 학생들의 학교극 활동은 두 가지로 나누어질 수 있다. 그 하나는 대학 연극부 학생들에 의한 교내·외 연극 활동이고, 또 하나는 중등학생들에 의한 연극 활동이다. 먼저 대학 연극부에 의한 공연 활동을 살펴보기로 한다.

해방 후 "조선 연극의 혁신과 예술을 통하여 진리를 탐구코저"[1] 대학생들은 각기 대학 자체의 연극부를 조직하며, 이를 토대로 시내 전문학교에서는 학생연극운동이 일어나기 시작한다. 대학 연극부의 해방 후 첫 공연은 합동공연으로 시작되며, 이는 '학생 三一운동 기념 준비위원회' 주최로 열린 三一기념 학생극 〈三月 一日〉이다. 이 공연은 1946년 2월에 "대일 민족투쟁의 역사적 날인 三一운동을 기념하기 위하여" 학생 유지들로 결성된 '三一기념 학생행사 준비회'의 주최로 三一운동 기념행사의 하나로[2] 시내 13개 대학 연극부원 300여 명이 참가하여 笙鶴觀主人作 〈三月 一日〉(3막 8장)을 음악가동맹, 문학가동맹과 시내 각 신문사의 후원으로 3월 8일부터 12일까지 5일

---

1) 「普傳 演劇部 再建」, 『自由新聞』, 1945.12.4.
2) 「三一記念 學生劇」, 『서울新聞』, 1946.3.10.

간 서울극장에서 상연하였다.3) 이때 참가한 대학은 경성대학, 법학
전문, 보성전문, 경성사범, 약학전문, 공업전문, 혜화전문, 치과의전,
경성의전, 법정전문, 연희전문, 세부란스, 여자사범 등 13개 대학 연
극부였으며, 연출은 '조선학병동맹'의 공연 〈피 흘린 기록〉의 연출을
담당한 金 旭이였으며, 장치엔 金一影, 조명은 공업전문 연극부에서,
음악은 金順男이 담당하였다.4)

　이를 계기로 대학 연극부 단독으로 연극 활동이 이루어지기 시작하
는데, 이는 1946년 5월 '보성전문학교 연극부'(이하 보전 연극부)의
一回 發表會부터이다. '보전 연극부'는 1945년 12월 "과거의 제국주
의적 구로에서 탈출하야 진정한 학생연극으로 일반 대중의 연극사상
을 계몽"하기 위하여 兪鎭午, 李相稷의 지도 아래 15명의 부원으로
재건되었다.5) 재건된 '보전 연극부'의 강령과 조직을 살펴보면 다음
과 같다.

　△ 보전 연극부 신출발
　보성전문학교 연극부에서는 조선 연극의 혁신과 대중의 연극사상의 계몽
을 목표로 하야 신출발을 하였다는데 그 강령과 조직 부원은 다음과 같다.
　○ 강령
　조선 연극의 혁신과 예술의 본분을 찾어 일반 대중의 연극사상을 계몽함
　○ 조직 부원
　　고문 兪鎭午
　　부장 李相직
　　총무 李월직 洪淳昊
　　연극 金基泳
　　영화 金英煥
　　부원 崔린錫 李喆熙 柳基奉 李根척 趙燮九 외 十人6)

---

3)「記念 學生劇『三月 一日』人氣 中 開幕」, 『自由新聞』, 1946.3.9.
4)『自由新聞』, 1946.3.9.(廣告)
5)「普傳 演劇部 再建」, 『自由新聞』, 1945.12.4.

　1945년 12월에 재건된 '보전 연극부'는 1946년 4월 중순, 창립 공연으로 5월 초순 독일 극작가 마이어·펠스타 작 延鶴年 譯〈알트 하이델베르히〉(一名 靑春回想曲, 전5막)를 연출 安英一, 장치 金一影, 효과 李康福 등으로 국제극장에서 갖기로 계획하였으나,7) 5월 5일의 개교일을 기념하기 위하여 5월 중순에 국도극장에서 공연을 하기로 일정과 장소를 변경,8) 동년 5월 31일부터 6월 3일까지 "개교 기념 및 경제 곤난한 학생들을 구제할" 목적으로 제1회 공연을 갖게 되며, 이때 연출이 安英一에서 朴春明으로 바뀌며 장소도 국도극장에서 단성사로 바뀌었다.9) 이 공연은 여학생이 없었으므로 지금은 월북한 金陽春과 영화배우로 활약하던 黃麗姬 등이 찬조 출연하였다.10)

　6월에는 '경성대학 연극부'에서 골즈워 - 지 作〈태양〉(1막)과 金斗南 작〈幕間 十五分〉(1막)으로 8, 9일 2회에 걸쳐 동 대학 강당에서 창립 공연을 갖는다.11) 창립 공연을 마친 '경성대학 연극부'에서는 하기방학을 이용하여 제2회 공연으로〈물망초〉,〈하차〉 등을 준비하였다.12) 같은 달 한성일보사에서는 해방 이후 처음으로 10월에 각 중학교, 대학의 연극학도들을 총동원, 제1회 '남녀학생 연극콩쿨대회'를 개최하고자 준비하기도 하였다.13)

　7월에는 배영대학에서 46년 5월 15일에 재건된 '劇藝術硏究會'의 첫 사업인 연극 브나로드운동에 참여하기 위하여 학생연극대(대장 김사홍, 부대장 방효만 외 12명)를 조직, 柳致眞 작〈조국〉과 尹芳一

6)「文化界 消息」,『藝術』통권 3호, 1946.1, p. 18.
7)「普專 演劇部 一回 發表會」,『中央新聞』, 1946.4.21.
8)「普專 開校記念 演劇」,『自由新聞』, 1946.4.28.
9)「普專에서『하이델베르히』公演」,『獨立新報』, 1946.5.31.
　　『中外新報』, 1946.6.1-3.(廣告)
10) 金京鈺,「學生劇의 主役들(高大劇會)」,『韓國演劇』통권 110호, 1985.7. p. 50.
11)「京大 演劇 公演」,『大衆日報』, 1946.6.10.
12)「大學 演劇部 公演準備」,『現代日報』, 1946.6.17.
13)「第一回 男女學生 演劇콩쿨大會 今秋 十月」,『漢城日報』, 1946.6.26.(廣告)

작 〈윤봉길 의사〉로 동년 7월 26일부터 8월 25일까지 충남 일대를 순회 공연하였다.14)

10월에는 '국학전문학교 연극부'에서는 '京城戰災學生援護會'와 공동주최로 "전재학생을 원호하고 아울러 연극예술의 진가를 발휘하고자" 경성부청 한글문화보급회와 민주일보사의 후원 아래, 3일부터 5일까지 3일간 국도극장에서 "일제 최후의 발악이었던 학병"을 주제로 한 〈港口 없는 航路〉(3막 4장)를 공동 창작하여 공연하였다.15) 서울 공연을 마친 이들은 국학대학으로 승격, 11월에는 2일부터 4일까지 仁川에 있는 瓢舘에서 '國大 演劇部 第一回 發表會'와 "전재학생 원호"를 목적으로 같은 작품을 공연하였다.16)

12월에는 이화여대에서 종합대학 승격을 기념하야 6, 7 양일간 배재중학 강당에서 '체육의 밤'을 개최, 연극·무용·음악 등으로 대학 승격 기념행사를 개최하였다.17) 또한 보성전문학교가 대학으로 승격, 校名이 고려대학으로 바뀌자 이를 계기로 1946년 11월에 '보전 연극부'도 그 조직과 내용을 강화하고 고려대학교 극예술연구회(이하 '고대극연회')로 개칭 새로이 발족한다.18)

새로히 발족한 '고대극연회'의 진용은 회장 李仁秀, 위원에 金基泳, 趙南均, 徐明錫, 李相稷, 曹一煥이었다.19) 진용을 새로히 한 '고대극연회'는 '보전 연극부'의 뒤를 이어 "극단은 물론 일반 사회의 만혼 기대를 가지고", 2회 공연으로 중국의 문호 魯迅 작 〈阿Q正傳〉(전4막)20)을

---

14) 「演劇『實演隊』巡演 本社 後援 第一隊 培英大學 出發」, 『民主日報』, 1946.7.24.
15) 「港口 없는 航路 國專 演劇部 公演」, 『大東新聞』, 1946.8.31.
　　「戰災學生援護 公演準備 奔忙」, 『民主日報』, 1946.9.19.
16) 「國大演劇部 戰災學生 援護 公演」, 『大衆日報』, 1946.11.3.
17) 「梨大 體育의 밤 大學 승격 記念行事」, 『民主日報』, 1946.12.5.
18) 「高麗大學 劇藝術硏究會 發足」, 『獨立新報』, 1946.11.12.
19) 「高大 劇硏會 新發足」, 『漢城日報』, 1946.11.13.
　　「高麗大學 劇藝術硏究會」, 『日刊 藝術通信』, 1946.11.18.
20) 원래는 5幕이었는데 3幕을 제외하고 4幕으로 구성했다.(裵澔, 「演劇短評 阿Q正傳

12월 15일부터 19일까지 5일간 중앙극장에서 상연하였다.21) 서울신
문사, 예술신문사, 예술통신사의 후원22)으로 이루어진 2회 공연은 柳
基奉, 徐明錫, 金基泳, 尹林, 曹一煥, 崔濟德, 李相稷 외 16명(여학생
6명)의 연기진과 번역 尹世重, 연출 安英一, 연출조수 金基泳, 문예조
수 崔濟德, 무대감독 및 소도구 宋杜京, 장치 金一影, 효과 李源性, 조
명 李根訴 등이 참가하였다.23) 이 공연의 입장인원은 제1일(15일)
230명, 제2일(16일) 354명, 제3일(17일) 350명, 제4일(18일) 740
명, 제5일(19일) 250명으로 총 1,924명이었다.24)

　'고대극연회'의 2회 공연에 대하여 裵澔는 "1막과 3막에 나오는 酒
莊의 주인이 너무 생경하고 표정과 동작이 더 필요했고 대화의 억양
이 변화성이 적다. 언어의 어색한 점이다. 하류층의 언어가 너무나 고
상하다"25)라고 평하였다. (술집주인 역은 윤 림이 하였었다).26) 그
는 하류층의 언어가 어색한 점에 대하여 "이것은 배우나 연출가에게
요구할 바는 아니"27)라면서 "일제의 피해에서 하로바삐 회복하여야
하겠음을"28)강조하였다. 또한 白鐵은 "근래 연극을 본 중 「阿Q正傳」
에서 만치 감격을 받은 작품이 업다"29)면서, "이 극이 주는 감명은

『獨立新報』, 1946.12.17. 참조)
21)「高大 演劇發表會」,『漢城日報』, 1946.12.15.
　　『日刊藝術通信』, 1946.12.14, 16-20.(廣告)
22)『漢城日報』, 1946.12.13-4.(廣告)
23)「學生劇運動의 新烽火 魯迅근 先生의 阿Q正專 上演 高大 劇研會 主催로」,『日刊藝術
　　通信』, 1946.12.7.
　　당시 고대에는 여학생이 없어서 이화여대와 숙전(숙명여대)에서 6명의 여학생이 찬조
　　출연하였었다.(金京鈺, 위의 글, p. 50.「阿Q正專 □演 高麗大學團 來邱」,『大邱時報』
　　1946. 12. 29. 참조)
24)「市內 劇場 動員表」,『日刊藝術通信』, 1946.12.17-21 참조.
25) 裵澔, 위의 글.
26)『日刊 藝術通信』, 1946.12.7.
27) 裵澔, 위의 글.
28) 裵澔, 위의 글.
29) 白鐵,「新人과 演技 ―「阿Q正傳」에 有感 ― (下)」,『自由新聞』, 1946.12.25.

무엇다도 작품 내용이 如實하게 우리 현실에 교훈적이요 암시적인 것"30)이라면서 여기에 "관객의 감명을 깁히 하는 것은 여기에 등장하는 배역자들의 솔직하고 소박하고 신선한 연기에 대한 것이다"31)라고 평하면서 "우리는 이 신인들의 연극에서 조선 연극이 참되게 발전할 계기를 차저볼 수도 잇슬 줄 안다"32)라고 하였다. '고대극연회'는 2회 공연을 하면서 次回 공연 작품으로 창작극 趙靈出 작(題名 未定)을 安英一 연출로 국제극장에서 상연할 것을 계획하였다.33) 중앙극장의 공연을 성황리에 마친 '고대극연회'는 "불타는 향학심을 가지고서도 학비가 없어 공부를 제대로 못하고 역경에 헤매이는 전재학생을 구원하고 아울러 맹방 중국의 민족문화의 소개를 도모하고저"34) 하기휴가를 이용 지방공연을 계획한다. 이들은 국제극장 공연 후 곧바로 개성공연을 가지며,35) 12월 29일부터 3일간 대구의 대구극장에서,36) 그리고 1947년 1월 27일부터 29일까지는 인천의 문화관(舊瓢舘)에서 공연을 갖는다.37)

동년 11월에는 '성균관대학 학생연극부'가 진용을 강화 제1회 발표회를 1947년 3월에 갖고자 준비하였으며,38) 12월 20일에는 '세부

---

30) 白鐵 「新人과 演技 — 「阿Q正傳」에 有感 — (上)」, 『自由新聞』, 1946.12.24.
31) 白鐵 위의 글.
32) 白鐵 앞의 글.
33) 「高大 硏劇部 次回 作 準備」, 『日刊 藝術通信』, 1946.12.19.
34) 「「阿Q正傳」 上演」, 『大衆日報』, 1947.1.28.
35) 『日刊 藝術通信』, 위의 글.
36) 「阿Q正傳 □演 高麗大學團 來邱」, 『大邱時報』, 1946.12.29.
37) 『大衆日報』, 위의 글.
38) "成均舘大學 演劇部 强化…성균관대학 학생연극부에서는 금번 동부를 한층 확충 강화하기 위하야 아래와 가치 진용을 정비하는 동시에 명년 3월 제1회 발표회를 갖고저 목하 준비 중에 잇다 한다.
　　▲ 대표위원 李在春 李光夏
　　▲ 희곡부 金慶熙
　　▲ 연출부 李在春
　　▲ 연기부 洪顯昌

란스의전 연극부'가 배재중학 강당에서 동교 합창단의 찬조 출연으로 가극 〈마 - 친 · 루 - 터〉(2막 5장)과 가면극 〈어느 날의 꿈〉을 크리스마스 축하 공연으로 상연하였다.39)

1947년에는 2월에 '사범대학 연극부'에서 페스타롯치 220주년을 맞이하여 '조선교육가협회' 주최로 〈마을〉(1막 2장) 외 한 작품으로 3월 상순경 중앙극장에서 기념공연을 계획하였으며.40) 3월 11일에는 평양에 '평양예술전문학교'가 설립되었다.41)

5월에는 20일에 '광주의과대학교'에서 개교기념일을 맞이하여 광주극장에서 〈환상의 곡(幻想의 曲)〉을 공연하였다.42)

또한 같은 달 25, 26일에는 '세부란스의대 연극부'에서 동교 창립 63주년 기념공연으로 불란서의 醫聖『팟쓰 - ㄹ』의 일생을 극화한 姜駿相 작 〈生의 祭壇(一名 開拓者)〉(3막)과 가면극 〈어느 날 밤의 꿈〉을 崔應浩 연출, 극작가인 朴露兒의 지도로 문교부, 서울신문사, 중앙신문사 후원으로 수도극장에서 상연하였다.43) 해방 후 처음 순수 학생창작극으로 이루어진 이 공연은 처음에는 국제극장에서 공연하고자 하였으며.44) 총 입장 인원은 4,683명(25일 2,700명, 26일 1,983명)이었다.45)

▲ 장치부 李基成"(『日刊藝術通信』, 1946.11.26)

39) 「세부란스醫專서 마-친 루터 公演」, 『日刊 藝術通信』, 1946.12.16.

40) 「페스타롯치 記念 演劇 師大서 準備」, 『日刊 藝術通信』, 1947.2.24.

41) 「새 藝術人 養成의 殿堂 平壤藝術專門學校 設立」, 『文化日報』, 1947.3.13.

42) "醫大 紀念 盛況 慰安 音樂에 患者 滿悅…광주의과대학교에서는 지난 二十日 제사회 개교기념일을 마지하야 당일 九谷시부터 강당에서 성대한 축하식을 거행한 후 이어서 소인극을 연출하며 오후 四녀시부터 의대 부속원 입원 환자 위문 음악으로 많은 총찬을 거두엇는데 특히 당야 광주극장에서 일반에 공개한 극 현상의 곡『幻想의 曲』은 각본 연출 등 소인(素人) 이상의 연기를 발휘하여 립추의 여지 없이 모혼 관중을 탄복케 하였다"(『東光新聞』, 1947.5.22)

43) 『中央新聞』, 1947.5.24-5.(廣告)
　　崔濟萬,「學生劇論」,『京鄕新聞』, 1947.7.27.

44) 「世醫大 創立 六十三周年」, 『文化日報』, 1947.4.23.

이 공연에 대하여 연출가 李曙鄕은 "학생 자체의 창작극이었다는 데"[46] 관심을 나타내면서, "전체적으로 보아 통일 있는 극적 분위기를 破란 없이 一貫持續하야 극장에 진출한 학생극으로서는 양호한 성적이었다 할 수 있을 것"[47]이라고 평하였다. 또한 그는 당시 학생극의 나아갈 길에 대하여 "학생극에 희망하고 싶은 것은 너무 극장 진출에 焦急하지 않을 일이다. 학생극은 우선 학생의 토대에서 교내생활의 좀더 밀법한 유기적 관련 속에서 운영되어 좀더 큰 열의와 인내를 가지고 꾸준한 일상적인 훈련과 연구에 정진해야 할 것"[48]이라고 밝히고 있다.

또한 학생극의 극장 진출 문제에 대하여 당시 세부란스의과대학 연극부원이었던 崔濟萬은 "이것은 직접적으로는 학생극이 낭만적인 개인주의에서만 움직이기 쉬운 또는 현실을 떠난 상아탑 속에 파묻처 소위 예술지상주의를 표방하기 쉬운 그러한 과오를 극복하면서 학생극을 민족연극 수립의 한 초석이 될 수 있도록 그리고 나아가서는 연극 대중화운동에 커다란 주동력이 되어야 한다는데 기인하는 것"[49]이며, "또한 간접적으로는 일반 연극계의 저속화에 대한 순수한 義憤에서 나오는 것"[50]이라고 하였다. 그는 당시 연극계에 대하여 "조선 연극계(연극계뿐이 아니지만)에는 또다시 견디기 어려운 각종 슬픈 현상이 나타났으니 연극인들의 경제적 고통은 姑捨하고 극장의 대부분은 모리배 수중에 넘어가고 그들 극장 경영주의 양심적 劇團 敬遠策 외국 영화의 범람 일부 謀利輩的 연극인의 「테로」등 모ー든 비민주주의적 객관적 악조건은 조선 연극의 자유로운 발전을 좌절시키었

---

45) 「劇場 動員表」, 『文化日報』, 1947.5.27-8.
46) 李曙鄕, 「劇評 生의 祭壇」, 『文化日報』, 1947.5.30.
47) 李曙鄕, 위의 글.
48) 李曙鄕, 위의 글.
49) 崔濟萬, 위의 글.
50) 崔濟萬, 위의 글.

으며 현재에 와서는 전 문화예술 영역에 파멸 상태를 초래하였다"라
고 논하면서 학생극이 활발히 전개되는 원인에 대하여 "연극의 저속
화를 배격하고 자기의 민족적 과학적 대중적 신연극을 개척하려는 정
열을 가지고 등장하게 된 것은 오히려 당연한 일이라 하겠다"라고 쓰
고 있다. 이를 살펴보면 다음과 같다.

> 문화말살의 악독한 일제 지배하에서 번민하고 고투하던 조선의 연극인들
> 은 八·一五해방을 맞이하여 그 羈絆에서 이탈하여 진정한 민주주의적 민
> 족연극 수립을 위하여 전력을 傾注하였었다. 연극인들은 이러한 건설적 활
> 동과 자기 희생적 노력의 結晶으로 조선의 연극계는 급속도로 향상 발전하
> 여 단시일 안에 演劇史上 미증유의 혁신적 개화를 보게끔 되었던 것이다.
> 근 십년 동안 무대와 一切 관계를 끊어 하고 싶은 연극을 마음대로 하지 못
> 하고 억울하게 억압당하였던 학생극을 또다시 왕성하게 한 동기가 되었으
> 며 이로 말미암아 各 大學은 물론이요 中等學校에 이르기까지 새로운 학생
> 극운동이 대두하여 전국적으로 활발히 전개된 것은 말할 것도 없다. 그러나
> 이러한 상태가 오래가지 못하고 조선 연극계(연극계뿐이 아니지만)에는 또
> 다시 견디기 어려운 각종 슬픈 현상이 나타났으니 연극인들의 경제적 고통
> 은 姑捨하고 극장의 대부분은 모리배 수중에 넘어가고 그들 극장 경영주의
> 양심적 劇團 敬遠策 외국영화의 범람 일부 모리배적 연극인의 「테로」등
> 모 - 든 비민주주의적 객관적 악조건은 조선 연극의 자유로운 발전을 좌절
> 시키었으며 현재에 와서는 전 문화예술 영역에 파멸 상태를 초래하였다. 이
> 러한 현 정세하에 있어서 왕년 조선내의 각 전문대학들 간에 있어서 또는
> 일본의 조선 유학생들이 중심이 되어 극계의 특이한 존재로서 당시 성행하
> 던 신극운동의 추진력이 되어 큰 역할을 한 학생극이 연극의 저속화를 배격
> 하고 자기의 민족적 과학적 대중적 신연극을 개척하려는 정열을 가지고 등
> 장하게 된 것은 오히려 당연한 일이라 하겠다.51)

이는 당시 학생극을 하던 대부분의 학생들의 연극 목표가 일제 시
대 학생극의 전통을 이어 신극운동의 주체 세력으로서 계몽 활동과

---

51) 崔齊萬, 위의 글.

함께 해방 이후 상업극이 범람하던 당시 연극계의 영리적이고 저속화한 극단을 배격하고자 하였으며 이를 토대로 민족문화의 선봉대적인 역할을 하고자 하였음을 알 수 있다. 이는 당시 대구사범대 문과생이었던 洪鍾吉의 글에서도 살펴볼 수 있다.

해방이 되어 잃었던 문화를 찾고저 일반 극단은 우후죽순과 같이 출현하였으나 (中略) 연극의 정치성에 대한 경찰 당국의 탄압으로 연극 활동의 활발성을 失한 상태임에 반하여 학도연극이 성행되였던 것은 민족문화 건설 도상에 있어서 필연적 현상이라 하겠다. 즉 이화여대의 『童僧』 고려대학의 『青春回想曲』(原名 알트하이델베르히) 『阿Q正傳』 서울대학의 『골스워 - 디』 동국대학의 『港口 없는 航路』 그리고 대구에서의 능인중학의 『聖血의 자취』 경북여중의 『麻衣太子』 대구여상의 『발자취를 남기는 사람』 대구의대의 『에밀레鐘』 대구사대의 『바보와 大學生』 경북중학의 『바보와 公主』 등 등 그리고 1921년 22년에 동경 유학생들이 劇藝術協會 土月會라는 신극단을 조직하여 『復活』 『칼멘』 『最後의 握手』 등의 작품으로 순회공연을 하여 신극 발전에 많은 刺戟을 주고 □然히 조선 극계의 중심이 되였다는 것은 주지된 사실이다. 앞에서 말한 바와 같이 진실로 인민의 이익과 감정과 생활을 대상으로 한 인민을 위한 연극이라야만 될 것이 예술 본래의 숭고한 사명을 不顧하여 다만 영리 사업적인 생각만 하여 저속한 각본으로 관객의 연극적 교양이 부족함을 奇貨로 관객의 低劣한 취미에 타협하여 연극예술을 빈곤하도록 하는 극단이 전연 없지 않다. 이러한 견지에서 우리는 학도로서 연극의 지상 의무를 충실히 수행하며 민족문화 향상에 일조가 되고저 예술 가운데 대중성을 띄고 있는 연극을 통하여 인민이 요구하는 진정한 민주주의를 표현하며 우리의 전통문화를 발전식히는 의미에서 고금의 명작인 희곡을 연구하며 이를 발전함으로서 꾸준한 계몽 활동을 하여 문화 수준을 향상식히며 동시에 低劣한 영리적인 극단을 배격하고 통속적 연극의 잔재를 말살시키며 돌혀 이러한 일반 극단에게 자극을 줄 만한 학구적 건설적인 형태로 추진함으로서 민족문화의 발전과 향상에 공헌할 수 있을 것이다. 여기에 학도연극의 사명이 있을 것이다.52)

---

52) 洪鍾吉, 「學徒演劇의 使命」, 『嶺南日報』, 1947.7.6.

이 시기에 "민족문화의 향상 발전에 목표를 두고 1946년 9월에 창립"53)한 '대구사범대학 연극부'는 창립 공연으로 1947년 5월 25일, 26일에 豕步 작 〈바보와 대학생〉(3막 5장)을 洪達 연출로 대구 '키네마구락부'에서 영남일보 후원으로 상연하였다.54) 또한 5월 25일 '대구의과대학 연극부'에서도 호열자 방지기금을 모집하려고 음악부와 합동공연으로 서울 '무대예술연구회' 崔麗鄕의 지도로 대구 '키네마구락부'에서 25일 咸世德 작 〈에밀레鐘〉(3막)을 번안 상연하였으며,55) 31일에는 '서울여자의과대학 연극부'에서 동교 창립 9주년 기념공연으로 킹스테이 원작 〈白衣의 사랑〉을 상연하였다.56)

이 밖에도 5월에 '이화대학 연극부'에서 제임스·베리 작 〈퀄리트·스트리트〉(4막)을 제1회 공연으로 가졌으며, 곧이어 咸世德의 〈童僧〉을 무대에 올렸다.57)

6월에 들어서 '延禧大學校 研劇部'에서 2, 3, 4일 3일간 국제극장에서 유진 오닐의 〈지평선 저 건너〉(3막 6장)로 창립 공연을 가졌다.58) 이 공연은 장치 金一影, 음악 金聖泰, 조명 崔進이었으며, 기획은 黃英彬과 연희대학 교수인 趙義卨이 하였고, 연출은 선배인 尹駿燮이 담당하였다.59) 관객은 2일과 4일 공연에 4,653명(2일 3,780명, 4일

---

53) 「師大 演劇 五月 下旬 公演」, 『嶺南日報』, 1947.4.29.
54) 「師大 演劇部 第一回 公演 바보와 學生을 上演 本社 後援으로 25일 公會堂서」, 『嶺南日報』, 1947.5.17.
    『嶺南日報』, 1947.5.22.(廣告)
55) 「大邱醫大 演劇 音樂 合同公演」, 『大邱時報』, 1947.5.13.
56) 「女醫大 素人劇 各界서 大好評」, 『民衆日報』, 1947.6.1.
57) 柳敏榮, 「商業劇·學生劇 活動과 國立劇場 設置經緯」, 『국어국문학 논문집 제1집』, 서울대 사범대학 국어국문학연구회, 1968, p. 52.
    崔濟德, 위의 글.
58) 「延大 劇研 公演」, 『文化日報』, 1947.5.21.
    「延大 研劇部 明日 發表會」, 『文化日報』, 1947.6.1.
59) 「延大 研劇部 公演」, 『自由新聞』, 1947.5.31.
    『文化日報』, 1947.6.1, 3-4.(廣告)

873명)이었으며.[60] "1920년도 푸리챠상 획득 작품에 소개라는 점에서 뿐만 아니라 研劇學徒가 大 "오닐"森에 도끼를 찍기 시작하였다는 것은 신극 발전을 위하야 의의가 자못 크다"[61]라는 평을 받았다.

7월에는 '성균관대학 연극부'에서 3, 4, 5일 삼일간 제1회 연구발표회를 김이식(金二植) 작 〈아름다운 청춘〉(전4막)을 安英一 총지휘, 曹鉉 연출지도, 蔡南仁 장치, 朴種烈 조명으로 중앙극장에서 개최하였다.[62]

동년 10월 末에 국립 서울대학의 각 단과대학들이 통합하여 "연극예술 건설운동에 매진하여 예술의 신개척은 물론 국가적 문화 요구에 공헌"[63]하기 위하여 '국립대학극장'을 창설[64]했는데, 이것은 해방 후의 본격적 대학극의 활동으로 보여지는 것이다. '국립대학극장' 설립위원장이었던 徐仲錫은 '국립대학극장; 창설의 의의에 대해 다음과 같이 썼다.

(前略) 조국과 민족의 전반적인 제 문제에 관하여 운명적인 위기에 제하

---

60) 「劇場 動員表」, 『文化日報』, 1947.6.4, 6.
61) Y, 「"地平線 저 건너"를 보고」, 『中外新報』, 1947.6.4.
62) 『漢城日報』, 1947.7.3-4. (廣告)
63) 「國大劇場 設立」, 『京鄉新聞』, 1947.10.29.
64) 국립대학극장 설립 당시 선출된 부서와 위원은 다음과 같다.
   ▲ 위원장 徐仲錫(文理大)
   ▲ 부위원장 裵澤(齒大)
   ▲ 총무부장 趙漢元(法大)
   ▲ 문예부장 金一俊(法大)
   ▲ 연출부장 朴泳哲(齒大)
   ▲ 무대감독부장 李洙一(法大)
   ▲ 연기부장 李姬鎬(師大)
   ▲ 음악부장 金宗純(藝大)
   ▲ 미술부장 李化洙(藝大)
   ▲ 효과부장 崔讚榮(商大) (「國家的 文化 要求에 貢獻 國立大學劇場 設置」, 『現代日報』, 1947.10.26)

여 우리 대학생이 가지는 임무는 각 방면에 걸쳐 중대한 바 있으며 특히 연극문화의 특유한 성격으로 보아 그 현재와 장래의 발전에 주력하여야 함은 통감하는 바이다. 더욱이 우리 민족은 문화적, 경제적, 정치적으로 빈약하고 극도의 혼돈에 빠져 예술인의 사회적 국가적 존재 가치에 대하여 충분한 이해와 협력을 기대할 수 없는 현실적 諸 難關에 처하여 이를 돌파하고 此 部門에 뜻을 두고 있는 우수한 인재로 하여금 자유롭고 충분하며 치밀하고 순수한 연구와 훈련에 의하여 진정한 예술인으로 진출하게 하려는 우리 극립대학극장의 임무는 더욱 큰 것이다. 이와 같은 의도하에 창설된 대학극장은 진정한 연구기관과 공연기관으로 공헌하는 中에 더욱더욱 此 藝術에 대한 교내적 관심과 대외적 관심을 환기시키는 동시에 대학 자체의 건전한 생활 의욕과 학구적 의욕을 자극하여(下略)65)

이상 인용문에서 볼 수 있듯이 이들은 "기성연극운동이 반일 민족운동에서 좌우사상운동에 휘말려 들어간데 비해 학생극운동은 정치사상으로부터 초연하고 우수한 예술인재 배출이라는 퍽 현실적인 생각으로 기울고 있음"66)을 알 수 있다.

국립대학극장은 창립 공연으로 안톤·체홉 작 〈惡路〉(1막)를 1947년 11월 29일부터 12월 1일까지 4일간 동교 문리과대학 대강당에서 상연하였다.67) 이 〈惡路〉 공연을 본 李化三은 극평에서 우리나라 大學劇術의 수준이 일본 학생극술보다 훨씬 앞섰다고 논하기까지 했다.68)

동년 11월에는 군산(群山)에 있는 '조선해양대학'에서 연극부를 창설. 이를 계기로 해양사상 보급을 목적으로 11월 18, 19 양일간 군산극장에서 金二植 작 〈젊은이들〉(3막 4장)을 梁白明의 지도로 창립 공연을 갖는다.69) 이 공연은 "출연자들의 연기는 대체적으로 보아 일

65) 徐仲錫, 「國立大學劇場 創設의 意義」, 『京鄕新聞』, 1947.11.30.
66) 柳敏榮, 위의 글. p. 15.
67) 「藝術祭 서울大學 創立 紀念」, 『民衆日報』, 1947.11.28.
68) 李化三, 「演劇評 ―『惡路』를 보고」, 『京鄕新聞』, 1947.12.15.(柳敏榮, 위의 글. p. 15에서 재인용)

관성이 결여되어 있었으나 연출가 양백명 씨의 장면장면의 구도는 극 전체를 아름답게 그려내는데 도움이 되었다"[70]는 평을 받았다. 또한 '대구대학 연극부'에서 동교 창립 1주년 기념행사와 동교 고학생 학비 충당을 목적으로 29, 30 양일간 대구 키네마극장에서 咸世德 작 〈無衣島 紀行〉(1막 2장)과 宋基熊 작 〈松花江〉(3막 4장)을 秋白露 연출로 상연하였다.[71]

12월에는 '대구농대 연극부'에서 풍년제를 계기로 10, 11 양일간 대구 키네마극장에서 〈흠〉이라는 작품으로 창립 공연을 개최하였으며,[72] 또한 1947년 5월 〈바보와 대학생〉으로 창립 공연을 가졌던 '대구사범대학 연극부'에서는 창립 2회 공연으로 대구 키네마극장에서 〈홍길동전〉(5막 7장)을 豕 步 각색, 南陽天 연출로 영남일보사의 후원을 얻어 12, 13, 14일 3일간 상연하였다.[73] 키네마극장에서의 공연을 마친 이들은 같은 달 25일부터 29일까지 대구공회당에서 대구부 학무과 성인교육협회 주최로 성인교육기금 마련을 위한 공연을 계획하지만 경찰 당국의 허가 취소로 인하여 공연을 하지 못하였다.[74]

또한 12월 17일에 '연희대학 연극부' 출신의 張瑞彦, 尹俊燮, 裵恩愛, 高濟經, 尹泰雄, 鄭鎭石, 李春三, 韓相稷의 발기로 '劇友會'가 조직되기도 하였다.[75]

1948년에는 4월에 '사범대학 학생회'에서 16, 17 양일간 동 대학

69) 「海大 演劇部 公演 十八, 九 晝夜 群劇에서」, 『群山新聞』, 1947.11.15.

70) M 生, 「劇評 海大 記念公演을 보고」, 『群山新聞』, 1947.11.23.

71) 「大邱大學 演劇部 키네마에서 公演」, 『大邱時報』, 1947.11.26.
　　『大邱時報』, 1947.11.28.(廣告)

72) 「大邱農大 演劇 公演」, 『大邱時報』, 1947.12.9.

73) 『嶺南日報』, 1947.12.12.(廣告)
　　「師大 演劇部서 洪吉童傳 上演」, 『大邱時報』, 1947.12.12.

74) 「師大 演劇 公演 中止」, 『大邱時報』, 1947.12.28.

75) 「延大 劇友會 發足」, 『漢城日報』, 1947.12.13.
　　「演藝」, 『自由新聞』, 1947.12.17.

강당에서 연극회를 개최하였으며,76) 6월에는 4일에 단국대학에서 졸업식과 함께 동 대학 강당에서 〈영아 살인 사건〉이라는 모의재판극을 공연하였으며,77) 10일에는 '연희대학 극예술연구회'에서 동교 졸업기념 예술제 및 제2회 공연으로 안톤 · 체홉 작 〈사냥개〉를 상연하였다.78) 이 시기에 1947년 말에 결성된 '국립대학극장'에서 창립 공연 작품 〈惡路〉를 가지고 "수원을 비롯하여 지방 공연을 가진 후"79) 시공관에서 6월 6일부터 8일까지 3일간 같은 작품으로 대외 공연을 계획하였다.80) 그러나 이들은 일정을 바꿔 "참된 민족예술 수립의 초석이 될 학생연극의 새 출발"을 위하여 6월 27일부터 29일까지 3일간 시공관에서 공연을 개최하였다.81) 7월에는 '동국대학교 연극부'가 발족되어 8, 9일 양일간 서반아의 현대극작가 하싱트 · 베나벤테 작 〈假裝의 人生〉(제3막)을 평화일보 후원으로 중앙극장에서 창립 공연을 개최하였다.82) 또한 같은 시기에 전라남도 광주에 있는 '조선대학 연극부'에서는 咸世德 작 〈無衣島 紀行〉을 공연하였다. 이 공연에 대하여 姜大慶은 "상업극만이 우세하는 당시의 극계에 함세덕의 작품을 선택함은 양심적인 태도"라면서 "10여 일의 짧은 연습기일에도 불구하고 전체적으로 무난하였다"83)라고 평하였다.

76)「師大 學生會 演劇會」,『京鄕新聞』, 1948.4.14.
77)「壇大 模擬裁判 上演」,『自由新聞』, 1948.6.4.
78)「今日 延大 藝術祭」,『京鄕新聞』, 1948.6.10.
   柳敏榮, 위의 글, p. 53.
79)「國大劇場서 中央 公演 체홉 作「惡路」를 上演 本社 後援」,『大東新聞』, 1948.5.27.
80)「國立大學劇場서「惡路」公演」,『朝鮮中央日報』, 1948.5.27.
81)「國大劇場「惡路」上演」,『世界日報』, 1948.6.24.
   「國大劇場「惡路」를 上演 二十七日부터 三日間 市公舘서 本社 後援」,『大東新聞』, 1948.6.25.
82)「西班牙劇「假裝의 人生」東國大 硏究發表會 迫頭」,『平和日報』, 1948.7.6.
   「待望의 學生藝術祭典 開幕 오늘 東大 演劇과 齒大 音樂會 公演」,『平和日報』, 1948.7.8.
83) 姜大慶,「學生劇 短評 朝大 演劇部 上演의『舞衣島紀行』」,『湖南新聞』, 1948.7.16.

동년 11월에는 11, 12, 13일 3일간 '서울英數專門學舘'에서 鄭純 작 〈斷層〉(3막)을 시공관에서 상연하였다.84)

12월에는 4일에 '연희대학 극예술연구회'에서 서대문에 있는 '문화인의 집'에서 셰익스피어 작 〈베니스의 상인〉으로 졸업생과 함께 희곡 낭독회를 개최하였으며,85) '고려대학 연극부'에서도 4일 시공관에서 샨 · 오케이시 작 〈쥬노와 孔雀〉(3막)을 연극부 역, 李眞淳 연출, 姜聖範 장치로 상연하였다.86) 고려대학 新聞部 창간 1주년을 기념하기 위한 '문화제'의 행사로 이루어진 이 공연87)은 "원작의 의도와 정신을 살려 보겠다고 노력한 의의와 진실이 이 공연을 끝까지 끌고 나갈 수 있었으며, 현재 우리 연극 수준에 비하여 『쥬노와 공작』의 공연은 학생극으로서 크게 성공하였다고 할 뿐만 아니라 참다운 연극예술이 요청되는 現下에 적지 않은 자극이었다"88)라고 평하고 있다.

1949년에는 1월에 '대구대학 무대예술연구회'에서 대구시보의 후원으로 창립 2주년 기념공연으로 15, 16, 17일 3일간 대구 키네마에서 대학 생활을 그린 〈그날〉을 공연하였다.89) 3월에는 '정치대학 연극부'에서 제1회 공연으로 중국 작가 洪模 · 潘子濃 합작, 金光洲 역의 중국 희극 〈여성은 위대한가?〉(3막, 原名 : 裙帶風)을 李眞淳 연출로 10, 11 양일간 시공관에서 상연하였다.90) 이 공연에 대하여 金松은 "나는 政大의 「여성은 위대한가」를 보고 그들의 眞摯한 태도

84) 「서울英數專門『斷層』 發表會」, 『國際新聞』, 1948.11.9.
自由新聞 기사에 의하면 공연 일자가 9일부터 3일간으로 되어 있다.(「學生劇『斷層』 公演」, 『自由新聞』, 1948.11.10)
85) 「연대 희곡 랑독회」, 『서울新聞』, 1948.12.4.
86) 「高大 文化祭」, 『民主日報』, 1948.12.5.
87) 「高麗大學 文化祭」, 『京鄕新聞』, 1948.12.2.
88) 兪東濬, 「『오케이시』의 「쥬노와 孔雀─高大 文化祭를 보고」, 『白民』 5권 1호, 1949. 1, p. 100.
89) 「邱大 二回 公演 今日부터 키네마서 本社 後援」, 『大邱時報』, 1949.1.15.
90) 「政大 演劇部 第一回 公演」, 『朝鮮日報』, 1949.3.8.

와 愛劇의 정열에 그만 감격하였고 그러한 새로운 드라마의 테크닉과 새로운 연출의 수법이 아주 일치되여서 무대의 기술이 신경지에 도달한 데 대하여 驚異를 느끼었다"[91]라고 평하였다.

4월 초순에는 '동국대학교 극예술연구회'에서 제2회 공연으로 안톤 체홉 作 〈櫻花園〉(전4막)을 枯巖仙 연출로 시공관에서 상연하였다.[92] 이 공연에 대하여 金 松은 "분장은 성공하였지만 연기에 있어서는 무대적 호흡이 원숙치 못한 데다가 종래 극단의 어처구니없는 연기들을 모방한 데가" 있었으나 "무대장치가 음악적 효과까지 노려 환경과 情態의 묘사에 성공한 편이었으며, 이는 연출자의 연극적 정열과 꾸준한 노력에 힘입음이 많다."[93]고 평하였다. 시공관의 공연을 마친 이들은 5월 14일부터 17일까지 극단 '청년소극장'의 주최로 동도극장에서 재 상연하였다.[94]

金 松이 동국대의 〈앵화원〉 공연을 중심으로 논한 「전진하는 학생극」[95]이라는 글을 살펴보면 당시 학생극의 열의와 수준을 짐작할 수 있을 것 같다. 이를 위하여 글의 일부를 인용하면 다음과 같다.

　(前略)한때 혼란의 물결을 타고 혁명극이니 좌익연극이니 하고 서둘너도 봤지만 그 역시 정치에 아부하고 煽動되어 관객에겐 아모런 흥미도 준 바가 없었으며 일부의 상업극은 관객의 저속한 취미에 영합하여 오직 수입의 증대만 꾀하고 있기 때문에 연극의 質을 아주 저하시켜 놓고만 있었다. 한때 좌익도 우익도 중간도 장사꾼도 「民族演劇樹立!」이라는 구호를 부르면서 무대 활동을 해왔으나 盲人의 집행이 둘으듯 그 언저리만 돌아다닌 형편이요 조선 연극의 수준은 어느 만큼 상승 정화했는지 보도 못했다. 이러한 惰

---

91) 金 松, 「前進하는 學生劇 — 東大『櫻花園』을 中心으로 【上】」, 『京鄕新聞』, 1949. 4.18.
92) 「東大 藝術祝典」, 『京鄕新聞』, 1949.3.9.
93) 金 松, 위의 글.
94) 「東大 劇研會 公演」, 『朝鮮中央日報』, 1949.5.10.
95) 金 松, 「前進하는 學生劇 — 東大『櫻花園』을 中心으로」上, 下, 『京鄕新聞』, 1949.4. 18, 20.

性과 연극예술이 상업주의에 굴복되고 있음에도 반항하면서 한것 진지하고
학구적 태도로써 연극계 일각에 낱아난 학도들의 학생극이야말로 우리의
주목과 기대가 있지 않을가. (中略) 레파토리가 모다 외국 작가들의 희곡이
라는 것을 미루워보아 젊은 학도들 사이에 外國物의 연구열이 높아지고 있
다는 것을 窺視할 수가 있다.(下略)

6월에는 '조선대학 문예학회 연극부'에서 〈무의도 기행〉에 이어 2
회 연극발표회를 동교 교수인 張龍建 작·연출로 〈白馬山城〉(1막 6
장)을 14일부터 16일까지 3일간 동방극장에서 개최하였다.96) 이 공
연은 "순수예술에의 지향을 엿볼 수 있음은 현금의 정세로서는 학원
측의 용단"이며 "연출자 張氏를 중심으로 한 스탭 전체의 일치한 정력
과 열성을 넉넉히 엿볼 수 있었다"97)라는 평을 들었다.

7월에는 '서울의과대학 극예술연구회'에서 10, 11일 양일간 시공관
에서 체백의 〈인조인간〉(전3막)을 상연하였다.98)

1949년에 들어서는 어느 정도 한국 연극계가 자리를 잡기 시작하
였으나 이론적인 면의 연극적 발전을 위한 학구적 탐구가 거의 공백
의 상태나 다름없었다. 이에 연극의 學的인 연구기관으로서 동년 5월
31일 柳致眞, 徐恒錫, 李光來, 吳泳鎭, 金永壽, 李眞淳의 발기로 '演
劇學會'가 창립총회를 가졌다. "좌익연극인의 협박과 공갈 또 일부 우
익극단의 타성적이었던 猜疑와 냉전을 무릅쓰고 고도한 연극예술의
학구적인 연마"를 목표로 창립된 '연극학회'는 회장에 柳致眞, 간사장
李光來, 간사 徐恒錫, 金鎭壽, 吳泳鎭, 李眞淳이 선출되었다.99) '연
극학회'에서는 동년 7월 25일부터 2주일간 제1회 하기연극강좌를 실
시하였고,100) 동년 10월 선전대책중앙위원회의 후원과 무대예술원

96) 「'白馬山城'을 上演 第二回 朝大 演劇部 發表會」, 『東光新聞』, 1949.6.14.
97) 松 , 「朝大 演劇部生 公演 '白馬山城'을 보고」, 『東光新聞』, 1949.6.15.
98) 「醫科大 第1回 藝術祭典」, 『自由新聞』, 1949.7.3.
99) 李眞淳, 「韓國演劇史 ❷ (제3기 1945-1970年)」, 『한국연극』, 1978.2, p. 34.
100) 「夏期 演劇講座 演劇學會 主催」, 『自由新聞』, 1949.7.21.

산하 8개 단체의 지원으로 민족의식앙양 전국연극계몽대를 파유하였으며, 동년 10월 18일부터 6일간 시공관에서 '제1회 전국 남녀 대학 연극 경연 대회'를 주최하였다.

'연극학회' 주최의 제1회 전국 남녀 대학 연극 경연 대회는 동년 9월 예선을 작품과 연출 등을 중심으로 심의, 9개 대학을 결정,[101] 10월 18일부터 시공관에서 경연 대회의 막을 열게 되었다.

이 경연 대회를 앞두고 경연 대회의 의의와 학생극이 나아갈 방향에 대하여 당시 문리대 학생이었던 全光鏞은 다음과 같이 밝히고 있다.

새로운 문학예술의 창조는 새로운 生理에서 시작된다. 새로운 생리의 모체는 젊은이요 그 중에서도 知的精髓인 학생에게 그 기반을 두어야 할 것이다. 따라서 새로운 문화 수립의 진통기에 있어 선배는 오로지 産婆요 창조의 一線인 산모는 어디까지든 젊은이요 학생이어야 한다.

이런 의미에 있어 종합예술로서의 연극도 마땅히 학생의 손을 거쳐 새로운 모습으로 등장하여야 할 것이다. 무대예술인을 廣大 才人 등의 直系 내지 연장으로 생각하는 旣成觀念의 청산 지식인 특히 여성의 舞臺에로의 광범한 등장 우리 연극사의 學的 체계화 연극의 예술성과 오락성의 止揚 이에 따른 관객 수준의 提高 등이 학생극이 어디까지든지 학생의 토대에서 출발하면서 학구적인 성실한 노력 밑에 점진적으로 해결해 나가야할 당면 과제이다 ……

이런 점에 있어 금반 경연 대회는 연극학회의 企圖라고만 보지 말고 정부의 문화 정책의 일익적인 행사가 되어야만 할 것이다.

또한 경연 대회 그 자체의 목적이 각 단체나 개인의 優劣을 가리는 것에 있지 않고 민족문화 수립의 위대한 計畫의 一幅이라면 제출된 상연물의 대부분이 해외 작품의 번역물이며 演技賞制 하나로서만 爲先 시작하게 된 주최자의 심중은 諒察하고도 남음이 있으나 이것이 회수를 거듭함으로써 부디 창작극 一率로 되는 동시에 작품 연출 등이 査定의 기본이 되어야 할 것을 역설하고 싶다.

왜냐하면 번역극의 상연은 어디까지든지 자기 문화 자체의 직접적인 영

---

101) 「『演劇學會』主催의 大學콩쿨 豫選 完了」, 『서울新聞』, 1949.9.14.

양소가 될 수 있는 창작극의 완전한 발전 육성을 위한 과도적인 조치에 불과하기 때문이다.102)

이 때 참가한 대학과 작품은 다음과 같다.103)

참가학교	작품	작·연출
동국대학교	밀고	조성하 작 김기영 연출
세부란스의대	카레의 시민	카이젤 원작
숙명여자대학교	춘향전	유치진 작 김정수 연출
정치대학교	정직한 사기한	오영진 작
중앙대학교	비오는 산꼴	씽그 작 이해랑 연출
고려대학교	천치	피란델로 작 이진순 연출
서울대치과대학	흔들리는 지축	유치진 작 이경재 연출
연희대학교	오이디프스왕	소포클레스 작 차범석 연출
국립서울대학교	베니스의 상인	셰익스피어 작 김기영 연출

고려대학의 우승으로 막을 내린 대학 연극 경연 대회에 대하여 연극학회 간사였던 金鎭壽는 "우리의 관념으로 보아 학생극 하면 어떤

---

102) 全光鏞, 「學生演劇의 指向 ― 大學演劇콩클을 앞두고 ―」, 『京鄕新聞』, 1949.10.17.
103) 『『演劇學會』 主催의 大學콩클 豫選 完了」, 『서울新聞』, 1949.9.14.
車凡錫, 「한국 소극장 연극사 정치적 구호와 아카데미즘 그리고 도전」, 『예술세계』 창간호, 1989. 6, p. 107 참조)

지 모르게 미숙하고 세련되지 못하고 아마츄어의 生硬한 연극으로 생각해 왔다. 그렇지만 이번 대회에서는 그런 상식을 초월하고도 남음이 있었다. 문자 그대로 학생극의 승리와 아마츄어 연극의 신경지를 개척했다고 볼 수 있다. 학생들이 출연하는 연극이라고해서 학생극이었지 연극 자체는 직업극단 내지 전문극단을 능가할만한 그야말로 학생극이 아니었다"104)면서, "학생극단이 전문극단을 능가하는 것은 우리 나라만의 기이한 현상이며 그것은 학생극이 어느 정도 수준까지는 오른데 비하여 전문극단의 연극이 수준이하라는 사실의 증명"105)이라고 평하였다. 그는 이러한 기현상의 원인에 대하여 "피 끓는 젊은 학도로서 현 극단의 침체와 부진을 目前에 바라볼 때 그들에게는 어떤 불만이 없을 수 없고 불타는 의분이 없을 수 없었을 것"106)이며, 거기서 그들은 "젊은 무대를 통하여 새로운 연극의 형상화를 꾀하려 했고 세계의 명작 고전을 통하여 자기들의 세계를 창조"107)하려 하였음을 들고 있다. 끝으로 그는 "이번 경연 대회의 성과야말로 우리 나라 신극 수립에 다대한 푸라스가 될 줄 안다"108)라고 하였다.

또한 許 執은 「독창과 정열의 무대」109)라는 글을 통하여 경연 대회에 참가한 각 대학의 연극에 대한 인상을 상연순서에 따라 적고 있다. 이를 살펴보면 다음과 같다.

> 이번 학생극 경연을 보고 무럭무럭 자라나는 독창과 정열을 각 대학의 무대표현에 한하여 위선 나는 찾어보고 등을 밀어 볼 것이며 또 그래야만 된다고 생각한다. (中略)
> ▲ 東大 ― 「密告」(趙誠夏 作) 第一日 ―

---

104) 金鎭壽, 「學生劇 競演 觀後記(1) 新劇樹立의 烽火」, 『京鄕新聞』, 1949.10.25.
105) 金鎭壽, 위의 글.
106) 金鎭壽, 위의 글.
107) 金鎭壽, 위의 글.
108) 金鎭壽, 위의 글.
109) 許 執, 「學生劇 競演 觀後記(2) 獨創과 情熱의 舞臺」, 『京鄕新聞』, 1949.10.26.

생활 단면의 묘사 네오·리아리즘의 탐구 리즘과 템포의 강조 이것이 오리지나리티를 가졌다 학생 자신의 손으로 이루어진 창작극이 이만한 수준에 도달하였다는 것은 즐거운 현상이다

▲ 世醫大 ― 「카레-의 시민」(카이젤 原作)

大膽한 群像의 驅使 발성과 발음의 特異 감격적인 장면 이것이 무대를 장식하였다 正確 如何는 떠나서 表現派의 솔직한 소개로 또한 이채가 있었다

▲ 淑大 ― 「春香傳」(柳致眞 作)

稚談하고 경쾌하여 전체로 명랑한 분위기를 짜아내었다 특히 여자로서 男役을 한 대 그리 무리가 없었다는 것은 그 노력을 사야겠다 우리 고전이 이렇게 慇昧있게 소화될 수 있다면 여학생들도 기껍게 연극예술에 참가할 것이다

▲ 政大 ― 「正直한 詐欺漢」(吳泳鎭 作) ― 第二日

해방 후 현대를 무대로 한 유일한 창작극으로 肺腑를 찌르는 신랄한 풍자와 아기자기한 유-모어는 세련된 연기와 강력한 안삼불로 스마-트한 무대를 形象하엿다 희극이 정신을 잃으면 그때는 곧 輕劇에 떨어지고 만다. 여기에 주의하여 신중하게 취급한 점 좋았다

▲ 中大 ― 「비 오는 산꼴」(씽그 作)

비 오는 山꼴작이에서 한밤中에 일어나는 인간의 愛憎과 청춘의 절규와 영원의 방랑성을 내포한 정숙한 한 폭의 그림이 原作이다 소극장에서나 효력이 있는 것을 비나리는 特出한 효과와 더불어 浸透한 自然描寫는 大劇場에서도 부드럽게 가져왔다는데 놀래지 않을 수 없다

▲ 高大 ― 「天痴」(피란델로 作)

主觀의 표출과 자아의 해방을 主眼으로 한 表現派의 희곡을 정열과 열성으로 형상화하려는 노력의 흔적이 엿보인다

▲ 延大 ― 「오이지프스王」(소포크래스 作) ― 第三日

至難한 고전극을 大膽하게 뒤져 웅장한 합창단까지 등장시켜 희랍극을 풍부하게 形象한 것은 그 학구적 노력의 결과라고 본다

▲ 齒大 ― 「흔들리는 地軸」(柳致眞 作)

가벼운 탓치로 미소와 베이소스를 深然히 具象化한 輕妙한 솜씨와 많은 인물을 리스미칼하게 한 것이 좋았다 혹 輕薄의 비난을 받을지 모르나 종래의 독선적인 假面이 많은 학생극을 上場하여 관객이 손쉽게 이해하고 솔직히 반응할 수 있도록 留意 努力한 點으로 새로운 아마추어劇의 방향의 가능성을 指示한 것 같다

▲ 國立大 — 「베니스의 商人」(쇅스피어 作)

작품의 구성과 연출을 새로운 意圖 밑에 시험한 베니스의 상인은 가장 독특한 타이프였으며 더욱이 의상의 華麗와 분장의 用意周到는 驚歎할 점이었다

제1회 전국 남녀 대학 연극 경연 대회는 학생극이 지녀야할 순수성과 실험성을 통하여 後日 이 땅의 소극장 연극운동을 이끌어 나갈 젊은이들을 잉태시켰다.

11월에는 '藥學大學'에서 〈큐리부인〉을 李無影 각색, 李眞淳 연출로 7, 8 양일간 시공관에서 공연했으며,110) '중앙대학 연극부'에서는 셰익스피어 作 〈하믈레트〉를 鄭寅燮 역, 李海浪 연출로 시공관에서 공연하였다.111)

이 공연에 대하여 李化三은 "우리 나라의 拙劣한 新劇人들이 홍행 만능주의로 흐르는 때 학생들에 의하여 『해믈리트』 全幕을 공연함에 감격하였으며, 힘든 연극을 그만치 끓어 간 것은 연출의 노력이었다"112)라고 평하였으며, 李眞淳은 "연출에 李海浪 씨는 이 극을 과학적으로 분석하여 파 - 마넨트·셋 等을 구성했고 스펙타클보다도 인물을 컷트하여 個個의 연기에 주력하여 아담한 『하믈레트』를 연출하였으나 그 의도는 무대에 十二分 발휘되지 못하고 주인공 하믈레트의 번민도 여실히 나타나지 못하였"113)으나 "학생극으로서는 성공하였다"114)면서 "이들 젊은 연극학도들은 진지한 태도와 노력과 정열과 정성 그리고 학구적인 이 무대는 우리 연극사에 영원한 기념비가 될 것이다"115)라고 평하였다.

---

110) 李眞淳, 위의 글. p. 33.
111) 李眞淳, 위의 글.
112) 李化三, 「"中大 『해믈레트』를 보고」, 『서울新聞』, 1949.12.18.
113) 李眞淳, 「『하믈레트』를 보고」, 『京鄕新聞』, 1949.12.19.
114) 李眞淳, 위의 글.
115) 李眞淳, 위의 글.

1950년에 들어서는 정치대학이 4월에 제3회 공연으로 로스단 作
〈시라노·드·벨쥬라크〉(5막)을 상연하고,[116] 6·25 戰爭을 맞았다.

2. 중등학교의 공연활동

해방기 학생들에 의한 학교극은 대학 연극부에 뿐만 아니라 중등학
교 학생들에 의해서도 활발하게 전개되었는데 이를 살펴보면 다음과
같다.

공연일자	작 품	작	연 출	학 교
1946. 1. 26~27.	亡命船(4幕5場)		咸□守	中央中學校
1946. 3. 16~17.	烽火繼承 꽃 갓흔 마음			大邱大倫中學校
1946. 6. 8~10.	眞理의 뜰(5幕)	李周洪	金旭	培材中學校演劇部
1946. 6. ?	祖國 봇똘의 軍服	洪 達 金忠慶		釜山高女 演劇部
1946. 11. 28~29.	持軍 집	李周洪	李曙鄉 演出指導	培材中學校演劇部
1947. 4. 25.	나비 잡는 아버지	玄 德	演出指導 舞臺藝術研究會	京城電氣工業中學校
1947. 5. 10~11.	白雪公主	고 송	洪月村 朴魯玉	釜山商業實踐學校
1947. 5. 15.	聖血의 자취 (3幕5場)	月 波		大邱能仁中學校
1947. 6. 14.	王이의 家庭			無鶴公立女子中學校
1947. 11. 15~16.	햇불(3幕 4場)	韓甲洙	韓甲洙	祥明女子中學校

116) 柳敏榮, 위의 글. p. 54.

공연일자	작 품	작	연 출	학 교
1947. 12. 1.	歸去來			群山中學校
1947. 12. 23~24	푸른 날개(6場)	鄭哲民	鄭哲民	釜山公立中學校演劇部
1948. 6. 25.	出家(3幕)	洪露雀		京城女子商業中學校
1948. 10. 5~6.	뚝(2幕 4場)			漢城中學校
1948. 12. 27~29	歌劇 湖畔의 집	李周洪	金壽敦 按舞 朴勇虎	釜山南朝鮮女子中學校
1949. 2. 11~12.	祖國(2幕)	柳致眞	병형燮	三千浦中學校
1949. 2. 11~12.	童僧(1幕)	咸世德		三千浦女學校
1949. 5. ?	싸인			慶北女子中學校
1949. 5. 3.	智骨山	柳致眞		徽文中學校
1949. 5. 22.	恨中錄			祥明女子中學校
1949. 5. 26~27.	에밀레鐘	咸世德		中央女子中學校
1949. 5. 28~29.	萬古烈女(3幕7場)	장정희	장정희	漢城女子中學校
1949. 5. 26~28.	王子의 서름 二十世紀의 沈淸		宋良順	群山女子商業學校
1950. 1. 14~15.	봄 없는 마을(3幕)	滿月암		東中學生演劇班
1950. 3. 11~12.	自鳴鼓	柳致眞		中央中學校
1950. 4. 21~23.	麻衣太子 沈淸			江陵女子中學校

Ⅳ. 나오는 말

　이상으로 해방기의 소인극운동을 연구하기 위한 예비적 고찰로 이
시기 소인극운동의 중심세력이었던 학생극에 대하여 학생단체와 대학
연극부의 공연 활동을 중심으로 살펴보았다.

　해방기 학생극운동은 해방기의 한국의 기성연극인들이 이념 대립에
빠져 혼란과 분열의 상태를 벗어나지 못하고 있을 때, 민족연극 수립
이라는 목표 아래 연극대중화 운동의 초석이 되고자 하였음을 살펴
볼 수 있었다.

　이들은 일반 연극계가 저속한 흥행극 중심으로 흐르고 있었던 시기
에 이에 대항하여 진지하고도 학구적인 태도로서 서구 근대극을 소개
함과 동시에 극예술에 대한 교내적 관심과 대외적 관심을 환기시켜
우수한 인재를 배출하였으며 이를 통하여 훗날 이 땅의 소극장 연극
운동에 커다란 기여를 하였다. 해방기 기성연극이 반일 민족운동에서
좌우사상운동에 휘말려간 데 비해 학생들의 연극활동은 정치사상으로
부터 초연하고 순수한 연구와 훈련에 의하여 진정한 예술인으로 연극
계에 진출하려고 하였던 것이다.

　이들의 이러한 연극 활동은 '劇徒 超越'(1946년 11월 창립), '愛國
文化會'(1947년 2월 창립), '靑年藝術硏究會'(1947년 3월 창립), '靑
服劇會'(1947년 5월 창립), '學硏劇會'(1947년 7월 창립), '創造劇

會'(1948년 12월 창립), '藝術小劇場'(1949년 1월 창립), '高麗藝術座'(1949년 1월 창립), '靑年小劇場'(1949년 4월 창립) 등의 극단을 직접 창단하거나, 창단에 간여하여 이 땅의 연극 발전에 지대한 공헌을 하였다고 할 수 있을 것이다.

그러나 이상의 논의는 실증적인 자료의 검토를 토대로 해방기 소인극운동의 한 축으로서 그동안 미답의 상태로 머물렀던 학생극운동에 대하여 공연 활동을 중심으로 살펴 본 것이다. 따라서 해방기 소인극운동의 전모를 파악하기 위해서는 이후 해방기의 연극사적 맥락과 관련하여 좌·우익 진영의 소인극 공연활동과 각 연극운동론, 상연희곡에 대한 분석과 함께 1950년대 이후 연극운동에 미친 영향 등도 함께 고찰되어야 할 것이다.

참고문헌

1. 자료

『경향신문』, 『국제신문』, 『군산신문』, 『남선경제신문』, 『대구시보』, 『대동신문』, 『대중일보』, 『독립신보』, 『동광신문』, 『문화일보』, 『민주일보』, 『민중일보』, 『서울신문』, 『신조선보』, 『영남일보』, 『일간예술통신』, 『자유신문』, 『조선인민보』, 『조선일보』, 『조선중앙일보』, 『중앙신문』, 『중외신보』, 『한성일보』, 『해방일보』, 『현대일보』, 『호남신문』

2. 저서 및 논문

김경옥, 「학생극의 주역들(고대극회)」, 『한국연극』, 1985. 7.
유민영, 「상업극·학생극 활동과 국립극장 설치경위」 『서울대 사대 국어국문학논문집』 제1집, 1968.
──, 「대학극의 의의와 전망」, 『한국연극』, 1988. 3.
이두현, 『한국 신극사 연구』, 서울대 출판부, 1981.
이진순, 「한국연극사2(제3기1945-1970년)」, 『한국연극』, 1978. 2.
차범석, 「한국 소극장 연극사 정치적 구호와 아카데미즘 그리고 도전」, 『예술세계』, 1989. 9.

찾아보기 — 인물

찾아보기 - 작품

찾아보기 - 사항

◈ 저자 소개

안광희(安光熙)

단국대학교 문리과대학 국어국문학과 졸업
동 대학원 박사과정 수료(문학박사)
현재 단국대학교 예술조형학부 연극영화전공 겸임교수

저서 : 한국 근대연극사 자료집 제1권(1898~1922)(도서출판 역락, 2001)
　　　 한국 근대연극사 자료집 제2권(1923~1926)(도서출판 역락, 2001)
　　　 한국 근대연극사 자료집 제3권(1927~1930)(도서출판 역락, 2001)

논문 : 「洪海星 硏究」, 「한국 프롤레타리아 연극 연구」 外

한국 프롤레타리아 연극운동의 변천 과정

◈ 인쇄 2001년 11월 16일　◈ 발행 2001년 11월 22일
◈ 저자 안광희　◈ 발행인 이대현
◈ 편집 김민영　◈ 표지디자인 장재호
◈ 발행처 역락출판사 / 서울 성동구 성수2가 3동 277-17
　　　　성수아카데미타워 319호(우 133-123)
◈ TEL 대표·영업 3409-2058 편집부 3409-2060 팩스 3409-2059
◈ 전자우편 yk3888@kornet.net / youkrack@hanmail.net
◈ 등록 1999년 4월 19일 제2-2803호
◈ 정가 12,000원
◈ ISBN 89-5556-135-0-93680　◈ ⓒ역락출판사, 2001

* 잘못된 책은 교환해 드립니다.